반려동물 Q & A

개·고양이부터 토끼·햄스터·잉꼬·거북이·페럿까지

'반려동물 Q&A'를 출판하며

(재) 동물임상의학연구소 이사장 · 도쿄농공대학교 명예교수
야마네 요시히사

    최근 동물과 함께 생활하거나 접촉하는 것에 의해 얻어지는 효능 · 효과가 주목받고 있다. 또한 그것을 뒷받침하는 논문도 많이 보인다. 특히 구미에서는 2000년 이후로 급격히 증가하고 있다. 구체적으로는 옥시토신(행복 호르몬)의 혈중 농도가 높아지는 것이 실증되었고, 그 결과 약자를 향한 동정심이나 협조성 그리고 행복감이 증폭되었으며 뇌파인 a파의 증가에 의한 스트레스의 감소나 해소 등을 볼 수 있다는 것을 들 수 있다. 이미 인간 사회에 있어서 그러한 대응이 구체적으로 현장에서 실시되고 있다.

    그러나 그에 반해 동물들을 사육하는 사람들이 과연 이와 같은 사례를 충분히 이해하고 있는 지는 의문이다. 또한 일반적으로 동물의 본능이나 마음 등을 고려하지 않고 사람의 사정에 의해 일방적으로 많은 것을 개나 고양이 등의 동물들에게 강요하는 것도 생각할 수 있다.

    사람과 동물들이 보다 좋은 관계로 공생하기 위해서는 동물과 잘 사귀는 법, 동물의 입장에 서서 사물을 인식하는 법 등을 조금이라도 이해해 두는 것이 반드시 필요하다.

이번에 이런 상황을 고려하여 실제로 동물(개, 고양이, 토끼, 잉꼬, 거북이, 햄스터, 페럿)과 접촉하거나 함께 생활하고 있는 분들에게 평소에 궁금해 하거나 불분명한 점을 광범위한 질문 형식으로 총 649가지라는 방대한 양을 제출 받아서 그것들을 각 동물마다 '사육법, 훈련, 번식, 질병·부상, 식사…….' 등의 항목으로 분류했다. 그리고 그 항목에 조금이라도 관계있는 36명의 훌륭한 분들로부터 쉽게 이해할 수 있는 해답을 받았다.

　편집에 종사해 보며 새롭게 생각한 것은 사람의 입장에서 동물을 봤을 때 평소에 생각해 본적도 없는 의문이나 전혀 경험한 적이 없는 내용의 질문이 많다는 것에 놀랐고, 더욱이 밝혀지지 않은 것이 많다는 것 또한 재인식했다.

　해답은 모두 증거에 의거한 것이 아니어서 불명확한 점은 많은 경험이나 문헌으로부터 추측한 것도 있으며, 당연히 모두가 완벽한 것이 아닐 수도 있다. 앞으로의 연구에 의해서 이 해답 중에서 이후 수정될 부분이 생길 수 있다는 것이 쉽게 예상된다.

　이 점은 독자들이 충분히 이해해 주길 바라며, 의문이 있다면 사무소 쪽으로 연락을 주었으면 한다. 그리고 반드시 재판(再版)의 인쇄 시에 참고하고자 한다.

　이 책이 조금이라도 동물들과 함께하는 삶의 질의 향상과 공생에 도움이 되기를 기원한다.

2015년 11월 길일

개

사육법에 대해서

사육을 시작하기에 앞서

강아지를 키우기 전에 준비해 둘 용품은? ······ 30
사람에게 충실한 견종은? ······ 31
털이 잘 안 빠지는 견종이 있나요? ······ 31
첫 반려견으로 로트바일러는 키우지 않는 게 좋을까요? ······ 32
계절이 바뀔 때마다 털이 빠지는데, 병에 걸린 걸까요? ······ 32
개의 환모기는 몇 월쯤인가요? ······ 33
강아지는 몇 개월부터 키울 수 있나요? ······ 34
아이가 개 알레르기입니다. 어떻게 대처하면 좋을까요? ······ 34
천식이 있는 아이가 있는데, 개를 키워도 될까요? ······ 34
강아지를 키울 경우 환경 변화에 따른 몸 상태에서 신경 써야 할 점은? ······ 35
강아지를 데려왔을 때 바로 안정시키기 위해서는 어떻게 하면 좋은가요? ······ 35
성견을 키우게 될 경우 훈련이 가능한가요? ······ 36
아이 혼자 개를 펫샵에서 살 수 있나요? ······ 36
이사할 때 주의해야 할 점이 있나요? ······ 37
어린 아이가 있는데 대형견을 키울 경우 주의해야 할 점이 있나요? ······ 38
중성화한 수컷 반려견을 키우고 있는데,
둘째는 수컷과 암컷 중 어느 쪽을 들이는 게 좋나요? ······ 38
처음으로 개를 키우려고 하는데, 가능하다면 유기견을 입양하고 싶습니다.
입양 방법이 어떻게 되나요? ······ 39
유기견을 입양할 경우엔 어떤 마음의 준비를 해야 하나요? ······ 40
개를 무서워하는 소형견을 키우고 있는데, 한 마리 더 키울 수 있을까요? ······ 40
수컷인 반려견을 키우고 있습니다. 새로 데려올 개는 암컷,
수컷 중 어느 쪽이 좋은가요? ······ 41
반려견을 키우고 있는데 집을 비울 때가 많습니다.
놀아줄 상대로 한 마리 더 키우는 편이 좋을까요? ······ 41

기본적인 지식

반려견을 키우는 방법의 기본이란? ······ 42
연령이나 체중에 따라 운동량이 달라지나요? ······ 43

개의 시력과 청력은 어느 정도인가요? ···································· 44
개가 싫어하는 소리가 있나요? ·· 45
개의 생리 주기와 기간은 어떻게 되나요? ······································ 45
어째서 항상 숨을 '헥헥'거리며 팬팅(Panting)을 하는 걸까요? ······ 46
개와 인간의 연령을 환산하는 방법은? ·· 46
개의 평균수명은? ·· 47
개의 감정 표현은 꼬리나 귀로 이해할 수 있다고 하는데, 구체적으로 어떻게 하나요? ··· 47
개의 울음소리에는 어떤 의미가 있는 것일까요? ···························· 49
개의 귀나 입을 만지면 싫어하는데, 왜 그런 것이죠? ······················ 50
개가 땅에 누워서 등을 비비는데요. 어떤 의미가 있는 행동인가요? ··· 50
백신 접종은 어느 시기까지 하면 좋을까요? ···································· 50
반려견 신고와 필요한 백신 접종은? ·· 51
매년 백신 접종을 해야 하는 건가요? ·· 52
산책 중에 반려견이 본 대변을 가지고 돌아온 뒤의 처분 방법은? ··· 52
펫샵에서 팔리지 않은 동물은 어떻게 되나요? ································ 52

키우기 시작하고 나서

7개월 된 강아지를 키우고 있는데요.
초등학교 3학년 아들만 자꾸 뭅니다. 어째서인가요? ······················ 53
아이가 반려견에게 입으로 음식물을 주는데요. 질병 등의 문제가 있나요? ··· 54
곧 아이가 태어날 예정입니다. 반려견과 잘 지낼 수 있는 방법이 있을까요? ··· 54
개의 항문 짜기는 어떤 것인가요? ·· 54
항문선 짜주기는 익숙하지 않아도 할 수 있나요? 얼마나 자주 해줘야 하나요? ··· 55
산책을 싫어하는데, 가지 않아도 괜찮나요? ···································· 56
산책은 하루에 어느 정도 하는 게 적당한가요? ······························ 56
올바른 산책 방법은? ··· 56
한여름에 반려견을 산책시켜도 괜찮은가요? ···································· 57
반려견에게 쾌적한 온도는 몇 도 정도인가요? ································ 57
실내견은 산책을 안 해도 괜찮나요? ·· 58
큰 소리를 무서워하지 않도록 하려면 어떻게 해야 할까요? ············ 58
천둥이나 불꽃놀이 소리에 겁나며 소변을 지렸습니다. 어떻게 훈련하면 좋을까요? ··· 59
강아지가 이유식을 시작하는 것은 몇 개월째부터인가요? ·············· 59
반려견에게도 친구가 필요한가요? ·· 59
산책은 비가 많이 오는 날에도 하는 편이 좋은가요? ······················ 60
반려견을 여행에 데리고 가고 싶은데, 주의할 점은 무엇인가요? ··· 60

반려견이 머물 수 있는 호텔에 1살 이상이라는 제약이 있는 이유는 뭔가요? ············ 61
기차 여행에 데려 갈 때의 주의할 점은? ··· 61
차로 여행할 때의 주의할 점은? ·· 61
해수욕장에서 바다에 들어가도 괜찮을까요? ··· 62

관리에 대해서

기르고 있는 대형견이 목욕을 싫어해서 좀처럼 씻길 수 없습니다.
어떻게 하면 좋을까요? ··· 62
강아지의 목욕은 어느 정도 간격으로 해야 하나요? ································ 62
발톱을 깎아야 하나요? ·· 63
치석 제거는 어떻게 하는 것이 좋을까요? ·· 64
피모(被毛) 손질 방법은? ·· 64
애견 미용실에 보내면 수염이 잘려 있습니다. 괜찮나요? ·························· 65
치주질환 예방, 양치질에 '그리니즈'(양치껌)를 계속 사용해도 괜찮을까요? ········ 65
애견용 껌은 몇 살 쯤부터 줘도 되나요? ·· 66
양치질을 하는 것이 일반적인가요? ··· 66
진드기나 벼룩을 없애는 약이 있나요? ·· 67
빗질을 하면 싫어하며 깨뭅니다. 가만히 있게 하는 방법이 있나요? ············ 67
떠도는 개를 보호하고 있는데, 근처 전봇대에 전단지를 붙여도 되나요? ······ 68
매일 짖기만 해서 근처에서 항의가 들어옵니다. 어떻게 하면 좋을까요? ······ 68
산책 중인 개에게 물린 곳이 내출혈을 일으켜 부었습니다.
이대로 방치해도 괜찮을까요? ··· 68

번식에 대해서

중성화 하지 않은 채 7년이 경과했습니다. 나이가 많은데 중성화 하는 편이 나은가요? ··· 69
중성화 수술의 장단점은? ·· 69
중성화 수술 후에 얼마 동안 엘리자베스 칼라를 착용해야 하나요? ············· 70
중성화 수술 후에 살이 찐다고 들었는데요. 어떤 이유 때문인가요? 또한 살찌지 않도록 하
기 위해서는 어떻게 하면 좋을까요? ··· 70
교배와 질병에는 인과관계가 있나요? ··· 70
암컷 반려견이 팔이나 다리에 음부를 비비곤 합니다. 고칠 수 있는 방법이 있나요? ··· 71
거짓임신이란 무엇인가요? ·· 72
출산과 동반되는 모견의 신체 변화는 어떤 것이 있나요? ·························· 73
임신의 징후와 확인 방법은? ··· 73
교배를 시키고 싶은데, 발정기를 분별하는 방법이 있나요? ······················· 74

발정기는 1년에 몇 번 정도 오나요? 또 기간은 어떻게 되나요? ················· 75
출산에 있어서 주의해야 할 점은? ································ 75
갓 태어난 강아지에 대해 주의해야할 점이 있나요? ················· 76
인공보육은 어떻게 하는 건가요? ································ 77
출산하면 유방암이나 자궁암에 잘 걸리지 않는다고 들었는데 사실인가요? ················· 78

훈련에 대해서

3살짜리 반려견을 키우게 되었는데, 산책을 무서워해서 그림자에도 놀랍니다.
이런 공포심을 없앨 수 있나요? ································ 79
12살인 반려견이 있는데요. 새로운 강아지를 맞이했더니 바로 싸움을 걸어요.
친해지게 할 방법이 있을까요? ································ 80
공격벽이 있는 개는 송곳니를 깎아 내는 편이 좋을까요? ················· 80
가족이 있을 때는 하지 않는데, 아무도 없으면 아무데나 소변을 봅니다.
어떻게 하면 좋을까요? ································ 81
살짝 무는 행동을 하곤 하는데요. 멈추게 할 방법이 있나요? ················· 81
무는 버릇을 고치는 방법이 있나요? ································ 82
반려견 혼자 집을 지킬 때 쿠션이나 카펫 등을 뜯어 먹는 것 같아요. 어쩌면 좋죠? ················· 82
외출할 때나 차에서 내릴 때 이상하게 난리를 칩니다. 어떻게 대처하면 좋을까요? ················· 83
사람이 오면 짖는데, 고칠 수 있을까요? ································ 84
낯가림이 심해서 모르는 사람이 오면 위협합니다. 어떻게 하면 좋을까요? ················· 84
항상 배변 시트를 갈기갈기 찢어버리는데요. 이 행동을 고칠 방법이 있을까요? ················· 85
산만한 반려견을 바로잡을 방법은 없나요? ································ 85
산책 중에 식식거리며 리드 줄을 당깁니다. 이런 행동을 고칠 수 있나요? ················· 86
잉글리시 세터가 새를 발견하면 바로 세트(새가 있는 곳을 알리는 것)합니다.
그만두게 할 수 있나요? ································ 87
반려견을 칭찬하는 방법은? ································ 87
대변을 먹는데요. 어떻게 하면 안 할까요? ································ 88
화장실 훈련은 어떻게 하는 것이 좋은가요? ································ 88
길에 떨어진 물건을 아무거나 주워서 먹으려고 합니다.
어떻게 하면 이 행동을 고칠 수 있을까요? ································ 89
짖지 않는 개를 짖도록 하려면 어떻게 해야 하나요? ················· 90
벨을 누르면 바로 짖는데요. 어떻게 고칠 수 있나요? ················· 90
반려견이 밤에 웁니다. 고칠 방법이 있나요? ································ 91
사람에게 바로 달려듭니다. 고칠 방법이 있나요? ················· 92
반려견이 자는 곳에 들어가면 위협을 하는데 왜 그런 건가요? ················· 92

안는 걸 싫어하는 치와와를 키우는데요.
싫어하지 않게 하기 위해서는 어떻게 해야 하나요? ················· 93
가족이 식사를 하면 소란을 피우는데요. 조용하게 만들 방법이 있나요? ········· 93
산책 중에 짖거나 고양이를 쫓아갑니다. 개선 방법이 있나요? ················· 94
5살이 되었는데, 아직도 복종성 배뇨(ウレション)를 합니다.
그만두게 할 방법이 있나요? ·· 95
마킹 행위를 멈추게 하고 싶습니다. 고쳐도 되는 건가요? ····················· 95
소변을 본 뒤에 배변 시트 위에서 잡니다. 고칠 수 있나요? ··················· 96
소형 잡종인 반려견이 어렸을 때부터 흉포합니다.
최근에는 주인을 물기도 했는데요. 개선할 수 있나요? ··················· 96
산책할 때 풀을 핥거나 먹는 것을 그만두게 할 방법이 있나요? ················· 97

건강관리에 대해서

컨디션 관리를 위해

개도 열사병에 걸리나요? ·· 98
개가 열사병에 걸렸을 때 어떻게 대처하면 되나요? ······························ 98
하절기에 방에 둔 채 집을 비웠는데, 돌아와 보니 소변과 대변을 실금하여 병원에 갔더니 열
사병으로 입원 처치를 했습니다. 이런 때에는 병원에 가기까지 해야 할 처치가 있나요? ··· 99
개집을 시원하게 만들 방법이 있나요? ·· 99
냉난방을 사용할 수 없을 때의 대처 방법은? ·································· 100
개도 화분증이 있나요? ·· 100
사람용 방충 스프레이를 개에게 사용해도 괜찮나요? ······························ 100
자신의 발톱을 뜯어 먹는데요. 무슨 문제라도 있는 걸까요? ····················· 101
틈만 나면 귀 뒤나 온몸을 깨물어요. 스트레스가 있는 걸까요? ················· 101
치아가 물이 든 것은 어떤 이유 때문인가요? ···································· 102
개가 설사를 할 때는 어떤 먹이를 주는 게 좋나요? ······························ 102
식욕이 없는 개에게는 무엇을 주면 좋을까요? ···································· 103
장마철을 쾌적하게 보내게 할 방법이 있나요? ···································· 103
여름철에 애완용 순환식 급수기의 물을 얼마 만에 갈아줘야 하나요? ············· 104
방광염이 자주 생깁니다. 예방법이 있나요? ······································ 104
발이나 발가락 사이를 핥는데요. 스트레스 때문인가요? ························ 105
욕창에 걸렸을 때 치료하는 방법이 있나요? ······································ 106
질병 예방, 조기 발견을 위해 몇 살부터 어떤 검사를 하는 게 좋나요? ··········· 106
심장이 안 좋은 개가 새벽녘에 목을 내밀고 큰 소리로 우는데요.
무슨 이유 때문인가요? ·· 107

음식으로 건강이나 수명의 차가 생기나요? ··· 108

다이어트에 대해서
비만인 반려견에게 주는 먹이는 어떤 것이 좋을까요? ································ 108
간식을 주면서 체중 감량을 할 수 있나요? ·· 109
다이어트는 어떻게 하는 게 좋은가요? ·· 109
살이 쪘는지 아닌지를 판단하는 방법이 있나요? ·· 110
수제 다이어트식에서 주의해야 할 점은? ·· 111
소고기를 아주 좋아합니다. 하루 몇kg까지 주어도 되나요? ························ 111

건강을 위해서
온천이 효과가 있나요? ··· 112
개를 위한 혈액은행도 있나요? ·· 112
항문샘이 몇 번인가 찢어졌었는데요.
항문샘을 짜도 나오지 않는 개는 어떻게 하면 좋나요? ······························ 113
털 손질을 매일 하는데요. 효과를 잘 모르겠습니다. 주의해야 할 점이 있나요? ········ 113
약을 먹일 때 다른 것과 함께 먹입니다. 다른 좋은 방법이 있을까요? ··············· 114
귀고름이 있는데 수의사에게 가는 것을 싫어합니다. 어떻게 하면 좋을까요? ·········· 115
미니츄어 닥스훈트 3마리가 각각 문맥션트, 척수연화증, 자기면역이상에 걸렸습니다.
이 견종은 질병에 약한 것인가요? ·· 115
혈액검사는 1년에 1번 받고 있는데요. 소변, 대변검사도 하는 편이 좋을까요? ········ 116
개도 사람과 마찬가지로 '혈'이 있나요? 건강에 좋은 혈은 무엇인가요? ··············· 116
사람용 모기 구제 매트를 쓰고 있는데요. 문제가 없을까요? ······························· 117
오래 살게 할 수 있는 요령이 있나요? ·· 117

질병·부상에 대해서
자기 전에 갈색의 혈뇨가 나왔습니다. 어떻게 하면 좋을까요? ···························· 119
개의 신부전이란? ·· 119
개의 방광염이란? ·· 120
피부사상균증이란? ·· 121
요로결석증이란? ·· 122
위확장·위염전증후군이란? ··· 122
개 파르보바이러스 감염증이란? ·· 123
구토의 원인으로 어떤 것을 고려할 수 있나요? ·· 123
심장의 판이 끊어지면 어떻게 되는 것인가요? 또 원인이 무엇인가요? ·············· 124

신장이 안 좋아서 보액(補液)하고 있는데요. 횟수가 많은 편이 좋을지 아니면
2개월 정도 입원하여 수액을 맞는 편이 스트레스가 적을까요? ·········· 125
개에게서 사람(사람에게서 개)한테 옮는 병이 있나요? ················· 125
개나 고양이에게 사람 감기가 옮나요? ································· 126
리트리버 종이 걸리기 쉬운 병에는 무엇이 있나요? 그리고 예방책이 있나요? ··· 126
진드기 구제 방법은? ··· 126
진드기가 원인이 되는 바베시아증이란? ································ 127
벼룩 구제 방법은? ··· 127
수의사에게 애디슨병을 주의하라는 말을 들었는데요. 예방책이 있나요? ···· 127
항상 몸이 가려운지 핥거나 세게 긁습니다. 어떤 병에 걸린 건가요? ······· 128
애견 미용에 다녀오면 좌우로 귀를 가려워합니다. 이유가 뭔가요? ········ 129
이마에 작은 종기 같은 것이 나 있습니다. 여드름인가요? ················ 129
개도 구내염에 걸리나요? ··· 129
가끔씩 다리를 질질 끌며 걷는데요. 이럴 때 산책을 시켜도 괜찮을까요? ···· 130
50cm 정도 높이에서 떨어진 이후에 앞다리를 질질 끌며 걷습니다.
수의사에게 가 보는 편이 좋을까요? ··································· 130
쿠싱증후군이란? ··· 130
추간판 탈출증이란? ·· 131
추간판 탈출증에 걸려 운동 제한을 받고 있습니다. 애견 카페에 데려가면 안 되나요? ··· 132
수의사에게서 추간판 탈출증의 낌새가 보인다며, 되도록 충격을 주지 않게
하라는 말을 들었습니다. 안정을 취하게 할 방법이 있나요? ············· 132
눈이 충혈되어 있는데, 어떻게 대처해야 하나요? ······················· 133
눈 주위가 진물러 있는데요. 왜 그런 건가요? ·························· 133
검은자가 녹색 유리구슬처럼 되었습니다. 녹내장인가요? ················ 134
검은자가 하얗게 되었습니다. 백내장인가요? ·························· 134
개·고양이 백내장에 쓰는 안약이 있나요? ····························· 135
햇빛을 쐬면 코 부분이 짓무릅니다. 어떻게 하면 좋을까요? ············· 135
입 주위에 털색이 바뀌었습니다. 병에 걸려서인가요? ··················· 136
눈물이 많이 나오게 되었는데요. 병 때문인가요? ······················· 136
침이 항상 나와 있습니다. 병 때문인가요? ····························· 136
눈을 게슴츠레하게 뜹니다. 무엇이 원인인가요? ······················· 137
구취가 심한데, 대처법이 있나요? ····································· 137
갑자기 숨을 막혀하고, 잘 때는 코를 곱니다. 어딘가 안 좋은 것일까요? ··· 137
재채기를 자주 하는데요. 왜 그런 건가요? ····························· 138
기침을 하는데요. 왜 그런 건가요? ···································· 138

귀를 가려워하고 냄새가 납니다. 어떻게 하면 좋을까요? ·················· 138
피부에 기생하는 기생충에는 뭐가 있나요? ······················· 139
장에 기생하는 기생충이란? ··································· 139
구토물에서 냄새가 많이 납니다. 병에 걸린 것일까요? ················ 140
6살에 중성화수술을 했는데요. 낮잠을 자다가 소변을 봅니다. 병에 걸린 걸까요? ······ 140
식후에 바닥이나 사람의 손발을 핥는 것은 질병의 신호인가요? ············ 141
체서피크와 래브라도 믹스인데요. 항상 눈이나 입 주위가 빨갛게 붓고 손가락
사이가 진득진득거립니다. 검사 결과 알려지라고 하는데요. 나을 수 있나요? ········ 141
최근에 먹은 것을 소화하지 못한 채 토하곤 합니다. 어떤 원인 때문일까요? ········ 142
최근에 배가 커지고 활기도 없습니다. 병에 걸린 것일까요? ··············· 143
7살 된 소형견을 키웁니다. 최근에 기침을 하고 색색거리는 호흡음이 들리며
때때로는 괴로워 보이기도 합니다. 병에 걸린 걸까요? ···················· 143
아직 2살 반밖에 안 됐는데요. 활기와 식욕이 없고 산책하면 바로 지쳐버립니다.
입 점막과 혀는 새하얗습니다. 특별한 질병이 있는 걸까요? ················ 144
산책 중에 힘들어 하며 쉬기도 합니다. 검사해보는 편이 나을까요? ········· 144
소변을 뚝뚝 흘리면서 걷는데요. 대처 방법이 있을까요? ················ 145
산책에 가지 않으면 배설을 하지 않습니다.
2일 동안 안가도 참고 있는데요. 병인가요? ························· 145
싸움을 해서 부상을 입어 피가 나올 때 집에서 할 수 있는 대처 방법은? ········· 146
병을 앓고 난 뒤에 반려견이 원하면 산책에 데려가도 괜찮을까요? ··············· 146
포피염이란 무엇인가요? ······································ 146
유선종양이란 무엇인가요? ···································· 147
자궁축농증이란 무엇인가요? ·································· 148
지루증이란 무엇인가요? ······································ 148
고관절에 일어나는 질병에 대해 가르쳐 주세요. 그리고 걸리기 쉬운 견종이 있나요? ··· 149
이첨판폐쇄부전증이란? ······································ 150
항문낭염이란 무엇인가요? ···································· 151
심장사상충증이란 무엇인가요? ································· 151
개 렙토스파이라증이란? ······································ 152
개 코로나바이러스 감염증이란? ································ 153
개 전염성간염이란 무엇인가? ·································· 153
켄넬코프(kennel cough; 전염성기관지염)이란? ····················· 154
개 디스템퍼란 무엇인가요? ···································· 154
이가 빠졌는데, 왜 그런 것이죠? ································ 155
만성적인 설사가 계속 되는데요. 원인이 무엇인가요? ··················· 155

코의 까만 부분이 벗겨져 버렸습니다. 어떻게 대처하면 좋을 까요? ·············· 156
병원에 가면 충분히 검사를 하지 않고 약을 처방합니다. 개선되지 않아서
세컨드오피니언(second opinion)을 고려하고 있는데요. 괜찮을까요? ·········· 156

식사에 대해서

수유기부터 이유기까지의 식사에서 신경을 써야 할 부분이 있나요? ··············· 157
유견의 식사는 어떤 것을 주면 좋을 까요? ·· 157
반려견이 먹이 냄새를 맡기만 하고 먹지는 않습니다. 왜 그런 걸까요? ············ 158
개와 고양이를 키우고 있는데요. 고양이가 먹고 남긴 것을 개가 먹습니다.
아무 문제없을까요? ··· 158
개가 병원에서 받은 고양이 먹이의 남은 것을 먹었습니다. 아무 문제없을까요? ········ 158
제대로 식사를 준다면 간식은 필요 없는 것인가요? ···································· 159
개에게 고양이 사료를 주어도 괜찮은가요? ··· 159
고기를 데쳐서 먹이고 있는데요. 괜찮은가요? ··· 160
개 사료와 간식만 주고 있는데요. 괜찮나요? 간식을 줘도 되는 건가요? ········· 160
생 채소를 먹여도 괜찮나요? ·· 161
개 사료를 좀처럼 먹지 않습니다. 수제 먹이를 만들어야 하나 고민됩니다.
좋은 방법이 있을까요? ·· 161
수제 먹이는 사료보다 좋을까요? ·· 162
반려견 수에 맞춰 수제식을 주고 있습니다. 체중과 몸길이에 따라 식사내용도 바뀌는데요.
각각에 맞는 칼로리를 계산하는 방법이 있을까요? ····································· 162
개 사료의 보관방법은? ··· 163
개 사료의 종류가 여러 가지 있는데요. 무엇을 선택하는 게 좋을까요? ·········· 164
사료만으로 영양의 치우침은 없나요? ·· 165
캔과 건식사료 중 어느 것을 주는 것이 좋은가요? ··································· 165
사람이 먹는 것을 개에게 줘도 괜찮나요? ·· 166
성장에 맞춰 사료를 바꾸는 편이 좋은가요? ·· 166
유견~성견이 되기까지의 먹이는 양과 내용은 구체적으로 어떻게 되나요? ········ 167
식사는 하루에 몇 번 주는 게 좋나요? ·· 169
우유를 줘도 괜찮나요? ··· 169
우유를 주면 왜 설사를 하나요? ·· 170
요구르트는 먹어도 되나요? ··· 170
사료를 불려서 주는 것은 어떤가요? ·· 171
사료를 바꾸고 싶은데요. 어떤 부분에 주의하는 게 좋나요? ························ 171
물은 마시고 싶은 만큼 마시게 해도 괜찮나요? ··· 172

미네랄워터는 결석이 생긴다고 들었는데, 정말인가요? ················ 172
알칼리 이온수를 먹여도 되나요? ································ 173
식사량은 어떻게 정하는 게 좋을까요? ···························· 173
먹이 종류와 변의 양은 관계가 있나요? ··························· 174
먹고 남은 먹이를 그대로 두어도 괜찮나요? ······················· 174
고기만 먹으려고 합니다. 건강에 문제가 없을까요? ················ 175
반려견이 채소를 좋아합니다. 먹어도 되는 채소, 안 되는 채소가 있나요? ·········· 176
애견용 사료 이외에 데친 채소를 조금씩 먹이고 있습니다. 문제가 있을까요? ·········· 176
반려견이 양배추를 좋아하는데요. 먹여도 괜찮나요? ················ 176
애견용 사료 이외에 줘도 되는 것이 있나요? ······················ 177
여름에는 식욕이 없어져서 수제식을 주고 있습니다. 간단하며 영양을 갖춘
레시피가 있을까요? ·· 178
식사를 주는 시간은 아침과 점심, 저녁, 밤으로 하고 있는데요. 문제없나요? ········ 178
반려견이 과일을 좋아합니다. 줘도 괜찮나요? ····················· 179
애견용 껌을 너무 많이 주면 문제가 생기나요? ···················· 180
사료 이외에 먹여도 되는 것은? ·································· 180
사료를 하루에 한 번만 주고 있습니다. 너무 적은가요? ············ 181
식사가 불규칙적인데, 괜찮나요? ································· 181
아무거나 다 잘 먹어서 조금 비만의 낌새가 있습니다. 성인병을 방지하기 위해
주의해야 할 것이 뭔가요? ······································· 181
치아의 치료를 위해 전부 발치했는데요. 어떤 식사를 주는 게 좋을까요? ········· 182
사료만으로는 먹지 않아서 육포 등을 섞어서 주고 있습니다.
매일 이렇게 줘도 괜찮을까요? ··································· 182
체중이 무거워서 식사를 줄였습니다. 체력적으로 문제가 있진 않을까 걱정입니다.
어떻게 하면 좋을까요? ··· 183
개의 식사에 짠맛이 필요한가요? ································· 183
칼슘제(보조제)를 줘도 괜찮나요? ································ 184
편식을 많이 하는데요. 대처 방법이 있을까요? ···················· 184
방부제에 알러지가 있다고 진단받고 치료식을 추천받았습니다.
직접 대처할 수 있는 방법이 있나요? ····························· 185
개미를 산 채로 먹어도 괜찮나요? ································ 185
개가 레몬을 먹어도 괜찮나요? ·································· 186
개가 모충을 먹었을 때의 대처법은? ······························ 187
개가 집을 비운 사이 초콜릿을 전부 먹어버렸습니다. 괜찮을까요? ········· 187
양파는 왜 주면 안 되나요? ····································· 188

닭 뼈는 왜 주면 안 되나요?	188
개에게 줘도 되는 생선의 뼈는 어느 정도인가요? 또 그 종류는?	189
카레를 먹어도 괜찮을까요?	189
개에게 주면 안 되는 것은?	190

고령인 반려동물에 대해서

고령견이라는 것은 몇 살 정도부터를 말하는 건가요?	191
16살인 고령견을 키우는데요. 일상생활에서 주의를 기울여야 할 점이 있을까요?	191
조금이라도 긴 시간 움직일 수 있도록 식사, 운동 외에 신경 써야 할 부분이 있나요?	192
고령견을 위한 마사지 방법이 있나요?	193
피모와 모색은 가령과 함께 변화하는 것인가요?	193
노견이 없어진지 1주일이 지났는데 찾을 방법이 있을까요?	193
고령인 반려견이 식사 중에 쓰러졌습니다. 대처법이 있나요?	194
반려견이 10살인데요. 이 연령에 백신을 맞출 필요가 있는 걸까요?	194
고령인 개가 걸리기 쉬운 질병은?	195
최근 고령인 반려견이 다음다뇨를 합니다. 식욕은 있으니까 당분간 상태를 관찰해봐도 괜찮을까요?	196
15살인 고령견의 산책시간이 짧아졌습니다. 근력을 향상시키기 위해서 무리하게 걷게하는 편이 나은가요?	196
고령인 반려견이 외출을 좋아하는데요. 부담을 주지 않는 선에서 산책할 방법이 있을까요?	197
소형인 노견을 키우는데요. 아침, 저녁 산책시간을 어느 정도로 하는 것이 좋나요?	197
노견의 산책을 기존 2회에서 1회로 줄여도 괜찮을까요?	198
노견을 키우는데요. 사지가 약해서 산책을 가고 싶어 하지 않습니다. 무리하게 데리고 가지 않는 게 좋나요?	198
노견이 되고 밤에만 기저귀를 합니다. 4~6시간 동안 기저귀를 해도 괜찮나요?	198
노견의 식사는 1일 몇 회가 적당한가요?	199
고령이 되면 체온 조절이 힘들어진다고 들었습니다. 여름, 겨울에 주의해야할 부분이 있나요?	199
고령으로 사지가 약해졌습니다. 미끄러지기 쉬운 마룻바닥에서의 생활이 걱정됩니다. 개선 방법이 있을까요?	200
고령이 되고 울거나 배회하는 행동을 합니다. 어떻게 대처하면 좋을까요?	201
고령이 되고, 운동부족이 신경 쓰입니다. 비만 방지를 위해 무엇을 먹이는 것이 좋을까요?	201

10살 이상인 고령견이 비만인 경우, 먹이는 고령견 용과 비만예방용 중

어떤 것이 좋나요? ··· 202
노견인 반려견에게 사마귀가 많이 나 있습니다. 식사의 영향일까요? ············· 202
고령견을 간호하는 방법과 생활면에서 주의할 점은? ··································· 203
노견이 되어 밤중에 심하게 우는데요. 인지증일까요? ································· 203
일본견은 인지증에 걸리기 쉽다고 들었는데요. 이유가 뭔가요? ·················· 204
고령이 되고 나서 시력이 떨어지고 귀도 들이지 않게 되어 벽에 부딪치곤 합니다. 방지할 좋은 방법이 있을까요? ·· 204
돌이 쌓이기 쉽다고 병원에서 추천 받은 식사를 주고 있습니다. 수년 후 또 돌이 쌓여 식사를 바꾸는 것을 반복합니다. 같은 식사를 계속 하기 위해서는 어떻게 하면 좋을까요? ··· 205
고령인 반려견이 누워서 생활하게 되었습니다. 온화한 성격이었는데 예민해져서 몸을 만지는 것을 싫어하고 배설 처리를 할 때 깨무는 일도 있습니다. 어떻게 하면 좋을까요? ··· 206
고령견이 되면 치석도 쌓여갑니다. 심장이 나쁘면 제거할 수 없기 때문에 약을 바를 수 밖에 없는데요. 좋은 방법이 있나요? ··· 206

그 밖에
개가 죽었을 때 필요한 절차는? ·· 208

고양이

사육법에 대해서

키우기 시작하기에 앞서
여러 마리를 사육할 때의 장점과 단점은? ·· 210
개나 햄스터와 함께 키울 수 있나요? ·· 210
개나 햄스터 등 다양한 동물을 함께 키울 경우 각각 어떤 성격인 게 좋을까요? ········· 211
고양이를 한 마리 더 키우려고 생각 중인데요. 어떤 종류라도 상관없을까요? ············ 212
여러 마리를 키울 때 주의할 점은? ··· 213
8살과 4살 수컷 고양이가 자주 싸웁니다. 친하게 만들기 위해서 어떻게 해야 할까요? ··· 214
강아지 같은 성격인 고양이, 일명 개냥이가 있나요? ································· 215
고양이를 키우기 전에 준비해야 할 것은? ·· 215

기본적인 지식
고양이를 키우는 것의 기본이란? ·· 216
백신 접종에 의해 어떤 질병의 예방이 가능한가요? ································· 217

새끼 고양이를 놀게 하고 싶은데요. 어떻게 하는 게 좋나요? ················· 218
새끼 고양이도 유치가 빠지고 영구치가 나오나요? ················· 219
소변을 본 후에 발톱 갈이를 하는 이유는 뭔가요? ················· 219
새벽이 되면 활기가 최고조에 이릅니다. 어째서인가요? ················· 220
밖에서 사냥감을 잡아와도 먹지 않고 가지고 놀기만 하는데요.
배가 고프지 않아서 인가요? ················· 220
고양이는 물에 닿는 것을 싫어하는데, 왜 그런 것이죠? ················· 221
고양이가 자고 있을 때 몸을 실룩거리는 것은 꿈을 꾸기 때문인가요? ················· 221
고양이가 안심하고 잘 수 있는 장소는 어떤 곳인가요? ················· 222
벌러덩 누워 배를 보이며 자는 이유는 무엇인가요? ················· 222
자다가 일어나면 꼭 크게 하품을 합니다. 이유가 뭔가요? ················· 223
고양이가 얼굴을 씻으면 비가 온다는 것이 사실인가요? ················· 223
자신의 젖을 빨 때가 있는데요. 왜 그런 건가요? ················· 224
먹이를 묻는 몸짓을 하는 이유가 무엇인가요? ················· 224
입에 먹이를 물고 다른 장소로 가는 이유는 무엇인가요? ················· 225
멀리까지 나갔던 고양이가 며칠이나 걸려 돌아오는 이유는 무엇인가요? ················· 226
고양이가 죽을 때 모습을 감추는 이유는 무엇인가요? ················· 226
고양이는 자신의 아이를 죽인다고 들었습니다. 정말인가요? ················· 227
고양이의 후각은 민감한가요? ················· 227
고양이 눈의 동공이 커지는 이유는? ················· 228
고양이의 눈이 빛나는 이유는? ················· 228
고양이는 색을 식별할 수 있나요? ················· 229
고양이의 청각은 어느 정도인가요? ················· 229
여성의 목소리에 반응하는 이유는 무엇인가요? ················· 229
수염에도 역할이 있는 건가요? ················· 230
꼬리로 감정을 표현하는 것인가요? ················· 230
울음소리에는 어떤 의미가 있는 건가요? ················· 231
고양이는 표정이나 몸짓으로 희로애락을 표현하는 건가요? ················· 232
거울에 비친 자신을 인식할 수 있나요? ················· 233
사람의 나이로 환산하는 방법은? ················· 233
자신의 영역에 어떤 표시를 해두는 것이죠? ················· 234
고양이에게도 보스가 있는 것인가요? ················· 235
고양이들의 싸움이 시작하면 이기고 지고는 어떻게 정해지나요? ················· 235
고양이의 뿌리는 어디에 있나요? ················· 236
일본 고양이는 어디에서 온 것인가요? ················· 236

고양이의 순혈종은 언제부터 만들어진 것인가요? ……………………………… 236
장모종, 단모종의 성격 특징은? ……………………………… 237
삼색 고양이는 수컷이 없는 이유가 무엇인가요? ……………………… 237
고양이의 발톱은 왜 날카로운 것인가요? ……………………………… 238
고양이는 왜 봉투에 얼굴을 파고드는 것을 좋아하나요? ……………… 238
등에서 떨어져도 잘 착지 하는데요. 어떻게 가능한 것이지요? ……… 239
어떻게 발소리를 내지 않고 걸을 수 있나요? ………………………… 239
그루밍은 왜 하는 것인가요? …………………………………………… 240
소변이나 대변을 한 후에 모래를 덮는 이유는 무엇인가요? ………… 240
고양이와 재미있게 놀아 주려면 어떻게 하는 게 좋을까요? ………… 240

키우기 시작하고 나서
외출하는 고양이의 질병이나 부상이 걱정됩니다. 어떻게 하면 좋을까요? ……………… 241
한 마리와 두 마리 이상 키우는 것 중 어떤 것이 좋은가요? …………… 242
장기간 집을 비울 경우 함께 데려가는 편이 좋은가요? ………………… 242
종류에 따라 질병에도 차이가 있나요? ……………………………………… 243
3살인 고양이가 신칸센으로 귀성하던 중 설사와 구토 등을 하며 컨디션이 나빠졌습니다. 컨디션이 망가지지 않도록 이동할 수 있는 방법이 있나요? ……………… 243
몸을 핥아서 깨끗이 한다고 들었습니다. 목욕을 시켜줘도 괜찮은 건가요? ……… 244
처음으로 털이 긴 고양이를 키우게 되었는데요. 브러시질을 하지 않으면 털이 뭉치나요? 244
귀 속이 지저분해져 있는데요. 깨끗이 하려면 어떻게 해야 할까요? …………… 245
목욕은 얼마나 자주 해야 하나요? ……………………………………… 246
발톱을 깎아 줄 필요가 있나요? ………………………………………… 246
이를 닦을 때 잇몸에서 피가 납니다. 너무 세게 닦이는 건가요? ……… 247
브러시를 보면 난폭해집니다. 좋은 방법이 있을까요? …………………… 247
미아가 되면 어떻게 찾아야 할까요? …………………………………… 248

번식에 대해서
중성화 수술은 하는 편이 나은가요? …………………………………… 249
중성화 수술을 해도 밖에 나가고 싶어 합니다. 좋을 대로 하게 둬도 괜찮은가요? …… 249
고양이의 번식기는? ……………………………………………………… 250
몇 살까지 번식 능력이 있나요? ………………………………………… 250
구애하는 방법은? ………………………………………………………… 251
출산 준비는 어떻게 하면 되나요? ……………………………………… 251
막 태어난 새끼 고양이에 대해 주의해야 할 점이 무엇인가요? ………… 252

새끼 고양이들은 싸움을 하지 않고도 어미 고양이의 젖을 빨 수 있나요? ·················· 252
어미 고양이는 어떻게 어린 고양이를 보호하는 것인가요? ························ 253
어미 고양이가 새끼 고양이의 대변을 먹는데요. 이유가 무엇인가요? ·············· 253
고양이의 육아는 부부 공동인가요? ······································· 254
어미 고양이는 어떻게 사냥을 가르치나요? ·································· 254
주인인 제가 출산했더니 고양이의 태도가 약간 바뀌었습니다. 왜 그런 건가요? ········ 255

훈련에 대해서

고양이도 개처럼 '앉아', '이리와'가 가능한가요? ······························ 256
손님의 짐이나 옷에 소변을 누는 경우가 있습니다. 하지 않게 할 방법이 있나요? ····· 256
아플 정도로 깨뭅니다. 하지 않게 할 방법이 있나요? ·························· 257
화장실 훈련은 어떻게 하면 좋은가요? ···································· 257
고양이용 모래는 경제성, 편리성, 안정성, 위생적인 면에서 봤을 때 어떤 것을 고르는 것이
좋은가요? ··· 258
자주 울면서 다가오곤 하는데요. 이유가 무엇인가요? ························· 259
고양이를 6마리 키우고 있으며 화장실을 8개 준비해 두었습니다. 그런데 몇 마리는 화장실
외의 곳에서 일을 봅니다. 고칠 방법이 있나요? ······························ 259
고양이를 여러 마리 키우고 있습니다. 발톱 갈기를 하기에 적당한 장소는 어디인가요? 260
가구에 발톱을 세우는 것을 하지 않게 할 방법이 있나요? ······················ 260

건강관리에 대해서

차에 태우면 입에 거품을 무는데요. 괜찮은 건가요? ·························· 261
질병을 조기 발견할 수 있는 방법이 있나요? 또한 질병의 신호 같은 것이 있나요? ····· 262
체중·체온·맥박은 어떻게 알아볼 수 있나요? ······························ 262
마룻바닥인 방에서 키우고 있는데요. 주의해야 할 점이 있나요? ················· 263
형제 고양이에게 벼룩 구제약을 사용하고 싶은데요. 서로 핥아주곤 해서 걱정입니다. 좋은
방법이 있을까요? ··· 263
잇몸이 부어서 구취가 심합니다. 어떻게 하면 좋을까요? ······················· 264
하품 횟수가 많은데요. 뭔가 문제가 있는 건가요? ···························· 264
수의사에게 진찰 받을 때 어떤 점에 주의하면 좋을까요? ······················· 265
고양이의 경우, 밖으로 내보낼 일이 없다면 예방주사는 필요 없다는 말을 들었는데요. 정말
인가요? ··· 265
치아의 맞물림이나 배열이 나쁜 것은 유적적인 것인가요? 치료할 수 있나요? ········ 266
다이어트는 어떻게 하면 좋을까요? ······································ 266
10kg인 고양이를 키우는데요. 다이어트 시킬 방법이 있을까요? ················· 267

살이 쪘는지, 말랐는지를 판단하는 방법이 있나요? ····· 267
음식으로 건강이나 수명에 차이가 나타나나요? ····· 268
장수시키는 비법은? ····· 268

질병·부상에 대해서

수컷 고양이가 밖에 나와 다른 고양이들과 싸우고 외상을 입어 돌아왔습니다. 질병 감염의 염려가 있을까요? ····· 269
수컷 고양이가 화장실에 가도 소변이 나오지 않는 것 같습니다.
무슨 병에라도 걸린 걸까요? ····· 271
자주 화장실에 들어가는데 배뇨와 배변은 보이지 않습니다. 병에 걸린 걸까요? ····· 271
바로 지쳐버리곤 하는데요. 어딘가 안 좋은 것일까요? ····· 272
사람용 모기 퇴치 매트를 사용하고 있습니다. 문제 없을까요? ····· 272
갑자기 죽은 것처럼 될 때가 있는데, 괜찮은 건가요? ····· 273
부상을 당하진 않았는데요. 육구가 부어서 다리를 끌며 걸어 다닙니다.
왜 그런 것이지요? ····· 273
식욕이 전혀 없습니다. 게다가 입안이 빨갛게 되어 있습니다. 어떤 가능성을 생각할 수 있을까요? ····· 274
서서히 체중이 감소하는데도 복부가 커지고 설사 끼가 보이고 활기도 없습니다. 무엇을 고려할 수 있을까요? ····· 275
눈을 감고 있으며 눈물이 많아졌고 아파합니다. 눈꺼풀을 들춰 보니 눈 정 가운데 부근이 하얗게 되었습니다. 어떻게 대처해야 하나요? ····· 275
조금 전보다 코와 입이 지저분해져 있고, 서서히 식욕도 떨어집니다.
어떻게 하면 좋을까요? ····· 275
어린 고양이가 항상 설사 기미를 보입니다. 가끔은 물 같은 혈변을 봅니다. 어떻게 하면 좋을까요? ····· 276

식사에 대해서

가끔 풀을 먹는 경우가 있습니다. 채소가 부족한 것일까요? ····· 277
채소를 줄 필요한가요? ····· 278
편식을 하는데요. 고양이는 맛에 민감한가요? ····· 278
준비해 준 물은 마시지 않고 일부로 다른 장소에 있는 물을 마시러 갑니다. 무슨 문제가 있는 걸까요? ····· 279
사람이 먹는 것과 같은 것을 먹어도 되나요? ····· 279
전복을 먹으면 귀가 떨어진다는 말을 들었습니다. 정말인가요? ····· 280
사료를 밥그릇에 넣은 채로 놔두었는데요. 정해진 시간에 주는 것이 좋은가요? ····· 280

요구르트를 줘도 괜찮은가요? ·· 281
새끼 고양이들이 새끼 고양이용 건식 사료를 자연스럽게 먹기 시작했습니다. 이유식이 아니
어도 괜찮나요? ·· 282
고양이 사료만 주면 영양의 치우침이 없나요? ·· 282
칼슘제(보조제)를 주어도 괜찮은가요? ·· 283
고양이 사료 이외에 줘도 되는 것이 있나요? ·· 283
관엽식물을 먹었는데요. 괜찮은 건가요? ·· 284
주면 안 되는 것은? ·· 284
오징어는 왜 주면 안 되는 건가요? ·· 285

고령 반려동물에 대해서
고양이도 고령이 되면 인지증에 걸리나요? ·· 286
노화 현상은 어떤 것인가요? ·· 286
노령묘를 키울 때 주의해야 할 점이 있나요? ·· 287

그 밖에
고양이가 죽었을 때 필요한 절차는? ·· 288

토끼

사육법에 대해서

사육법에 대해서
토끼를 키우기 위해 준비해 둘 용품이 있나요? ·· 290
토끼 백신 접종과 사육 신고가 필요한가요? ·· 290
토끼를 안는 방법은? ·· 290
키울 때, 생후 2개월을 넘긴 토끼를 키우는 게 좋은 이유는 무엇인가요? ···················· 291
토끼를 사러 갈 때 저녁에 가는 것이 좋다고 하는데요. 이유가 무엇인가요? ············ 291
알러지가 있는데요. 키울 수 있을까요? ·· 292
학교에서 토끼를 키울 경우 어떤 종류가 좋을까요? ·· 292
같은 케이지에서 키울 수 있는 토끼 종류는? ·· 292
토끼를 '마리(羽; 일본에서 보통 새를 셀 때 쓰는 용어)'라고 세는 이유가 무엇인가요? 293
개·고양이와 함께 키우고 싶은데요. 가능할까요? ·· 293
닭을 함께 키울 수 있나요? ·· 294

토끼 사육법의 기본은? ··· 294
토끼를 키울 경우 케이지의 크기는 어느 정도가 좋은가요? ··············· 294
토끼를 길들이려면 어떻게 해야 하나요? ·· 295
새끼 토끼를 받았는데요. 따뜻하게 해 줄 필요가 있나요? ················· 295
풀어 놓고 키우는 것과 상자에 넣어서 키우는 것 중 어느 쪽이 좋은가요? ············· 296
토끼집의 소독 방법은? ··· 296
브러쉬질을 하는 편이 좋은가요? 또 브러쉬질을 잘 할 수 있는 방법이 있나요? ········ 296
발톱이나 이는 자르는 편이 좋은가요? ·· 297

번식에 대해서
중성화 수술이 필요한가요? ·· 298
토끼의 임신과 출산이란? ··· 298
토끼의 육아 방폐는 어떻게 해야 하나요? ·· 299
새끼 토끼의 인공 보육은 어떻게 하는 건가요? ·································· 299
토끼는 몇 살 정도부터 아이를 만들 수 있게 되나요? ······················· 300
발정하면 어떻게 되나요? ··· 300

훈련에 대해서
화장실 훈련은 어떻게 하는 게 좋을까요? ··· 301

건강관리에 대해서
설사변이라는 것은 어느 정도의 상태를 말하는 것인가요? ··············· 302
비만 토끼에게 주는 식사는 어떤 것이 좋은가요? ······························ 302
토끼가 건강한 지를 어디를 보고 판단하는 것이죠? ·························· 303
장수시킬 수 있는 요령이 있나요? ··· 303
다이어트는 어떻게 하면 좋은가요? ··· 303
살이 쪘는지 말랐는지를 판단하는 방법이 있나요? ···························· 304
토끼는 수명이 짧다고 하는데요. 조금이라도 장수하게 하려면 어떻게 하는 게 좋을까요? 305
음식으로 건강이나 수명에 차이가 생길까요? ····································· 305
균형을 못 잡고 바로 뒤집어지는 데요. 병에 걸린 걸까요? ·············· 306
콕시듐이 발견되면 어떻게 대처해야 하나요? ···································· 306
사람용 모기 퇴치 매트를 사용하고 있는데요. 문제없나요? ············· 307

질병·부상에 대해서
몸의 뒤쪽 반이 움직이지 않는 것 같은데요. 어떻게 대처하면 좋을까요? ············· 308

알러지를 알아보기 위해서는 어디에 가는 것이 좋나요? ·················· 308
토끼의 열사병은 어떤 때 일어나나요? ························· 308
설사, 무른 변이 지속되며 야위어 갑니다. 어떻게 하면 좋을까요? ········· 309
목이 치우쳐져 있는 것 같아요. 병에 걸린 걸까요? ················· 310
재채기, 콧물, 앞다리의 안쪽이 지저분하고 활기가 없습니다.
어떻게 대처하면 좋을까요? ································ 310
귀를 가려워하며 앞발로 긁어서 피가 났습니다. 활기도 없어요. 아픈 걸까요? ······ 311
침이 나와서 턱이나 발의 털이 빠져 있습니다. 원래대로 털이 날 수 있을까요? ····· 311
먹이를 먹지 않고 침을 흘립니다. 어디가 아픈 걸까요? ·············· 312
발 뒤의 털이 빠져서 빨갛게 됐습니다. 어딘가 안 좋은 걸까요? ·········· 312
소변이 빨갛습니다. 병에 걸린 걸까요? ························ 313
소변이 평소보다 진하고, 자주 소변을 보며 혈뇨일 때도 있습니다.
어떻게 하면 좋은가요? ··································· 314

식사에 대해서
먹이를 어느 정도 주면 좋을까요? ··························· 315
'펠렛과 채소의 밸런스'라는 말을 자주 듣는데요. 어떤 것을 말하는 건가요? ········· 315
대변을 먹는 것 같습니다. 먹이가 부족한 것일까요? ················ 316
펫샵에서 먹던 펠렛과 같은 것을 주는 편이 좋다고 들었는데, 사실인가요? ········ 317
펠렛을 고르는 데 주의해야 할 점이 있나요? ···················· 317
왜 목초를 주는 것이 중요한가요? ·························· 318
주면 안 되는 채소 종류가 있나요? 또 그 이유는 무엇인가요? ·········· 318
먹으면 안 되는 관엽식물과 들풀에는 어떤 것들이 있나요? ············ 319

잉꼬

사육법에 대해서

사육법에 대해서
잉꼬를 키우기 위해 갖춰 두어야 하는 것이 무엇인가요? ·············· 322
어떤 재질의 케이지가 좋은가요? ··························· 322
수컷과 암컷 중 어느 쪽이 더 말을 잘 익히나요? ·················· 323
사육 방법의 기본은? ···································· 323
큰 케이지에 여러 마리의 새를 함께 키울 수 있나요? ··············· 324

실내에 있는 물건 중에서 잉꼬에게 위험한 물건은 어떤 것인가요? ················· 324
알을 빼내도 새장 안에서 계속 알을 품고 있는데요. 괜찮은 건가요? ············· 325
엉덩이가 크고 볼품없어 졌습니다. 질병 때문일까요? ······························· 326
잉꼬끼리 싸움만 합니다. 어떻게 하면 좋을까요? ·································· 326
수컷 잉꼬가 없는데 알을 낳습니다. 왜 그런 건가요? ······························ 326
잉꼬의 발톱은 잘라주는 편이 좋은가요? ·· 327

훈련에 대해서
사랑앵무는 훈련 시키는 것이 가능한가요? ·· 328
잉꼬의 무는 습관을 고칠 수 있나요? ··· 328

건강관리에 대해서
추울 때 방한을 하는 방법이 있나요? ··· 329
일광욕을 시키는 편이 좋은가요? ·· 329
비만인 잉꼬에게 주는 식사는 어떤 것이 좋을까요? ································ 330
살이 쪘는지, 말랐는지를 판단하는 방법이 있나요? ································ 330
다이어트는 어떻게 하는 게 좋은가요? ··· 331
장수하게 할 수 있는 요령이 있나요? ··· 331
먹이로 건강이나 수명에 차이가 생기나요? ··· 333

질병·부상에 대해서
눈 주위가 빨갛게 됐는데요. 병에 걸린 걸까요? ···································· 334
죽순처럼 털이 나와서 맨살이 보입니다. 왜 그런 것인가요? ······················ 334
배설물이 수분만 있을 때가 있습니다. 어딘가 아픈 걸까요? ······················ 335
위쪽 부리가 변색되었습니다. 이유가 무엇인가요? ································ 335

식사에 대해서
채소나 과일의 잔류 농약이 걱정입니다. 건강에 영향이 있을까요? ·············· 337
새에게 주는 먹이는 무엇이 좋은가요? ··· 337
마시는 물에서 주의해야 할 점이 있나요? ··· 338
간식은 어떤 것을 주는 게 좋나요? ·· 339

그 밖에
잉꼬가 죽었습니다. 어떻게 하면 좋을까요? ··· 340

거북이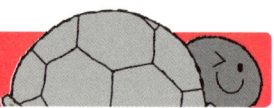

사육법에 대해서

사육법에 대해서
거북이를 키울 때 준비해 둬야 할 것이 있나요? ········· 342
연못거북과 남생이를 함께 키울 수 있나요? ········· 343
같은 종류의 거북이는 함께 키울 수 있나요? ········· 343
악어거북을 키울 수 있나요? ········· 344
등딱지에 혈관이나 신경이 있나요? ········· 344
거북이가 암컷인지 수컷인지는 무엇을 보고 판단하나요? ········· 345
기본적인 사육 방법은? ········· 345
집을 2~3일 비우게 됐습니다. 거북이를 어떻게 하면 좋을까요? ········· 346
냄새거북은 악취를 내뿜나요? ········· 346
연못거북의 앞발 발톱이 길어졌습니다. 잘라주는 편이 좋은가요? ········· 347
거북이가 물에 들어가지 않는데요. 어떻게 하면 좋을까요? ········· 347
미아가 되면 어떻게 찾아야 할까요? ········· 348
연못거북은 동면을 하나요? ········· 348

건강관리에 대해서
연못거북, 남생이 새끼의 일광욕에서 주의해야 할 점은? ········· 349
장수할 수 있는 요령이 있나요? ········· 349

질병·부상에 대해서
거북이가 뭔가를 토해내려는 몸짓을 하는데요. 왜 그런 걸까요? ········· 351
콧물을 흘립니다. 어떻게 대처해야 하나요? ········· 351
거북이의 피부가 벗겨져 있는데요. 무엇이 원인인가요? ········· 352
등딱지에 여드름 같은 것이 나 있습니다. 방치해 두어도 괜찮은가요? ········· 352
기울어져서 수영을 합니다. 어딘가 안 좋은 걸까요? ········· 352
뒷다리가 경련을 일으킬 때가 있습니다. 어떻게 하면 좋은가요? ········· 353
거북이의 등딱지가 깨졌습니다. 어떻게 대처하면 좋을까요? ········· 353
거북이의 눈이 탁합니다. 어떻게 하면 좋은가요? ········· 354

햄스터

사육법에 대해서

사육법에 대해서
햄스터를 키우기 위해 준비해 둘 것은 무엇인가요? ·········· 356
같은 케이지에서 키워도 되나요? ·········· 356
같은 케이지에 몇 마리까지 키울 수 있나요? ·········· 357
기본적인 사육 방법은? ·········· 357
손으로 준 먹이를 버리는데요. 이유가 무엇인가요? ·········· 358
만지려고 하면 '찍찍'하며 우는데요. 이유가 무엇인가요? ·········· 358
산책이 필요한가요? ·········· 359
햄스터는 모래 샤워를 하나요? ·········· 359
밤늦게까지 불을 켜고 있습니다. 햄스터에게 영향이 없을까요? ·········· 360
햄스터와의 외출, 이동 방법은? ·········· 360
햄스터만 두고 집을 비워도 괜찮은가요? ·········· 361
냄새가 지독한데요. 어떻게 하면 좋을까요? ·········· 361

훈련에 대해서
갑자기 깨뭅니다. 어떻게 하면 좋을까요? ·········· 362
탈주했습니다. 돌아올까요? ·········· 362
햄스터를 길들이려면 어떻게 해야 하나요? ·········· 363
손 위에 올리지 못합니다. 어떻게 하면 올릴 수 있나요? ·········· 363
용변을 정해진 화장실에서 하지 않습니다. 어떻게 하면 좋을까요? ·········· 364
쳇바퀴를 바로 갉아먹어 버립니다. 고칠 방법이 있나요? ·········· 364
목욕을 시켜도 되나요? ·········· 365
케이지를 갉아댑니다. 그대로 둬도 괜찮을까요? ·········· 365
발톱을 깎아 주는 것이 좋은가요? ·········· 366

건강관리에 대해서
햄스터에게 일광욕이 필요한가요? ·········· 367
사람용 모기 퇴치 매트를 사용하고 있습니다. 문제없을까요? ·········· 367
너무 살이 쪘는지 확인할 방법이 있나요? ·········· 367
살찐 햄스터를 다이어트 시킬 방법이 있나요? ·········· 368

장수할 수 있는 요령이 있나요? ……………………………………………… 368

질병·부상에 대해서
응어리가 생겼습니다. 어떻게 대처해야 하나요? ……………………………… 370
식욕이 없는 것 같아요. 어떻게 하면 좋을까요? ……………………………… 370
펠렛을 먹지 않습니다. 병에 걸린 걸까요? …………………………………… 371
물을 마시지 않습니다. 어떻게 하면 좋을까요? ……………………………… 371
배가 부풀어 보입니다. 변비인 걸까요? ……………………………………… 372
대변이 이어져서 나오는 이유는 무엇인가요? ………………………………… 372
소변을 본 흔적이 없는데, 왜 그런 건가요? ………………………………… 373
부분적으로 탈모가 되었습니다. 어떻게 대처해야 하나요? ………………… 374
물을 자주 마셔서 소변 횟수가 늘었습니다. 병에 걸린 건 아닐까요? …… 374

식사에 대해서
먹이는 해바라기씨만으로 괜찮은가요? ……………………………………… 375
먹여도 되는 식물이 있나요? …………………………………………………… 375

그 밖에
햄스터가 죽었을 때 집 정원에 묻어도 되나요? ……………………………… 376

페럿

사육법에 대해서

사육법에 대해서
기본적인 사육 방법은? ………………………………………………………… 378
예방접종은 하는 편이 좋은가요? ……………………………………………… 379
취선 제거 수술을 하는 편이 좋은가요? ……………………………………… 380
냄새가 나는 데요. 취선이 막혀 있는 것일까요? …………………………… 380

번식에 대해서
중성화 수술이 필요한 가요? …………………………………………………… 381

건강관리에 대해서

건강관리를 하는 방법은? ………………………………………… 382
치석이 생긴 것 같습니다. 없앨 필요가 있나요? ……………… 383
더워서 축 처져 있는데요. 무슨 좋은 방법이 없을까요? …… 384
사람용 모기 퇴치 매트를 사용하고 있습니다. 문제없나요? … 384
장수할 수 있는 요령이 있나요? ………………………………… 384

질병·부상에 대해서

위액이나 담즙 같은 것을 토해냅니다. 또 토하고 싶어 해도 토하지 못하고 식욕도 없습니다.
어떻게 대처하면 좋을까요? ……………………………………… 386
이물을 삼켰을 때의 대처법은? …………………………………… 386
설사나 구토를 할 때, 담배를 먹었을 때 어떻게 하면 좋은가요? …………… 387
배뇨를 곤란해 하며 혈뇨가 나옵니다. 어떻게 처치하면 좋을까요? ………… 387
육구가 부었습니다. 어떻게 하면 좋을까요? …………………… 388
이갈이를 하게 되었습니다. 질병 때문인가요? ………………… 388
대변이 잘 안 나오는데요. 어떻게 하면 좋은가요? …………… 389
대변의 모양이 평소와 다릅니다. 이유가 무엇인가요? ……… 389
암컷 페럿을 키우는데요. 털이 빠지고 국부가 부어있습니다. 어떻게 된 것인가요? … 389
암컷의 음부가 부어있습니다. 대처방법이 있나요? …………… 390
항문이 부어 있습니다. 이유가 무엇인가요? …………………… 390
눈에 생기가 없습니다. 사람용 안약으로 나을 수 있나요? … 391
이가 부러졌습니다. 어떻게 하면 좋을까요? …………………… 391
잇몸에서 피가 납니다. 대처 방법이 있나요? ………………… 392
피부에 탄력이 없어진 것처럼 느껴집니다. 대처 방법은 무엇인가요? ……… 392
빠진 털이 있습니다. 어떻게 해야 할까요? …………………… 392
꼬리의 끝 털이 빠져서 그 부위가 딱딱하고 광택이 납니다. 서서히 커지는데요. 병에 걸린
건가요? ……………………………………………………………… 393
피부에 발진이나 부스럼이 생겼습니다. 사람이 바르는 약을 발라도 되나요? ………… 394
귀에 진드기가 붙어 있습니다. 어떻게 제거해야 하나요? ……………………… 394
벼룩이 붙어 있습니다. 제거 방법을 알려 주세요.
또 이 벼룩은 사람에게 해를 끼치나요? ………………………… 395
재채기, 콧물, 코막힘이 있습니다. 어떻게 대처해야 하나요? ………………… 396
청각장애가 있는 것 같습니다. 어떻게 대처하면 좋을까요? ………………… 396
걷는 게 어딘가 좀 어색한 것 같아요. 어딘가 안 좋은 걸까요? ……………… 397
생후 2년째 정도부터 식욕이 급격히 없어지고, 설사를 하며 야위어 갑니다. 어떻게 대처하

면 좋을까요? ··· 397

기타

임대주택에 살고 있는데요. 동물을 키울 경우 집주인이나 부동산의 허가가 필요한가요? 400
트리머가 되고 싶습니다. 어떻게 하면 좋을까요? ·· 400
수의사가 되려면 어떤 공부를 해야 하나요? ··· 400
동물 유골을 집에 둘 수 없나요? ··· 401
반려동물이 죽으면 너무 슬퍼서 두 번 다시 키우고 싶지 않다는 사람이 있습니다. 다시 한 번
키우고 싶도록, 긍정적으로 될 수 있는 말이 있을까요? ··· 401
반려동물이 죽었습니다. 너무 슬퍼서 견딜 수 없어요.
다시 일어날 수 있는 방법이 있을까요? ··· 402
반려동물과 함께 묻힐 수 있나요? ··· 402
피난소에 왜 반려동물을 데려갈 수 없는 건가요? ··· 402
사람과 반려동물의 공통되는 질병이 있나요? ·· 403
반려동물 식품의 안정성에 대한 대처가 있나요? ·· 404
수의사 선생님은 진찰에 오는 동물이나 주인에 대해서 기억하고 있나요? ··············· 404

DOG
개

강아지를 키우기 전에 준비해 둘 용품은?

- **강아지용 사료** 펫샵이나 브리더에게 받은 사료를 당분간 급여합니다. 새로운 가정에 적응해 간다면 서서히 강아지용 사료로 변경합니다.
- **식기** 도자기나 스테인리스가 좋습니다. 덩치가 커져서 잘 엎어지곤 한다면 넘어지지 않는 스테인리스 소재의 식기를 추천합니다. 급수용 식기도 함께 준비합니다.
- **침상** 플라스틱이나 부드러운 소재로 만들어진 것, 모양도 크기도 다양한 종류가 있지만 깔개의 세탁이 쉬운 것, 손질이 간단한 것, 성견이 됐을 때의 크기도 고려하여 결정합시다.
- **인식표** 최근 마이크로칩 삽입이 보급되고 있습니다. 유기견이 되었을 때 등에 개체 식별에 도움이 됩니다. 동물병원에서 상담 받도록 합시다. 또한 이와는 별개로 목줄에 다는 인식표도 있어서 목줄이나 리드 끈과 함께 준비해 두는 것도 좋겠지요.
- **장난감** 깨무는 장난감, 잡아당기는 장난감, 소리가 나는 장난감 등 여러 종류가 있는데, 3종류 정도 준비해 두면 좋습니다.

사람에게 충실한 견종은?

맹인을 인도하는 맹도견에 많은 견종인 래브라도 리트리버, 매우 친근한 골든 리트리버, 울음소리는 조금 시끄러울지도 모를 비글, 운동을 매우 좋아하는 보더 콜리, 상냥한 성격을 가진 셔틀랜드 쉽독, 경찰견 등으로 활약하는 져먼 셰퍼드 등을 들 수 있습니다. 물론 미니어처 닥스훈트나 토이 푸들 등도 사람을 매우 좋아합니다. 주제에서 조금 벗어난 이야기이지만, 주인만을 잘 따르는 견종은 일본견 중에 많습니다. 시바견, 아키타견, 기슈견 등은 주인에게는 충실하지만 다른 사람은 잘 따르지 않는 성격을 가지고 있습니다.

충실성이라는 것은 견종, 곧 유전요인에 의해 확실히 다른 것이지만 가장 영향을 끼치는 것은 개와 주인 간의 관계, 다시 말해 환경요인이 매우 중요합니다. 개와의 커뮤니케이션을 중요시 하며 개의 리더로서 존경 받는 주인이 되어야 합니다.

털이 잘 안빠지는 견종이 있나요?

토이 푸들, 슈나우저, 요크셔테리어, 말티즈, 시츄 등의 견종은 털이 잘 빠지지 않습니다. 털이 빠지기 쉬운 견종 중 단모종에서는 퍼그, 닥스훈트, 래브라도 리트리버, 달마시안 등이 있으며 장모종에서는 시바견, 콜리, 셔틀랜드 쉽독, 골든 리트리버 등을 들 수 있습니다.

첫 반려견으로 로트와일러는 키우지 않는 게 좋을까요?

로트와일러는 져먼 셰퍼드, 도베르만 핀셔에 필적하는 대형견으로, 경찰견, 번견, 경호견으로 잘 알려져 있습니다. 처음으로 개를 키우는 경우에는 적절치 못하다고 합니다.

사육하는데 있어서 그 견종의 특성과 성질을 잘 이해해 둘 필요가 있습니다. 가장 중요한 것이 사회화입니다. 타인에게 피해를 끼치지 않게끔 키워야 합니다. 또한 견종에 따른 각종 종양, 심장질환, 바이러스 감염, 신경척수질환, 관절질환(고관절이형성, 주관절이형성)에 걸리기 쉬운 품종도 있기 때문에 이러한 점을 잘 고려해야 합니다.

브리더나 실제로 사육을 하는 분들의 이야기를 잘 듣고 키우기 쉬운 견종을 선택하여 주세요.

계절이 바뀔 때마다 털이 빠지는데, 병에 걸린 걸까요?

봄과 가을에 털이 많이 빠지는데, 이것은 환모기라고 불리는 개의 생리적 현상이기 때문이며 병에 걸린 것은 아닙니다.

이것은 일조시간과 기온이 관련되어 있습니다.

환모기는 모든 개에게서 나타나는 현상이라고는 할 수 없습니다. 견종이나 개체에 따라 차이가 있지만 시베리안 허스키나 시바견처럼 비교적 한랭지가 원산인 개에게서 현저합니다.

봄의 환모기 후는 여름털이라고 부르며 잘고 조금 가느다란 털이 나오고, 가을 환모기에서는 겨울털이라고 부르는 푹신푹신하고 부드러운 털이 납니다.

이 현상은 실외견에게 많이 보이지만 최근 개가 소형화되고 실내 사육이 많아지면서 조명이나 냉난방에 의해 일조시간이나 온도차가 없어진 탓에 바이오리듬이 무너져 일 년 내내 털갈이를 하지 않는 개가 늘어나고 있습니다.

개의 환모기는 몇 월쯤인가요?

환모기가 있는 견종과 없는 견종이 있습니다. 일반적으로 환모기는 1년 중 봄과 가을 2번이지만, 그 해의 기후나 지역에 따라 차이가 있기 때문에 몇 월쯤이라고 일률적으로 말할 수는 없습니다.

환모기에는 기온이나 일조시간이 관련되어 있습니다.

봄은 낮이 길어지고 기온이 올라가면서 새로운 털이 성장하고 낡은 털을 점점 탈모시켜 갑니다. 봄에서 여름에 걸쳐 나는 털은 밀도가 적은 조금 성긴 털입니다.

여름에서 가을로 넘어가면서 낮이 짧아지고 기온이 내려가면 여름털이 빠지고 그 밑에서 언더코트가 발달한, 푹신푹신한 겨울털이 자라나옵니다.

최근 실내에서 사육하는 개는 조명이나 냉난방기 때문에 사이클이 흐트러져 있기도 합니다.

강아지는 몇 개월부터 키울 수 있나요?

　일본은 동물애호법에 의거하여 생후 45일 이내(이후 단계적으로 연장되어 최종적으로는 56일 이내로)의 개와 고양이를 번식업자로부터 양도 받는 것은 금지되어 있습니다. 따라서 펫샵의 경우 생후 45일을 경과한 개와 고양이를 구입할 수 있습니다(역자 주: 우리나라에서는 3개월 이상). 지인 등을 통해 양도받는 경우에는 이 규제에 해당하지 않지만 최소한 이유기(7~8주령)가 지나고 난 뒤가 좋겠지요.

아이가 개 알러지가 있습니다. 어떻게 대처하면 좋을까요?

　아이가 개의 무엇에 알러지 반응을 보이는지 명확히 할 필요가 있습니다. 일반적으로 개의 털이나 벼룩 등의 알러젠에 반응하는 케이스가 많습니다. 그 경우에는 적당한 빗질과 샴푸로 청결히 하여 알러젠을 없애 주는 것이 필요합니다. 단, 아이의 알러지가 심한 경우에는 의사의 진료를 받을 필요가 있습니다.

천식이 있는 아이가 있는데, 개를 키워도 될까요?

　아이가 무엇에 알러지를 가졌는지에 따라 다르기 때문에 일반적으로는 말할 수는 없습니다. 단지 일반적으로 개의 털 등에 따라 천식(알러지)이 악화될 가능성이 높습니다. 키우다가 알러지 때문에 키울 수 없게 되는 사태도 일어날 수 있습니다.

강아지를 키울 경우 환경 변화에 따른 몸 상태에서 신경 써야 할 점은?

강아지는 체력도 없고 면역력도 낮기 때문에 환경 변화에 따른 스트레스 등으로 인해 바로 몸 상태가 무너집니다. 강아지가 환경에 적응하고 어느 정도 체력이 생길 때까지는 충분히 수면을 취하게 하고, 먹이를 적절히 급여하며 과도한 스킨십은 자제해 주세요. 기침, 설사, 식욕부진 등의 증상이 보인다면 빨리 동물병원에서 진료를 받도록 합니다. 강아지의 경우 하루라도 먹이를 먹지 않으면 저혈당 등 생명과 직결되는 상태가 되기 때문에 특히 식욕에는 주의가 필요합니다.

강아지를 데려왔을 때 바로 안정시키기 위해서는 어떻게 하면 좋은가요?

일단 강아지가 안심하며 있을 수 있는 곳(자는 곳)을 준비해 줍니다. 매트나 이불을 깐 케이지가 좋겠지요. 방의 온도에도 주의가 필요한데, 너무 춥거나 너무 덥지 않도록 쾌적한 온도로 만들어 주세요. 사료는 원래 먹던 것과 같은 것을 주도록 합니다. 하루치를 3~4번에 나눠 급여합니다.

그리고 가장 중요한 것은 강아지를 너무 많이 만지지 않는 것입니다. 강아지는 하루의 대부분을 자며 보내기 때문에 너무 많이 만지면

잠을 자지 못하고 스트레스가 쌓여 몸 상태가 망가지기 쉬워지기 때문입니다. 강아지를 데려와서 몸 상태가 망가지는 것은 대체로 1주일 이내이기 때문에 이 기간은 특히 주의해 주세요.

성견을 키우게 될 경우 훈련이 가능한가요?

개의 기본적인 성격은 생후 2개월부터 1년 사이에 형성된다고 합니다. 그러나 개의 성격은 기본적인 것 이외에 사육법이나 가족 구성 등의 사육 환경에도 영향을 받습니다. 개가 어릴 때에 훈련을 하는 편이 간단하지만 성견이 되어서도 끈기 있게 애정을 가지고 대한다면 훈련은 가능합니다.

아이 혼자 개를 펫샵에서 살 수 있나요?

개를 산다(=키운다)고 하는 것은 그 개의 일생(10년 이상, 장수한다면 20년 정도)을 사육할 책임이 발생한다는 것입니다. 함께 놀거나 산책하는 것만이 아니라 매일 먹는 사료비, 병에 걸렸을 때 치료와 병에 걸리지 않도록 예방적 처치(예방접종, 중성화 수술)를 받는 것도 포함됩니다. 따라서 금전적으로도 주인에게는 책임이 발생합니다. 이런 이유 때문이라도 아이 혼자 개를 산다(=키운다)는 것은 무리가 있겠지요.

일본 법률상에서는 펫샵에서 개를 판매할 시 미성년자의 경우 보호자의 동의가 없으면 살 수 없습니다.

이사할 때 주의해야 할 점이 있나요?

이사는 개도 많은 스트레스를 받는 일입니다. 특히 이동 중이나 이사하고 새로운 환경에 적응하기까지의 기간이 중요하다고 생각합니다.

이사의 이동 수단으로는 주인과 함께 동승하며 익숙한 차, 익숙한 케이지에서 이동하는 것이 좋겠지요.

또 이사한 곳의 환경에 적응하기까지는 시간이 걸리므로 그 기간은 되도록 개와 함께 시간을 보내는 등 개의 불안감을 덜어주는 것에 신경 써야 합니다. 식욕이나 배설 등의 컨디션 변화에도 충분히 주의하여 관찰하도록 합니다.

이미 케이지 트레이닝이 되어 있는 개라면 이동과 생활환경의 변화에도 어느 정도 대응하기 쉽습니다. 개가 안정을 취할 수 있는 장소로 케이지 활용을 고려해보는 것은 어떨까요?

어린 아이가 있는데 대형견을 키울 경우 주의해야 할 점이 있나요?

　대형견만이 아니라 아이와 개의 상생은 그 개의 성격에 따르는 부분이 큽니다. 개가 온후한 성격이라면 큰 문제는 잘 일으키지 않는다고 생각합니다. 단, 어린 개일 경우 잘 뛰고 잘 놉니다. 아이끼리 놀 때도 부상을 입지만, 개를 흥분시켜 놀게 되면 개에게 악의가 없는데도 아이를 밟거나 발톱이 닿거나 하여 아이가 다칠지도 모릅니다. 이러한 사고가 일어나지 않도록 주인이 잘 관찰해야 합니다. 아이가 자라면 대형견은 좋은 놀이 상대가 됩니다. 하지만 아이를 싫어하는 개도 있기 때문에 개의 크기와 상관없이 개와의 상생을 관찰할 필요가 있습니다. 소형견과 비교하면 대형견 쪽이 주인이 아이를 귀여워해도 질투를 잘 느끼지 않는다고 생각합니다.

중성화한 수컷 반려견을 키우고 있는데, 둘째는 수컷과 암컷 중 어느 쪽을 들이는 게 좋나요?

　일반적으로 성별이 다른 두 마리가 잘 친해질 수 있다고 하니, 암컷인 편이 좋겠지요. 단지 두 마리가 친해질 수 있을지는 먼저 있던 개의 성격이 크게 작용합니다. 원래 있던 개가 다른 개에게도 친근하게 대한다면 둘째를 들여도 문제없이 친해질 수 있습니다. 하지만 원래 있던 개가 다른 개에게 공격적으로 대하거나 겁내는 성격이라면 둘째를 들이는 것은 무리일 수도 있습니다. 또한 둘째는 먼저 살던 개와 성격 차이가 별로 없는 편이 좋습니다. 개체차이가 없으면 장난치거나, 만약 싸우게 된다고 해도 한 쪽이 중상을 입을 위험성이 낮아지기 때문이지요. 물론 먼저 살던 개는 허용해도 둘째 개의 성격에 어려움이 있다면 친해지지 못합니다. 사이좋은 두 마리가 되면 개의 정서도 안정되고 행복도 커집니다. 그런 두 마리와 살 수 있는 주인도 물론 행복해지겠지요.

처음으로 개를 키우려고 하는데, 가능하다면 유기견을 입양하고 싶습니다. 입양 방법이 어떻게 되나요?

일본 전국에는 다양한 개, 고양이의 양도단체가 있습니다. 하지만 그 중에는 괜찮은 곳도 있는 반면 그렇지 않은 곳도 있습니다. 동물애호법으로 이들 단체 또한 지역 기관에 신고를 할 필요가 있기 때문에 행정상으로 동물애호단체의 실정을 어느 정도 파악하고 있다고 생각합니다. 일단 가까운 보호소 등에 방문해 보는 건 어떨까요? 보호소에서 개와 만나 바로 양도 받는 것이 아니라 되도록 임시보호 등 시험 사육이 가능한 시설이 좋다고 생각합니다. 임시보호 중에 개와의 상생도 잘 알 수 있기 때문에 개에게도 주인에게도 좋을 것입니다. 그 후에 입양 절차가 가능하다면 멋진 반려견과 만날 수 있지 않을까요?

유기견을 입양할 경우엔 어떤 마음의 준비를 해야 하나요?

유기견은 새로운 집에 오기까지의 경과를 알 수 없거나 학대를 받았거나 하는 등의 다양한 배후 사정을 가지고 있습니다. 펫샵에서 구입한 일반적인 강아지와는 달리 마음의 상처를 가지고 있는 경우도 있습니다. 그 때문에 경우에 따라서는 매우 겁먹기 쉬운 성격이거나 뭔가에 반응하여 갑자기 공격적으로 변하거나 도망가려고 하기도 합니다. 그렇기 때문에 이런 일이 일어날 가능성을 염두에 두고 집에 데려가는 게 좋습니다. 처음에는 힘들지도 모르지만 따뜻하게 대해 주면 개들도 마음을 열어 줄 것입니다. 시간이 많이 걸리는 일이지만 조금씩 개들도 온화해지는 경우가 많습니다.

개를 무서워하는 소형견을 키우고 있는데, 한 마리 더 키울 수 있을까요?

한 마리 더 키우게 되면 스트레스를 받고 컨디션이 망가질 가능성이 있습니다. 그러나 개들끼리의 궁합도 있기 때문에 오히려 막상 만나게 되면 개를 무서워하던 성격이 감소할지도 모릅니다. 어쨌든 한 마리 더 키울 경우 자주 가는 동물병원 의사나 도그 트레이너에게 상담받는 편이 좋습니다.

수컷인 반려견을 키우고 있습니다.
새로 데려올 개는 암컷, 수컷 중 어느 쪽이 좋은가요?

먼저 있던 개가 중성화 수술을 받았고, 새로 데려올 개에게도 중성화 수술을 실시할 예정이라면 각각의 성격이 잘 맞는 것이 가장 중요합니다. 수컷, 암컷에 그렇게 신경 쓸 필요는 없습니다. 새로운 아이를 데려올 때는 일단 케이지 사육부터 시작하여 대면 기간을 마련해 주는 것 외에도 서로 안심할 수 있는 공간을 집 안에 여러 군데에 준비해 주는 등의 대책이 효과가 있는 경우가 있습니다. 또한 여러 마리를 키우는 데는 주의할 점이 많기 때문에 도그 트레이너나 수의사에게 상담해 보는 것도 추천합니다.

반려견을 키우고 있는데 집을 비울 때가 많습니다.
놀아줄 상대로 한 마리 더 키우는 편이 좋을까요?

집을 자주 비우고, 개가 혼자서 지내는 시간이 길다는 것은 개에게 있어서 엄청난 고통일 것입니다. 한 마리보다 두 마리인 편이 개의 정서가 안정되기 때문에 두 마리를 키우는 것을 추천합니다. 단, 두 마리가 친해질 수 있을지는 먼저 살던 개의 성격이 크게 작용합니다. 먼저 살던 개가 다른 개에게 꼬리를 흔들며 다가가는 아이라면 별 문제없이 친해질 수 있을 것입니다. 하지만 먼저 살던 개가 다른 개에게 공격적으로 굴거나 무서워하는 경우는 두 마리를 키우기 어려울 것입니다. 또한 일반적으로 성별이 다른 두 마리가 더 잘 친해질 수 있다고 합니다. 그리고 체격의 차가 별로 안 나는 편이 좋습니다. 강아지의 경우에는 성견이 되었을 때의 체격을 고려해 주세요. 또한 성별이 다르다는 것은 교배를 하게 된다는 것이기 때문에 새끼 낳는 것을 원치 않을 경우에는 중성화 수술을 할 필요가 있습니다. 당연한 이야기지만 사이가 나쁜 두 마리를 기를 경우에는 개도 불행해지고 주인도 걱정이 끊이지 않게 되기 때문에 절대 추천하지 않습니다.

반려견을 키우는 방법의 기본이란?

개는 견종에 따라 성격이나 체격이 완전히 다릅니다. 예를 들면 보더 콜리는 몸도 크며 많은 운동이 필요합니다. 최근 인기를 얻고 있는 치와와는 매우 작으며 수줍은 성격의 아이도 있습니다. 개를 키우고 싶은 분은 외견의 귀여움만이 아니라 성격이나 특징, 자신의 라이프스타일도 고려한 뒤에 선택할 필요가 있습니다. 수명은 보통 15살 전후이기 때문에 그동안의 질병 예방이나 치료비, 사료비 등의 경제적 부담 등도 포함하여 반려견의 일생에 대한 책임감이 필요합니다.

개를 키우는데 있어서 질병 예방은 매우 중요합니다. 강아지를 집에 데려온 경우 충분한 면역력이 갖춰지지 않은 경우가 대부분이기 때문에 동물병원에서 예방접종을 해야 합니다. 예방접종을 하면 치사율이 높은 전염병에 노출되어도 감염되지 않고 지나가거나 감염되었다고 해도 가벼운 증상으로 끝나게 됩니다. 또한 모기에게 물려서 감염되는 기생충인 심장사상충의 예방도 중요합니다. 그 밖에 산책을 나가는 개에게는 벼룩, 진드기 예방도 필요합니다. 벼룩은 소화기관내 기생충을 매개하고, 진드기는 심한 빈혈을 일으키는 바베시아증을 매개합니다. 또한 사람에게서 문제가 되는 일본홍반열이나 중증열성혈소판감소증후군(SFTS)를 매개합니다.

식사는 건강한 아이라면 연령에 맞는 것을 급여합니다. 강아지용, 성견용, 노견용 등이 있습니다. 병에 걸린 동물에게는 병을 위해 특별히 만든 처방식을 급여합니다. 치료식은 질병 치료의 일환으로 사용하기 때문에 담당 수의사의 지도하에 급여합니다.

배설 장소, 리드를 끌어당기는 것을 방지하는 것, 사람에게 달려들지 못하게 하는 것, 물지 못하게 하는 것 등의 기본적인 훈련도 필요합니다. 화를 내며 훈련시키는 게 아니라 해냈을 때 칭찬해 주도록 합니다.

강아지는 다양한 것들에 흥미를 가집니다. 다른 사람이나, 동물, 차나 소리 등을 학습하는 사회화 시기가 있습니다. 백신 접종이 끝난 후는 산책 등으로 여러 가지를 학습시켜 주세요. 이 시기에 다양한 경험을 하지 않으면 미지의 장소나 동물을 무서워하게 되는 등의 문제행동으로 이어질 염려가 있습니다.

연령이나 체중에 따라 운동량이 달라지나요?

데려온 지 얼마 안 된 강아지의 경우 며칠간은 가만히 내버려 두도록 합니다. 새로운 주인에게 온 강아지가 기쁜 나머지 너무 과도하게 놀아서 구토, 설사, 식욕부진에 걸리는 일이 흔히 있습니다. 노는 시간은 서서히 늘려가도록 합니다. 성장기의 개는 뼈나 관절이 약하기 때문에 강한 운동을 피해야 합니다. 대형견은 1년 이상에 걸쳐 성장합니다. 살찐 개는 관절과 심장 등에 부담이 갑니다. 치와와 등 초소형견은 일상생활의 움직임만으로도 충분하며 굳이 따로 산책을 하지 않아도 괜찮습니다. 그러나 대형 성견은 제대로 운동을 시켜 스트레스를 해소하도록 하는 것이 좋겠지요. 노령견은 운동량이 줄어들기 때문에 무리를 하지 않도록 해 주세요.

개의 시력과 청력은 어느 정도인가요?

개는 어두운 곳에서 사람보다 잘 볼 수 있습니다. 망막의 시각세포에는 밝은 곳에서 기능하는 추상체와 어두운 곳에서 기능하는 간상체가 있습니다. 간상체는 밀도가 높고 추상체는 밀도가 낮습니다. 또한 망막 밑에는 휘막(타페툼, tapetum)이라는 빛을 반사하는 조직이 있는데, 바로 이것이 밤에 눈이 빛나 보이는 이유입니다. 반사광의 재이용에 의해 시세포의 밀도를 증폭시킵니다. 개는 대부분 정시안이라고 추측되지만 수정체의 조절 능력은 사람보다 약하며, 특히 가까이(약 70㎝이내)에서는 초점을 맞출 수 없습니다. 개는 어두운 곳을 걸을 수 있고 먼 곳에서 움직이는 것을 볼 수 있지만 신문을 읽는 것은 잘 못한다는 것이지요.

색의 식별도 잘 못해서 빨강-주황-노랑-초록은 식별할 수 없습니다. 파란색과 초록색이 혼합된 색을 본다고 합니다.

또한 개는 사람이 들을 수 없는 고음(높은 주파수의 소리)을 들을 수 있습니다. 사람의 귀는 16~20,000헤르츠 정도의 소리를 들을 수 있는 반면 개는 65~50,000헤르츠 정도의 소리를 들을 수 있다고 합니다. 또한 개는 소리가 나는 방향으로 귓불을 움직여 귀에 소리를 모아 듣는 것이 가능합니다. 단, 주파수가 비슷한 소리의 식별은 사람이 더욱 뛰어난데 그것은 언어의 복잡한 소리를 구분하는 능력과 관계있다고 합니다.

개가 싫어하는 소리가 있나요?

사람이 불안해지는, 유리를 긁는 것 같은 고음(높은 주파수)이나 천둥, 불꽃놀이 등의 큰 소리를 싫어한다고 합니다. 여기에는 감수성의 차이가 있기 때문에 반응은 일정하지 않습니다. 아이가 내는 소리는 비교적 고음이어서 개에게 물리는 일도 많으므로 주의해야 합니다.

개의 생리 주기와 기간은 어떻게 되나요?

개의 생리는 사람과 다릅니다. 암캐의 음부 출혈은 배란 전 발정기에 보이는 현상으로, 이 기간에 수캐와 교배를 하면 임신합니다. 발정은 연 2회 정도로 출혈은 10일 전후에 나타나는 경우가 많으나 개체 차이가 있습니다. 발정기 이외의 출혈은 질병 때문일 가능성이 있습니다.

어째서 항상 숨을 '헥헥' 거리며 팬팅(헐떡임, Panting)을 하는 걸까요?

개의 몸은 땀을 흘리지 못하기 때문에 체온 냉각을 호흡으로 합니다. 그래서 더우면 입을 벌려 헥헥거리며 호흡을 하게 됩니다. 불독은 원산지가 영국으로, 영국은 일본 홋카이도보다도 북쪽에 위치한 나라입니다. 불독에게 있어서 일본은 너무 더울 것입니다. 또한 코가 짧은 단두종은 코 구조에 무리가 있어서 코로 호흡을 잘 하지 못하는 것도 관계가 있습니다.

개와 인간의 연령을 환산하는 방법은?

개와 고양이, 또는 종류에 따라 다르지만 표준연령환산방법은 아래의 표와 같습니다.

개	사람	개	사람	개	사람	개	사람
1개월	1살	2년	23살	9년	52살	17년	84살
2개월	3살	3년	28살	11년	60살	18년	88살
3개월	5살	4년	32살	12년	64살	19년	92살
6개월	9살	5년	36살	13년	68살	20년	96살
9개월	13살	6년	40살	14년	72살		
1년	17살	7년	44살	15년	76살		
1년 반	20살	8년	48살	16년	80살		

개의 평균수명은?

개의 평균수명은 견종에 따라 차이가 있습니다. 근래에는 수의료의 보급, 진보, 사육 환경의 향상, 예방접종과 사상충 예방 등의 보급, 사료의 보급에 따른 영양상태 등에 의해 개의 평균수명이 늘어났습니다.
최근의 경우 소형, 중형견의 수명은 12~15살, 대형견은 10살 전후라고 합니다.

개의 감정 표현은 꼬리나 귀로 이해할 수 있다고 하는데, 구체적으로 어떻게 하나요?

개의 꼬리는 커뮤니케이션의 중요한 도구입니다. 아주 기분이 좋을 때 꼬리를 격하게 흔든다는 사실은 잘 알려져 있습니다. 단, 꼬리를 흔들고 있다고 해서 항상 기분이 좋은 것은 아닙니다. 꼬리를 흔들고 있었는데 깨물리는 일도 있습니다. 그 이유는 불안할 때나 긴장하고 있을 때도 꼬리를 흔들기 때문입니다. 꼬리의 털이 곤두서고 높은 위치에서 천천히 흔드는 경우는 공격적인 기분이기 때문에 주의가 필요합니다.

또 '꼬리를 말고 도망간다'고 표현하듯 놀랐을 때나 무서울 때 꼬리는 둥글어지거나 밑으로 축 늘어집니다. 꼬리를 둥글게 하거나 밑으로 내리는 것은 항문부근의 냄새를 숨기기 위함이라고 합니다. 자신감이 있을 때는 자신의 냄새를 '자 맡아봐!'라는 듯이 보일 수 있지만 무서워서 자신감이 없을 때는 스스로를 냄새째로 없애고 싶은 마음인지도 모릅니다. 그런데 가끔 자신의 꼬리를 쫓아다니며 빙글빙글 도는 개가 있습니다. 문득 자신의 꼬리가 눈에 띄어 깨물어보려고 하면 꼬리도 움직이기 때문에 계속 그런 행동을 반복하는 것입니다. 심심할 때에 볼 수 있는 행동이기 때문에 너무 빈번하게 한다면 운동이나 산책을 시키도록 합니다. 또한 이런 때는 꼬리 그 자체의 피부나 기능에 이상이 없는지 체크하도록 하세요.

- **꼬리를 조금씩 느리게 흔든다** 싱글벙글, 기분 좋아!
    *몸도 함께 흔들 때는 기쁨이 최대
- **작은 폭으로 조금씩 꼬리를 흔든다** 상대에게 "안녕하세요."라는 인사
- **허리를 낮추고 꼬리를 크게 흔든다** 상대에게 경애의 마음을 표시한다
- **꼬리를 조금 내리고 온화하게 좌우로 흔든다** 릴랙스
- **꼬리를 수평으로 하여 천천히 흔든다** 약간 불안
- **꼬리가 완전히 내리고 있다** 매우 불안
- **꼬리를 다리 사이에 말아 넣고 있다** 너무 무서워! 항복!

개에게 귀는 레이더와 같습니다. 귀로 얻은 정보가 그대로 귀의 움직임으로 나타납니다.

- **귀를 바짝 세운다** 놀라거나 흥미를 가졌을 때
    *소리를 놓치지 않으려는 표현
- **귀를 뒤로 완전히 눕힌다** 공포심이나 복종심의 표현
    *이빨을 드러내고 코 위로 주름을 잡거나 할 때는 너무 무서운 나머지 공격을 하기도 한다.
- **귀를 앞, 뒤로 내밀거나 당기거나 한다** 어떻게 할까 생각하는 마음

꼬리의 움직임도, 귀의 움직임도 개의 감정을 읽을 수 있는 힌트가 있습니다. 하지만 어떤 것도 단정하지 말고 복합적으로 감정을 헤아려 주세요.

개의 울음소리에는 어떤 의미가 있는 것일까요?

개의 울음소리는 기본적으로 높은 소리는 우호적, 낮은 소리는 경계심의 표현이나 불쾌함의 표현이라고 합니다. 그렇지만 견종이나 체격에 따라서도 미묘한 차이가 있습니다.

알기 쉬운 울음소리의 예로는 '낑낑', '끼잉' 같은 어리광 부리는 소리입니다. '으르릉' 하고 낮게 우는 것은 "상관하지 마! 물어버릴거야!"라는 공격적인 기분일 때입니다. 하지만 장난감 등으로 놀 때 흥분을 참지 못하고 이렇게 우는 개도 있습니다.

'멍' 하고 한 번 울 때는 "누군가 왔다!"라는 의미일 경우도 있다면 "뭐야?"라는 의미일 경우도 있습니다. 경보의 의미인 것이지요. 같은 '멍'이라도 낮게 하거나 혹은 몇 번이나 계속해서 짖을 때는 싫어! 하고 항의하는 것입니다. 그렇기 때문에 대략적인 울음소리의 특징을 기억해 두는 것은 의미가 있다고 생각하지만, 울음소리에는 개체차가 있다는 사실도 알아 두도록 해야 합니다. 또한 그 당시 개에게 처해진 상황 등으로 판단하도록 합시다.

＊평상시하고 다르게 울 때는 불안을 느끼고 있는 것인지도 모릅니다. 혹은 몸 상태가 안 좋을지도 모릅니다. 다정하게 말을 걸어주거나 어딘가 상태가 안 좋은지 체크하도록 합니다.

개의 귀나 입을 만지면 싫어하는데, 왜 그런 것이죠?

개에게 귀나 입은 급소 중 하나이기 때문에 싫어하는 것도 당연합니다. 그러나 건강진단을 받거나 혹은 병에 걸려서 병원에서 진료를 받게 될 경우를 위해서도 어렸을 때부터 몸의 이곳저곳을 만져서 개가 만져지는 것에 익숙해지도록 만드는 것이 중요합니다. 만병의 근원인 치석을 예방하기 위해서도 어렸을 때부터 입을 만지고 양치 습관도 들여 두어야 합니다.

개가 땅에 누워서 등을 비비는데요. 어떤 의미가 있는 행동인가요?

개는 기분이 좋을 때, 안정감을 느껴서 만족했을 때, 매우 기쁠 때에 누워서 등을 비빕니다. 그리고 냄새를 묻힌다는 의미도 있습니다. 죽은 지렁이 등은 개가 아주 좋아하는 냄새여서 개에게는 최고의 향수 같은 것입니다. 또 산책 중에 다른 개의 대변에 등을 비빌 때는 다른 개의 대변으로 자신의 냄새를 없애기 위함입니다.

백신접종은 어느 시기까지 하면 좋을까요?

강아지는 어미 개에게서 감염증에 대한 면역을 물려받습니다. 하지만 생후 서서히 감소하며 빠를 경우 약 8주 즈음에 면역력이 불완전하게 됩니다. 감염증에 대한 면역을 높이기 위해서는 빠른 시기에 예방접종을 하는 것이 바람직하지만 어미에게서 유래한 면역이 강아지 몸에 남아 있는 경우 백신의 효과를 충분히 얻을 수 없습니다. 그렇기 때문에 최초 백신접종은 생후 8주 정도에 실시하는 것이 이상적입니다. 또 어미에게서 유래한 면역이 없어지는 시기에는 개체차이가 있으며 늦을 경우 생후 120일 정도입니다. 그래서 확실한 면역을 위해서는 백신접종을 생후 120일이 넘을 때까지 여러 번 투여할 필요가 있습니다.

반려견 신고와 필요한 백신 접종은?

일본에서는 생후 91일 이상인 개를 사육할 경우 법률에 의해 동사무소나 보건소에서 반려견 신고를 하고 연 1회 광견병 예방접종을 하도록 의무화 되어 있습니다. 그러므로 광견병 예방접종을 했다는 접종증명서를 가지고 동사무소나 보건소에서 등록하도록 해주세요. 관할 지역에서 동사무소로부터 위탁받은 동물병원이라면 그곳에서 등록을 할 수 있으니 진료 받을 때 확인하도록 합니다.(역자 주: 한국에서도 2014년부터 개를 소유한 사람은 전국 시, 군, 구청에 반드시 동물등록을 해야 합니다.)

법률적으로 필요한 백신은 위에서 언급한 광견병 백신뿐이지만 이 밖에도 개 파보바이러스, 개 디스템퍼바이러스, 개 아데노바이러스, 개 파라인플루엔자바이러스, 개 코로나바이러스, 렙토스피라에 의한 감염증을 예방하기 위해 이것들을 결합한 혼합백신의 접종을 추천합니다. 제조회사에 따라 다르지만 5종, 8종, 10종, 11종 등의 종류가 있습니다.

매년 백신 접종을 해야 하는 건가요?

광견병 백신은 매년 1회 접종하는 것이 법률로 의무화되어 있습니다. 혼합백신의 투여 간격에 관해서는 여러 가지 의견이 있지만 일본의 백신 메이커는 첫해에만 복수 접종이 필요하며 그 다음 해부터는 매년 1회 투여를 추천하고 있습니다. 또한 대부분의 애완동물호텔이나 미용실이 개를 맡을 때에 1년 이내 예방접종을 조건으로 하고 있기 때문에 매년 접종하는 것을 추천합니다.

산책 중에 반려견이 본 대변을 가지고 돌아온 뒤의 처분 방법은?

일반적으로는 자택 화장실에서 내려 보내거나 가정 쓰레기로 처리합니다. 그러나 화장실에 내려 보내도 괜찮은지, 가정 쓰레기로 처리할 경우에는 어떻게 분별할지는 지자체에 따라 다르기 때문에 한번 확인해 보는 것을 추천합니다. 또한 가정 쓰레기로 처리할 경우에는 봉투나 종이로 감싸서 내용물이 보이지 않도록 하는 등의 배려도 필요합니다.

펫샵에서 팔리지 않은 동물은 어떻게 되나요?

가장 인기가 많을 때는 강아지인 시기이며 그 후에 점점 커질수록 팔리기 어려워집니다. 그럴 때는 가격을 낮추면 대부분의 경우 팔린다고 합니다. 그래도 남았을 경우에는 펫샵 점원이 인수하는 경우도 있다고 하지만 최종적으로는 펫샵에서 책임을 지고 사육하게 됩니다. 일본에서는 2012년 9월에 개정된 '동물 애호 및 관리에 관한 법률' (동물애호관리법)에서 개와 고양이 등 판매업자에게는 '판매가 곤란하게 된 개와 고양이의 평생사육의 확보'가 의무화되었기 때문에 팔리지 않았다는 이유로 동물을 살처분 할 수 없습니다. 하지만 팔리지 않은 동물을 싼 값에 인수하여 열악한 환경에서 사육하는 업자도 보도되고 있습니다.

7개월 된 강아지를 키우고 있는데요. 초등학교 3학년 아들만 자꾸 뭅니다. 어째서인가요?

개는 원래 상하 관계가 있는 무리 사회를 형성하는 동물이며 사회화기(~생후 12주까지)를 넘긴 개는 주인의 의향과는 상관없이 상하 관계를 형성합니다. 따라서 이런 경우 개가 아들을 낮은 서열로 인식하고 있다고 생각할 수 있습니다.

아이가 반려견에게 입으로 음식물을 주는데요. 질병 등의 문제가 있나요?

아드님에게서 반려견에게로 발생할 수 있는 감염증 등의 문제는 생각하기 어렵지만, 반려견의 입과 가까이 접촉하는 것에 대해서는 생각지 못하게 물리는 사고의 가능성을 염두에 두어야 합니다. 또한 반려견에게 치주 질환 등의 구강 내 위생 문제가 있기 때문에 위생상으로도 입으로 음식물을 주는 행위는 삼가는 게 좋습니다. 최근 캡노사이토파가 감염증이라는 동물유래감염증에 의해 아주 드물기는 하지만 사람에서 심한 증례가 보고되고 있습니다. 그리고 개가 이 원인균을 보유하고 있을 확률이 적지 않다는 것이 밝혀졌습니다.

곧 아이가 태어날 예정입니다. 반려견과 잘 지낼 수 있는 방법이 있을까요?

태어날 아이는 반려견에 있어서 정체불명의 존재이기 때문에 성장하는 과정에서 의외로 반려견이 복종하게 됩니다. 반려견에게 리더의 존재인 엄마가 아이를 소중히 대하는 모습을 보고 깨닫는 것이지요.

개의 항문 짜기는 어떤 것인가요?

개의 항문에는 시계로 따지자면 '4시'와 '8시' 위치에 항문낭이라는 냄새를 풍기는 분비액을 모아두는 자루 모양의 기관이 있습니다. 정상이라면 따로 짜지 않아도 배변에 의해 자연스럽게 배출됩니다. 하지만 배출이 잘 되지 않는 경우에는 짜줄 필요가 있습니다. 항문낭액을 짜지 않고 계속 담아두면 화농이나 염증(항문낭염)을 일으켜 농양을 형성하여 파열되는 경우가 있습니다. 그렇기 때문에 정기적으로 모인 분비물을 배출해 줄 필요가 있습니다.

항문낭 짜주기는 익숙하지 않아도 할 수 있나요? 얼마나 자주 해줘야 하나요?

　항문낭을 짜주는 방법에는 요령이 있습니다. 손가락으로 만지는 것으로 좌우의 항문낭을 알기 힘들면 짤 수 없습니다. 일단 항문 양측을 만져서 항문낭의 위치와 크기를 확인합시다. 처음에는 수의사나 간호사, 애견 미용사한테 짜는 법을 배워 훈련하는 것을 추천합니다. 짜는 빈도는 정해진 게 없습니다. 목욕할 때, 씻기 전에 짜면 냄새가 사라져서 아주 좋습니다. 목욕을 하지 않는 경우에는 1~2개월에 한 번 정도 짜주는 것이 좋습니다.

산책을 싫어하는데, 가지 않아도 괜찮나요?

일본에서는 청결을 유지하기 위해 다다미나 마루에서 생활하기 때문에 개가 미끄러지기 쉽습니다. 그렇기 때문에 실내에서만 지내게 되면 근력이 붙지 않고 자세가 나빠져 과도하게 관절에 부담을 주어 중년 이상이 되면 다양한 증상이 나타나게 됩니다. 외출하여 산책을 올바르게 하며 이런 문제들을 예방 할 필요가 있습니다. 산책을 싫어하는 초기에는 산책을 나갈 때 상을 주며 서서히 익숙해지도록 하는 것이 좋습니다.

산책은 하루에 어느 정도 하는 게 적당한가요?

시기나 반려견의 크기에 따라 다르나, 심신에 부담이 가지 않도록 해야 합니다. 올바른 자세가 아니라면 장거리나 장시간 산책하는 것이 반드시 좋다고는 할 수 없습니다.

올바른 산책 방법은?

주인이 주도권을 쥐고 반려견이 따르게 해야 할 필요가 있습니다. 반려견이 주인보다 앞으로 가지 않도록 하며 계속 주인을 신경 쓰도록 하게 합니다. 반려견이 앞으로 먼저 움직이려 한다면 주인이 그 자리에서 멈춥니다. 그래도 가려고 한다면 리드를 당겨서 알려줍니다. 그리고 주인이 걷기 시작하면 그것에 따라오도록 반려견을 이끌어줍니다. 또한 리드는 짧게 잡아 나란히 걷는 모양으로 산책을 합니다.

한여름에 반려견을 산책시켜도 괜찮은가요?

　한여름의 산책에서 가장 주의해야할 것은 일사병·열사병이지요. 만약 한여름에 산책을 시키게 된다면 시간대에 주의해야 합니다. 낮 시간대는 피하는 게 좋겠지요. 특히 단두종이나 노령견, 비만견 혹은 심장병이 있는 반려견은 주의가 필요합니다. 또한 저녁이라도 아스팔트나 콘크리트는 뜨거운 상태입니다. 발바닥에 염증을 일으킬 수 있기 때문에 충분히 주의해야 합니다.

반려견에게 쾌적한 온도는 몇 도 정도인가요?

　개는 사람과 달리 땀샘이 없기 때문에 열을 잘 발산하지 못합니다. 체온하강을 호흡수로 조절하기 때문에 호흡기나 순환기계에 부하가 걸려 기본적으로 더운 시기에 약합니다. 사람이 쾌적하다고 생각하는 기온보다 더욱 낮은 것이 좋습니다.

실내견은 산책을 안 해도 괜찮나요?

　실내에서 키우는 개라고 한다면 보통 소형견을 많이 떠올립니다. 소형견이라면 실내에서 운동하는 것으로 충분할지 모릅니다. 견종에 따라 필요 운동량은 다르지만, 어느 정도의 운동은 필요하겠지요. 중형견이라면 적극적으로 산책을 하는 것을 권장합니다. 산책은 운동뿐만 아니라 햇빛을 쐬는 것, 그리고 기분전환에도 도움이 됩니다. 또한 다른 개들과의 만남으로 개들의 커뮤니케이션이나 견주의 사회적 교제를 촉진하는 효과도 기대할 수 있습니다. 운동 부족은 비만의 원인이 되며 소화관 운동의 저하를 불러오기\때문에 적절한 운동은 동물의 건강을 지켜주는 측면에서도 도움이 됩니다. 산책하러 나갈 경우에는 질병을 예방하기 위해 미리 혼합 백신에 의한 예방접종이나 벼룩, 진드기 등에 대한 각종 예방약을 준비해 둡시다.

큰 소리를 무서워하지 않도록 하려면 어떻게 해야 할까요?

　큰 소리를 무서워하는 것은 기본적으로 겁이 많은 개라는 것이며 사회화기(3~5개월)를 적절히 경험하지 못한 것이 원인인 경우가 많습니다. 또한 정신적인 불안정으로 분리불안을 보이는 경우도 있습니다. 성견이 되어서도 이런 증상이 있는 경우에는 좀처럼 개선하기가 어렵습니다. 녹음된 음원을 사용하여 조금씩이라도 적응하게 하는 것이 중요합니다.

천둥이나 불꽃놀이 소리에 겁내며 소변을 지렸습니다. 어떻게 훈련하면 좋을까요?

개선책으로 천둥이 칠 것 같을 때나 불꽃놀이를 할 때는 창문을 닫고 TV 소리를 크게 키워 잘 들리지 않도록 합니다. 혹은 평소에 천둥이나 불꽃놀이 소리를 녹음한 것을 처음에는 작은 소리로 시작하여 조금씩 크게 들려주어 적응해 가도록 하는 것이 좋습니다.

강아지가 이유식을 시작하는 것은 몇 개월째부터인가요?

강아지는 생후 3주 정도부터 유치가 자라기 시작합니다. 그래서 30~50일 정도부터 부드러운 반죽으로 된 것을 급여하도록 합니다. 처음에는 스스로 먹지 못하는 경우가 있으므로 도움이 필요합니다. 너무 이른 시기에 고형식을 급여하면 소화불량이나 변비에 걸리는 경우가 있으므로 주의해야 합니다.

반려견에게도 친구가 필요한가요?

반려견에게 친구는 있어도 좋지만, 함께 놀다가 돌변하여 교상을 일으킬 우려가 있으므로 완전히 안심할 수는 없습니다. 그런 점에서 필수라고는 생각하지 않습니다. 오히려 주인과의 유대가 가장 중요하다고 생각합니다. 그러나 다른 개에 대해 공격성을 띄지 않도록 다른 개에게 조금 익숙해지는 정도는 필요하다고 생각합니다.

산책은 비가 많이 오는 날에도 하는 편이 좋은가요?

개는 산책을 매우 좋아하지만, 비에 젖어서 컨디션이 안 좋아지거나 피부병의 원인이 되기도 하므로 무리한 산책은 하지 않는 편이 좋습니다.

그러나 문제는 배설이겠지요. 가능하다면 집 안이나 베란다, 마당 등의 비에 젖지 않는 장소에 배설할 곳을 마련해 주어서 집에서도 배설하는 습관을 들여 주는게 좋습니다.

반려견을 여행에 데리고 가고 싶은데, 주의할 점은 무엇인가요?

이동 수단·머물 장소에서 반려견이 안전하게 안심하고 지낼 수 있을지가 중요합니다. 익숙한 식기, 깔개 등을 지참하는 것이 좋습니다. 반려견의 종류나 연령, 크기, 질병의 유무에 따라 주의점이 달라집니다. 일반적으로는 멀미나 더운 시기의 열사병, 환경의 변화에 따른 흥분이나 불안, 식욕부진 등을 주의할 필요가 있습니다. 그중에서도 개는 사람보다 더위에 약하기 때문에 열사병에는 주의해야 하며 차로 여행할 경우 잠시라도 에어컨을 끈 채 차 안에 개를 방치하지 않도록 하는 것이 중요합니다. 특히 비만견이나 퍼그, 프렌치 불독 등 단두종은 열사병을 일으키기 쉬워 더운 시기에 차로 여행하는 것은 추천하지 않습니다. 또한 단두종은 항공회사에 따라 여름철에는 비행기 수송을 거절하기도 합니다. 그 밖에 부주의에 의한 도주, 다른 동물이나 사람과의 트러블에도 주의해야 합니다.

반려견이 머물 수 있는 애견호텔에 1살 이상이라는 제약이 있는 이유는 뭔가요?

1살 이하인 강아지는 스트레스에 약하고 컨디션이 안 좋아져 설사나 저혈당을 일으킬 수 있기 때문에 제약이 있는 것입니다. 또한 백신 접종, 훈련 등의 문제도 있습니다.

기차 여행에 데려 갈 때의 주의할 점은?

승차 전에 배설을 마치고 반드시 케이지에 넣어 차내에서는 나오지 않도록 합니다. 차내에서 마구 짖지 않도록 가정에서 케이지 트레이닝을 반드시 실시합시다. 또한 멀미를 하는 개도 있기 때문에 사전에 차에 태워 확인을 해두는 것이 좋습니다.

차로 여행할 때의 주의할 점은?

사전에 화장실을 해결하기, 운전에 방해가 되지 않도록 하기, 창문 밖으로 머리를 내밀지 않게 하기, 차내에서 토를 하거나 배설할 것에 대한 준비, 멀미약 준비, 휴식을 자주 가질 것, 차내에서 장시간 개를 방치하지 말 것, 특히 낮 동안에는 주의가 필요합니다. 일단 단거리부터 시작하여 서서히 적응시켜 주세요.

해수욕장에서 바다에 들어가도 괜찮을까요?

해수욕장에 따라 들어가도 되는 곳과 금지가 된 곳이 있으므로 확인한 후 데려가도록 합시다. 또한 많은 사람이 있을 땐 매너와 규정을 지켜 주세요. 건강에 대한 부분은 사람과 마찬가지로 바다에 들어간 후에는 해수를 씻어내어 피부병을 일으키지 않도록 주의해야 합니다.

기르고 있는 대형견이 목욕을 싫어해서 좀처럼 씻길 수 없습니다. 어떻게 하면 좋을까요?

갑자기 전신 목욕을 실시하지 말고 다리만 씻는 등 샴푸나 물에 서서히 적응시키는 방법이 있습니다. 또한 목욕할 때 간식 등을 주는 것이 효과적인 경우도 있습니다. 자택에서 도저히 목욕이 불가능한 경우에는 애견미용실에 데려가 전문가에게 맡기도록 하세요.

강아지의 목욕은 어느 정도 간격으로 해야 하나요?

생후 3개월 미만의 강아지는 체력이나 면역력이 낮기 때문에 목욕은 삼가는 것이 좋습니다. 오염이 심할 경우는 따뜻한 수건 등으로 닦아 주세요. 생후 3개월~6개월인 강아지도 오염이나 냄새가 심하지 않으면 목욕은 한 달에 한 번으로 충분합니다. 성견의 경우 한 달에 한두 번 정도 목욕하는 것이 적당합니다. 목욕을 너무 많이 하면 털 상태의 악화를 초래하며 피부병의 원인이 되기도 합니다. 목욕을 할 때에는 반드시 애견용 샴푸를 사용해 주세요.

발톱을 깎아야 하나요?

실외에서 키우는 반려견이나 산책을 충분히 시키는 반려견일 경우, 지면에 접지하는 발톱은 자연스럽게 깎이기 때문에 발톱 깎기가 필요 없는 아이도 있습니다. 하지만 이런 반려견이라도 개의 엄지에 해당하는 며느리발톱은 지면과 접지하지 않기 때문에 깎아줄 필요가 있습니다. 길게 자란 발톱을 방치해 두면 피부에 파고 들어가 화농을 일으키거나 발톱의 내부 혈관이 길어져 발톱을 깎을 때 출혈이 일어나기 쉬워지므로 주의해야 합니다.

치석 제거는 어떻게 하는 것이 좋을까요?

집에서 치석제거기를 사용하여 치석을 제거할 수 있습니다. 하지만 치아에 상처가 생겨 오히려 치석이 잘 생기게 되거나 잇몸에 상처를 내기도 합니다. 기본적으로는 동물병원에서 치석제거를 하는 것을 추천합니다. 보통 동물병원에서는 초음파 치석제거기를 사용하여 치석을 제거한 뒤에 폴리싱을 실시하여 치아 표면을 매끄럽게 만들어 치석이 잘 생기지 않도록 처리합니다. 또한 충치나 잇몸염증 등으로 흔들거리는 치아는 발치합니다. 치석 예방을 위해서는 칫솔 등을 이용하여 매일 관리하는 것이 중요합니다.

피모(被毛) 손질 방법은?

브러시질과 적당한 목욕을 하도록 합니다. 개는 땀을 흘리진 않지만 피지선의 분비물에 의해 피부와 피모가 오염됩니다. 또한 브러시질이나 목욕은 달라붙어 있던 먼지나 기생충을 제거하는 효과도 있습니다. 견종에 따라 빗질이나 목욕 횟수가 달라지기 때문에 펫샵, 애견 미용실, 동물병원 등에서 상담을 받아 보세요. 피모의 상태가 나쁘면 피부병에도 걸리기 쉬워지므로 견종과 맞는 손질을 해야 합니다.

애견 미용실에 보내면 수염이 잘려 있습니다. 괜찮나요?

애견 미용실에 갔다 온 개의 대부분은 수염이 잘려 있는 경우가 많습니다(자를지 말지 물어보는 가게도 있습니다). 건강한 개의 경우에는 일상생활을 하는데 큰 문제가 없습니다. 그러나 수염은 감각기관이어서 매우 민감하여, 물체를 인식하는 센서 역할을 합니다. 눈이 잘 보이지 않는 동물의 경우에는 수염으로 어떤 물체에 부딪치는 일이 줄어듭니다. 눈이 잘 보이지 않는 개의 경우에는 수염을 남겨두는 편이 좋을지도 모릅니다.

치주질환 예방, 양치질에 '그리니즈(양치껌)'를 계속 사용해도 괜찮을까요?

치주질환은 예방할 수 있는 병입니다. 예방을 위해서는 견주의 도움이 필요합니다. 양치껌 중에는 매우 딱딱한 것도 있어서 위 어금니가 부러지는 경우도 적지 않습니다. '그리니즈'에 관해서는 충분한 임상실험을 거치고 있기 때문에 문제가 없다고 생각합니다. 따라서 계속 사용해도 괜찮을 것입니다. 단지 양치껌은 씹는 이에는 효과가 있지만 씹지 않는 이에는 거의 효과가 없기 때문에 치주질환 예방은 주인이 직접 칫솔을 사용하여 양치질을 함께 하도록 해주세요.

애견용 껌은 몇 살 쯤부터 줘도 되나요?

껌은 치구의 부착을 억제하는 것이 목적입니다. 치구가 생기는 시기나 양은 개에 따라서 다릅니다. 어느 시기부터 껌을 줄 것인지는 치아의 상태를 보고 결정해 주세요.

덧붙여서 개는 먹이를 잘 씹지 않고 삼키는 습성이 있습니다. 껌을 삼키면 식도나 위가 막히는 경우가 있습니다. 껌 때문에 치아가 부러지거나 파손되는 경우도 있습니다. 장시간 계속 씹는 것도 좋지 않습니다.

양치질을 하는 것이 일반적인가요?

양치질은 일반적인 일이 아니지만 개도 사람과 마찬가지로 치구나 치석이 생깁니다. 또한 그것을 방치하면 치주질환의 원인이 됩니다. 그렇기 때문에 치구나 치석이 가능한 한 생기지 않도록, 그리고 영구치를 긴 시간 유지하기 위해서는 평상시에 치아를 관리할 필요가 있습니다. 될 수 있으면 습관적으로 강아지 때부터 식후에 손끝에 거즈를 두르거나 강아지용 칫솔을 사용하여 어금니부터 앞니까지 닦는 것이 효과적입니다.

진드기나 벼룩을 없애는 약이 있나요?

진드기나 벼룩을 없애는 약은 등에 바르는 스팟온 타입과 먹이와 함께 급여하는 경구 타입인 것이 있습니다. 시판하는 것도 있지만 일반적으로 효과가 낮기 때문에 동물병원에서 구입하는 것을 추천합니다. 건강과 관련된 문제는 거의 없지만 스팟온 타입은 핥거나 하면 경우에 따라서는 신경중독 등을 일으키기도 합니다.

빗질을 하면 싫어하며 깨뭅니다. 가만히 있게 하는 방법이 있나요?

빗질에 익숙하지 않은 개는 싫어하는 경우가 많습니다. 또한 엉킨 털을 무리하게 빼내려고 하면 아픔 때문에 더욱 싫어하게 됩니다. 빗질에 사용하는 브러시는 모질에 맞춰 여러 종류가 있습니다. 반려견의 모질에 맞춘 브러시를 사용하는 것도 중요합니다. 빗질에 익숙해지기 위해 매일 짧은 시간 빗질을 하는 것부터 시작하여 서서히 길들여가 주세요. 또한 엉킨 털은 무리하게 빗어내려고 하지 말고 가위 등으로 자르도록 합니다.

떠도는 개를 보호하고 있는데, 근처 전봇대에 전단지를 붙여도 되나요?

전봇대에도 소유자가 있습니다. 무단으로 붙이면 위법이기 때문에 붙여선 안 됩니다. 또한 지자체에 따라서는 전봇대에 붙이는 행위를 금지하고 있습니다. 꼭 붙이고 싶다면 일단 거주지의 지자체에 상담을 받아 주세요. 또한 떠도는 개를 보호하게 되면 경찰이나 보건소에 연락을 취하도록 해 주세요.

매일 짖기만 해서 근처에서 항의가 들어옵니다. 어떻게 하면 좋을까요?

개가 짖는 것에는 반드시 무언가 이유가 있다고 생각합니다. 예를 들면 운동부족 등에 따른 스트레스, 어떠한 요구, 공포, 경계에 의한 것, 발정, 인지증 등 그 원인은 여러 가지입니다. 자주 다니는 동물병원에서 상담을 받는 것을 추천합니다.

산책 중인 개에게 물린 곳이 내출혈을 일으켜 부었습니다. 이대로 방치해도 괜찮을까요?

개의 입 안에는 잡균이 많기 때문에 물리면 감염되어 점점 심하게 붓게 됩니다. 또한 물려서 감염되는 병도 있기 때문에 빠른 시일 내로 사람병원에 가서 진찰을 받을 것을 권장합니다.

중성화 하지 않은 채 7년이 경과했습니다. 나이가 많은데 중성화 하는 편이 나은가요?

나이가 들면 생식기 관계의 질환에 걸릴 가능성이 높아집니다. 수캐라면 전립선 질환이나 정소 종양, 회음부 허니아 등이, 암캐라면 자궁축농증 등의 질환을 들 수 있습니다. 이런 질환의 예방을 위해서는 중성화 수술이 효과가 있다고 생각하지만, 노령이 되면 마취의 위험성도 높아지며 심장질환이나 신장질환 등의 질환이 생길 가능성도 있습니다. 개의 전신상태에 문제가 없다면 검토 해 봐도 좋다고 생각합니다.

중성화 수술의 장단점은?

개의 중성화 수술의 장점은 원치 않는 번식을 피하는 것과 생식기 관계 질환을 예방하는 것이 있습니다. 생식기 관계 주요 질환으로서 수캐는 정소 종양이나 전립선질환, 항문 주위 종양, 회음부 허니아 등이, 암캐는 자궁축농증이나 유선종양 등의 생명과 관련이 있는 질환이 있습니다. 단점으로는 전신마취를 해야 한다는 마취의 위험성이 있습니다. 또한 수술 후 살이 찌기 쉬워지며 암캐는 드물게 실금 증상을 보이는 아이도 있습니다.

중성화 수술 후에 얼마 동안 엘리자베스 칼라를 착용해야 하나요?

엘리자베스 칼라는 수술 후에 상처를 핥지 못하게 하기 위해 착용합니다. 기본적으로 실뽑기를 종료할 때까지는 착용하는 것이 좋습니다. 또한 실을 뽑은 후에도 상처가 아물 때까지는 착용 하는 편이 좋습니다.

중성화 수술 후에 살이 찐다고 들었는데요. 어떤 이유 때문인가요? 또한 살찌지 않도록 하기 위해서는 어떻게 하면 좋을까요?

중성화 수술 후에 식사량이 늘어나는 아이가 있습니다. 중성화 수술과 동시에 체중을 유지하기 위한 에너지 요구량이 감소하기 때문은 아닐까 하고 추측합니다. 개인차가 있지만 중성화 수술 후에는 살찌기 쉬워지므로 식사량을 조절하거나 식사 종류를 바꾸는 등의 비만이 되지 않는 방법을 고안하는 편이 좋습니다.

교배와 질병에는 인과관계가 있나요?

개에게도 몇 가지 유전병이 있다는 사실이 증명되었습니다. 견종에 따라서는 그 견종 특유의 질병에 걸리기 쉽다고 합니다. 만약 유전적인 질환을 가진 동물이라면 번식은 피해 주세요. 현재 유전자 검사가 가능한 질환도 증가하고 있으므로 질환에 따라서는 검사하는 것도 가능합니다. 또한 유전병 이외에도 교배 자체에 의해 감염되는 전염병도 있습니다.

암컷 반려견이 팔이나 다리에 음부를 비비곤 합니다. 고칠 수 있는 방법이 있나요?

이 행동은 마운팅이라고 하며, 성행동만이 아니라 서열 매기기나 흥분에 의한 행동 억제 불능의 의미도 가지고 있습니다. 그렇기 때문에 암캐들끼리도, 수캐에게 대해서도 행합니다. 개가 사람보다 우위에 있다고 생각하여 마운트 행동을 하는 경우, 마운트 행동을 중단시키기 위해서는 기본적인 훈련을 하여 제대로 고칠 필요가 있습니다. 마운트 행동을 하려고 해도 '기다려'나 '이리와' 등의 말을 하여 멈출 수 있도록 훈련하는 것이 중요합니다. 또 특히 흥분해서 하는 마운팅 행동이라면 자신의 팔이나 다리에 마운팅을 해와도 결코 높은 목소리로 소리치거나 하지 않도록 합니다. 개가 착각하여 더 흥분하게 됩니다. 이런 때에는 침묵하며 마운팅을 뿌리치고 다른 방으로 가서 무시하며 '마운팅을 해도 좋은 일이 없다'고 개에게 인식시킵니다. 마운팅을 그만두면 칭찬해주며 공이나 장난감으로 놀아주거나 산책을 가는 등 흥분을 가라앉히고 발산할 수 있도록 해주세요.

거짓임신(상상임신)이란 무엇인가요?

　임신·출산을 하고 있지 않은 암컷에게 보이는 현상으로 분만장소 만들기, 헝겊 인형이나 다른 동물의 양육, 유선발달, 비유 같은 모성행동을 나타내는 것을 거짓임신이라고 합니다.

　임신하지 않은 암캐에게도 발정기 뒤에 유선이 발달하는 경우가 있습니다. 이 현상의 원인은 프로게스테론과 프롤락틴이라는 호르몬입니다. 같은 개도 발정주기에 따라 거짓임신의 증상 정도가 다르거나 또는 개에 따라서 증상을 나타낼 수도, 나타내지 않을 수도 있습니다. 그렇기 때문에 호르몬 변화만이 아니라 암캐의 측면에서 호르몬 이외의 요인도 크다고 추측됩니다.

　거짓임신의 증상은 일반적으로 2~3주 정도 만에 나아지기 때문에 특별한 치료는 필요하지 않은 경우가 많습니다. 단, 헝겊 인형 등을 아이라고 생각하여 소중히 대할 경우에는 인형을 떼어 두는 것이 좋습니다. 유선을 핥는 등의 행위도 젖의 분비를 촉진시키기 때문에 하지 않는 것이 좋습니다. 거짓임신의 증상이 심할 경우에는 증상이 가라앉고 나서 중성화 수술(난소자궁적출수술)을 실시하여 그 후의 거짓임신을 예방할 수 있습니다. 거짓임신이 2~3주보다도 더 길게 지속된다면 다른 병이 숨어있을 가능성도 있습니다. 중성화 수술을 한 암캐에게 나타나는 경우에는 난소가 남아있을 가능성도 있습니다.

출산과 동반되는 모견의 신체 변화는 어떤 것이 있나요?

출산 시에는 몸 안에 다양한 변화가 일어납니다. 출산하기까지는 임신을 유지하기 위한 호르몬이었던 것이 옥시토신이나 프롤락틴이라는 출산과 젖 분비 호르몬으로 변화합니다.

눈에 보이는 신체 변화로는, 출산이 가까워지면 어미개는 안절부절 못하며 어둡고 조용한 장소에 산실을 만듭니다. 그리고 체온도 출산 전에 변화합니다. 출산 6~18시간 전에 평상시 체온에서 2~3도 떨어져 35~36도가 됩니다. 체온의 저하는 출산이 임박했다는 증거입니다. 출산전에 식욕이 떨어지기도 합니다. 그 후에 진통이 일어나 자궁 출구가 넓어지고 계속해서 자궁이 수축하여 태아가 만출됩니다. 마지막에 후산으로 태반이 배출됩니다.

임신의 징후와 확인 방법은?

체중과 영양 요구량은 임신기간을 거치며 점차 증가합니다. 특히 임신 후기의 1/3 기간에 현저해집니다. 복부가 눈에 띄게 커지는 것은 임신기간의 후반이 되었기 때문입니다. 유선이 부풀어오는 것도 임신의 최후 시기입니다. 출산이 가까워졌을 때 유두를 쥐면 젖이 분비됩니다.

임신을 초기에 확인하는 방법에는 초음파검사가 있습니다. 빠르면 교배 10일 정도에서 태아가 들어간 주머니인 태낭이 보입니다. 태아를 확실히 확인할 수 있다는 것은 교배 후 3주가 지났다는 것입니다. 엑스레이 검사로 태아의 뼈가 찍히게 되었다는 것은 교배 후 40일이 지났기 때문이며, 엑스레이 검사는 태아의 수와 크기를 알아보는데 적합합니다.

교배를 시키고 싶은데, 발정기를 구별하는 방법이 있나요?

발정기가 되면 음부가 부어서 커집니다. 발정출혈도 일어나지만 개체차가 커서 주인이 알아채지 못하는 경우도 있습니다. 안절부절 못하는 등의 행동 변화나 음수량, 배뇨횟수가 증가합니다. 식욕이 평상시와 비교해서 적어지기도 합니다. 또한 수캐의 마운팅을 허용하게 됩니다. 발정기는 2주 전후 정도인 경우가 많고 배란은 발정기의 끝에 가까워져서 일어나기 때문에 그 즈음에 수일 간격으로 여러 번 교배시키면 임신의 가능성이 높아집니다.

동물병원에서 발정상태를 검사하는 방법으로는 암캐의 질 세포를 면봉으로 채취하여 현미경으로 검사하는 방법이 있습니다. 이 검사는 발정의 진행 정도에 따라 현미경으로 관찰되는 세포가 바뀌기 때문에 암캐의 행동을 관찰하는 것보다도 자세히 발정 상태를 판단할 수 있습니다.

발정주기를 통해 여성 호르몬 농도가 변화하므로 혈중 호르몬 양을 측정하여 발정 상태를 알아보는 것도 가능합니다. 그러나 여러 번 채혈하여 호르몬 변화를 볼 필요가 있다는 점, 검사 센터에서만 측정할 수 있어서 결과를 알기 까지 수일이 걸린다는 점 때문에 일반적이진 않습니다.

발정기는 1년에 몇 번 정도 오나요? 또 기간은 어떻게 되나요?

　개의 발정은 많은 경우 연 2회, 6~10개월 간격으로 옵니다. 봄과 가을이 많으나 대부분의 경우 명확한 계절 번식성은 없습니다. 그러나 바센지 종은 연 1회, 가을에만 발정이 옵니다. 일반적으로 발정의 사이클은 대형견은 길고 소형견은 짧습니다. 셔틀랜드 쉽독의 평균은 6~8개월, 미니어처 닥스훈트의 평균은 8개월이라고 합니다. 암캐를 여러 마리 키우는 경우에는 발정 주기가 같아지기도 합니다. 이런 부분에서 발정에는 후각이나 시각 등의 영향이 있다고 추측됩니다. 젊었을 때는 정기적으로 있던 발정도 나이를 먹을수록 발정 간격이 불규칙하며 길어집니다.

　발정 기간에 대해서도 개체차가 크며 4~37일 정도로 차이가 크지만, 평균적으로 20일 전후입니다. 평소보다도 출혈하는 기간이 길어지거나 식욕, 활기가 저하된 경우에는 자궁축농증일 가능성도 있으므로 동물병원에서 진찰 받는 편이 좋습니다.

출산에 있어서 주의해야 할 점은?

　개의 임신 기간은 63일 전후입니다. 일단 교배시기에서 출산예정일의 기준을 파악합니다. 예정일의 1주 정도 전에 동물병원에서 태아의 크기나 마릿수를 확인하는 것을 추천합니다.

　그 시기에 어미개가 안정을 취할 수 있는 장소에 종이 박스 등으로 출산용 공간을 만들어 1일 2~3회 체온을 측정합니다. 출산 직전은 체온이 떨어지므로 체온 측정으로 출산 시기를 예측할 수 있습니다.

　어미개가 누운 상태에서 진통을 하면 강아지의 출산이 시작됩니다. 제일 처음 나오는 강아지부터 다음 강아지가 나오는 간격이 조금 길어지는 경우도 있지만 그 이후의 분만 간격은 약 30분 정도입니다. 분만 중에도 어미개는 신생아를 돌보며 강아지들은 모유를 먹기 시작합니다.

　진통을 해도 출산이 시작되지 않는 경우나 예정된 태아 수의 출산을 판단할 수 없는 경우, 모견의 상태가 악화된 경우 등은 빨리 수의사에게 상담을 받도록 하세요.

　그 외에도 출산으로 문제가 일어날 수 있습니다. 미리 담당 수의사에게 상담을 해 두도록 합시다. 출산 때는 모견이 주인의 모습을 민감하게 느끼는 경우도 있습니다. 걱정 되겠지만 냉정하게 지켜봐 주는 것도 필요합니다.

갓 태어난 강아지에 대해 주의해야할 점이 있나요?

　견종에 따른 강아지의 체중 및 자견 수는 매우 다양합니다. 다만 대형견종의 강아지는 모견 체중의 약 1%이며 소형견은 모견 체중의 약 6.4% 정도입니다. 출생 후 4주 정도는 체온 조절이 불가능하므로 체온 유지를 위해 모견에게 딱 붙어 있는 것이 중요합니다. 그래서 분만 직후 강아지가 젖어있는 채라면 체온이 저하되기 때문에 마른 수건으로 살살 닦아 주도록 해야 합니다. 모견이 육아를 포기하거나 장시간 강아지에게서 떨어져 있으면 급격히 체온이 떨어져서 위험한 상태에 이릅니다. 또한 허약한 강아지는 수유가 곤란한 경우가 많아 충분히 수유를 하고 있는지 체온이 잘 유지되고 있는지 더욱 정기적으로 체중을 측정하여 건강에 주의를 기울이는 것이 중요합니다.

인공보육은 어떻게 하는 건가요?

인공보육이 필요한 상황은 모견이 강아지의 보육을 하지 않는 경우, 수유는 하고 있지만 강아지의 체중이 늘어나지 않는 경우, 모견이 출산으로 약해져 있는 경우 등이 있습니다.

인공보육의 방법으로는 사람이 포유만을 하는 경우와 배설 등도 포함하여 모든 케어를 하는 경우 두 가지가 있습니다. 인공포유를 하는 경우에는 반드시 강아지 용 분유를 사용합시다. 분말 타입을 사용하는 경우에는 기재되어 있는 제조법에 따라 준비합니다. 태어나서 1주까지의 강아지에게는 1일 8회 정도 수유가 필요합니다. 성장함에 따라 횟수는 줄어가며 4주 정도의 강아지에게는 1일 4회 정도 수유합니다. 수유 후에 남은 분유는 세균이 증식할 가능성이 있으므로 폐기해야 하며 포유병은 소독합니다.

생후 20일을 넘으면 유치가 자라나기 시작합니다. 그때쯤부터 서서히 이유식도 급여합니다. 강아지용 이유식을 급여하거나 강아지용 건사료를 물에 불려 부드럽게 하여 급여합니다. 처음에는 먹는 것이라는 걸 알지 못하는 경우도 있으므로 조금 입에 묻혀 주는 것도 효과적입니다. 잘 먹게 되면 인공포유를 중지합니다.

생후 3주 령 이하의 강아지는 자력으로 배설을 할 수 없습니다. 그러므로 인공포유 때마다 모견 대신 배설을 돕습니다. 항문이나 음부, 포피 끝을 부드러운 면 등으로 살살 자극하여 주면 대변이나 소변이 나옵니다. 인공포유를 하고 있다면 변이 잘 나오지 않는 경우가 있습니다. 전혀 변이 나오지 않을 때는 질병의 가능성도 있으므로 동물병원에서 상담을 받아 주세요.

출산하면 유방암이나 자궁암에 잘 걸리지 않는다고 들었는데 사실인가요?

흔히 이러한 얘기를 듣습니다만, 수의학적인 근거는 거의 없습니다. 현재는 아이를 낳을 예정이 없는 경우에는 중성화 수술을 장려하고 있습니다. 중성화 수술(일반적으로는 난소와 자궁을 적출하는 수술)을 하여 난소와 자궁 질환에 걸리는 것은 확실히 예방할 수 있습니다. 처음 발정 전까지 중성화 수술을 하면 유선종양의 발생률이 극적으로 저하하는 것은 유명한 이야기입니다. 그 밖에 유선종양의 위험성으로는 연령, 견종, 비만이 있습니다.

훈련에 대해서

> 3살짜리 반려견을 키우게 되었는데, 산책을 무서워해서 그림자에도 놀랍니다. 이런 공포심을 없앨 수 있나요?

일단 무엇에 대해 공포심을 가지고 있는지를 알 필요가 있습니다. 그리고 그 아이가 겁낼만한 환경이나 자극을 피할 필요가 있습니다. 산책을 무서워한다면 산책을 하지 않아도 됩니다. 치료로서 일단 기본적인 훈련을 실시합니다. 앉기나 기다리기 등의 복종 명령에 따르도록 반려견을 훈련시킵니다. 이 경우에도 결코 체벌이나 큰 소리를 내는 등으로 겁을 줘서는 안 됩니다. 상을 주며 훈련을 실시하고 신뢰 관계를 쌓아갑니다. 안심할 수 있는 장소에서 편안히 있으면 상을 주도록 합니다. 그리고 자극이 있는 장소에서도 상을 주는 것에 의해 명령에 집중할 수 있도록 조금씩 익숙하게 만듭니다. 실내에서 현관, 현관 앞, 정원의 순서처럼 자극의 레벨을 조금씩 끌어올려 갑니다. 항불안제나 보조제 등도 있지만 무엇보다도 주인의 노력과 인내 그리고 훈련의 반복이 필요합니다.

12살인 반려견이 있는데요. 새로운 강아지를 맞이했더니 바로 싸움을 걸어요. 친해지게 할 방법이 있을까요?

어떤 때에 공격이 일어나는 지를 관찰합니다. 주인이 강아지를 귀여워할 때인지, 식사를 줄 때인지, 강아지가 어떤 장소(영역)에 가면 공격 받는지 등을 잘 봐 주세요. 그리고 공격의 계기가 되는 것을 특정할 수 있다면 그 원인을 제거해 주세요. 개의 성격이나 개체차이에 의하기도 하지만 싸움을 해도 큰 부상을 입지 않을 정도라면 억제적인 싸움입니다. 한쪽의 개가 복종 자세를 취해도 공격을 멈추지 않는 경우에는 개에게 정신적인 이상이 있을 가능성이 있습니다. 그러나 이 경우 성견과 강아지이기 때문에 개들 사이를 떨어뜨려 놓고 키우는 것부터 시작합니다. 주인의 지시를 잘 듣도록 훈련하는 것도 중요합니다. 개의 서열이 확정된다면 조금씩 안정되기도 합니다. 성격장애가 있는 경우에는 약물요법도 시도해보도록 합니다.

공격성이 있는 개는 송곳니를 깎는 편이 좋을까요?

송곳니를 깎는 것으로 공격성이 다스려지는 것도 아니며 부적절한 처치로 인해 고통을 가중시켜 오히려 공격성이 증가되어 버리는 경우도 있습니다. 송곳니를 깎아서 주인의 공포심이 적어지고 제대로 훈련이 가능하게 되는 경우에는 하나의 방법이 될지 모르나, 공격성의 원인을 정확히 알아보고 대처해야 합니다. 행동학을 잘 알고 있는 동물병원에서 진찰을 받아보는 것을 추천합니다.

가족이 있을 때는 하지 않는데, 아무도 없으면 아무데나 소변을 봅니다. 어떻게 하면 좋을까요?

화장실이 아닌 곳에서 소변을 볼 때에 혼내거나 때리진 않으셨나요?

화장실 교육을 할 때에 혼내게 되면 주인 앞에서 소변을 했기 때문에 혼났다고 생각하여 사람 앞에서는 소변을 참게 되는 경우가 있습니다.

하루 종일 집에서 돌볼 수 있을 때 소변을 눌 것 같으면 바로 화장실에 데려갑니다. 잘 한다면 다정하게 칭찬해 주세요. 볼 일이 끝나고 바로 상을 주는 것도 좋겠지요.

화장실이 아닌 장소에서 실례를 했을 때는 모르는 척 하다가 몰래 청소해 주세요.

살짝 무는 행동을 하곤 하는데요. 멈추게 할 방법이 있나요?

강아지가 여러 가지 물건을 무는 것은 자연스러운 행동입니다.

원래 발정기에 형제나 부모와 장난치면서 무는 강도를 익히지만 빠른 시기에 가족과 떨어지면 적당히 무는 정도를 알 수 없어지게 됩니다.

물렸을 때 '아파!' 하고 큰 소리로 말하며 손을 빼고 잠시 무시하도록 합니다. 잠시 동안 곁을 떠나 있는 것도 좋은 방법입니다.

물면 참아 주지 않는 다는 것을 이해시키는 것이 중요합니다.

혼내거나 때리는 것은 오히려 흥분시키거나 사람을 무서워하게 만들어 역효과가 되는 경우가 많으므로 하지 않습니다.

물어도 괜찮은 장난감을 주거나 가능하다면 같은 연령의 강아지와 놀게 하여 스트레스를 발산시켜 주도록 하세요.

동물병원에서 퍼피 클라스 등이 열린다면 참가 시켜보는 것도 좋은 방법입니다.

무는 버릇을 고치는 방법이 있나요?

살짝 무는 것에 대해서는 앞의 답변을 참고해 주세요. 개가 어릴 때 살짝 무는 행동에 대한 훈련이 잘 되어 있지 않으면 성견이 되어서도 사람을 물게 됩니다. 성견이 되고 나서의 교정법은 견종이나 주위 환경, 어떤 상황에서 무는지 등에 따라 달라집니다. 대응을 잘못하면 위험한 경우도 있으므로 전문가에게 상담을 받아 보는 것을 권장합니다.

반려견 혼자 집을 지킬 때 쿠션이나 카펫 등을 뜯어 먹는 것 같아요. 어쩌면 좋죠?

살짝 무는 행동과 마찬가지로 개에게 여러 가지 물건을 무는 것은 자연스러운 행동입니다.

장시간 동안 혼자서 불안해지거나 심심해지면 주위에 있는 것을 물거나 먹거나 하는 것입니다. 혼자 집을 지키게 하기 전에 되도록 산책시키는 등 에너지를 발산시켜 주세요.

그리고 혼자 집을 지키는 중에 심심해지지 않도록 물어도 괜찮은 장난감을 준비해 두세요. 조금씩 간식이나 사료가 나오는 장난감 등도 추천합니다. 오래된 슬리퍼나 수건 등 사람의 생활용품은 장난감으로 주지 않도록 합니다.

케이지 안에서 혼자 집을 지킬 수 있도록 훈련하는 것도 하나의 방법입니다.

외출할 때나 차에서 내릴 때 이상하게 난리를 칩니다. 어떻게 대처하면 좋을까요?

너무 기뻐서 난리를 부리는 것인가요? 아니면 무서워서 그러는 것인가요?

너무 기뻐할 때는 시끄러워지기 시작하면 진정할 때까지 리드 줄을 잡은 채로 가만히 있습니다. 진정이 되면 앉기를 시킨 후 천천히, 반려견이 리드 줄을 잡아당기지 않게 하며 걷는 연습을 합니다. 어떻게 해도 잡아당긴다면 젠틀리더(개의 목이 아닌 머즐과 머리를 감싸는 리드)를 사용하는 것이 좋습니다.

난리가 진정되지 않는다면 외출은 하지 않습니다. 목적지에 도착해도 차에서 내리지 않고 일단 다시 돌아갑니다. 시끄럽게 한다면 밖에는 나갈 수 없다는 것을 이해시켜야 합니다.

무서워서 소동을 피우는 경우는 짖는 경우와 마찬가지로 조금씩 그 상황에 익숙해지게 하는 것이 중요합니다.

차에서 내리는 연습은 가능한 한 자주 가던 친숙한 장소에서 훈련하도록 합니다.

어느 쪽이든 훈련 교실 등을 이용하여 다른 개나 주인과 함께 기본적인 훈련을 받는 것을 추천합니다.

사람이 오면 짖는데, 고칠 수 있을까요?

생후 4~5개월 정도까지의 기간에 사람과 만날 기회가 적어지면 모르는 사람이 오는 것을 경계하여 짖게 됩니다.

강아지 때에는 되도록 많은 사람이 집에 방문하게 하여 함께 놀도록 합니다. 성견이 된 후부터 고치기 위해서는 친구 등에게 여러 번 방문하게 하여 사람이 오는 것에 익숙해지는 연습을 하면 좋지만, 그 전에 일단 '앉기'나 '기다리기' 등의 기본적인 훈련이 되어 있어야 합니다.

가능하다면 훈련과 교육 등을 이용하여 다른 개나 주인과 함께 연습해보는 것이 좋습니다.

낯가림이 심해서 모르는 사람이 오면 위협합니다. 어떻게 하면 좋을까요?

앞의 질문의 경우와 마찬가지로 조금씩 사람에게 적응시켜 주는 것이 필요합니다.

단, 낯가림이 굉장히 심한 경우에는 너무 서두르면 오히려 스트레스를 주게 됩니다.

두려움을 느끼지 않도록 가족과 가까운 사람에게 도움을 받아 시간을 들여 조금씩 적응시켜 주세요.

항상 배변 시트를 갈기갈기 찢어버리는데요. 이 행동을 고칠 방법이 있을까요?

주인이 있을 때 찢는다면 관심 받고 싶어서 그런 행동을 할 가능성이 있습니다. 찢을 때 당황해서 말을 걸거나 하진 않으셨나요?

혼낼 때는 '현행범으로'가 원칙이지만 제대로 혼내지 않으면 오히려 관심 받고 있다고 생각해버립니다. 혼내는 것이 아니라 일단 모르는 척을 하고 찢지 않게 하기 위한 대책을 강구합니다.

주인이 없을 때 찢는다면 스트레스 해소나 시트로 하는 놀이가 즐거워서 찢는 것일지도 모릅니다.

평소에 물어도 되는 장난감을 주어 놀게 하도록 하세요.

무슨 수를 써도 찢는다면, 시트에 쓴맛이 나는 비터애플 등을 발라서 일부러 물게 하거나 바비큐용 금속 망이나 세탁 망을 사용하여 시트를 찢지 못하도록 하는 것도 방법입니다. 망이 달린 화장실도 시판되고 있습니다.

산만한 반려견을 바로잡을 방법은 없나요?

반려견을 진정시키려고 사람이 반응하게 되면 아무리 목소리가 험악해도 개는 칭찬받는다, 놀아준다고 오해하고 맙니다.

개가 진정할 때까지는 눈을 맞추지 말고 말을 걸지 않도록 합니다. 그 장소에서 벗어나는 것도 좋습니다. 이 같은 행동을 반복하면 개는 산만한 행동을 해도 사람의 주의를 끌 수 없다는 것을 학습하여 그런 행동을 점점 하지 않게 됩니다.

산책 중에 식식거리며 리드 줄을 당깁니다. 이런 행동을 고칠 수 있나요?

훈련을 실시하면 고칠 수 있습니다.

강아지의 경우 산책 때는 장난감이나 간식을 가지고 가도록 하세요.

개가 힘껏 줄을 당겨 사람보다 앞으로 나가면 일단 리드 줄을 쥔 쪽의 반대쪽 손으로 장난감이나 간식을 내밀어 개의 주의를 끕니다. 동시에 내민 손을 당겨 개가 그쪽 손으로 다가오면 '따라와'라는 지시를 하고 장난감이나 간식을 줍니다. 이런 훈련을 반복하여 개는 '따라와'라는 명령을 배우고 사람 옆에 있으면 즐겁고 상도 받을 수 있다고 이해합니다.

성견의 경우에는 이 훈련에 덧붙여서 앞으로 나가고 싶어 하면 그 장소에서 멈추고 개에게 앉기를 시켜 진정할 때까지는 움직이지 않도록 하는 훈련을 합니다. 이것은 인내가 필요한 훈련이기 때문에 수 주에 걸쳐 진행합니다.

잉글리시 세터가 새를 발견하면 바로 세트(새가 있는 곳을 알리는 것)합니다. 그만두게 할 수 있나요?

수렵 본능이 있기 때문에 그러는 것입니다. 그만두게 하는 것은 끈기가 필요한 일이지만 가능합니다. 포인트는 그 특성을 주인을 따르고 싶다는 복종성으로 바꿔가는 것입니다. 세트했을 때는 무시하고 주인의 신호에 답했을 때는 칭찬하는 것을 반복하여 학습시킵니다.

반려견을 칭찬하는 방법은?

개는 관련 부여에 의한 학습을 합니다. '이렇게 하면 이렇게 된다'고 하는 것을 가장 먼저 이해하는 것이지요. 개가 지시대로 행동을 하면 2초 이내로 칭찬해 줍니다.

몇 분이나 전에 일어난 일과 상을 연관 짓기는 어렵습니다. 가장 해서는 안 될 것은 짖거나 하는 등의 어떤 요구에 대해 상을 주는 것입니다. 짖으면 간식을 먹을 수 있다, 안아 준다고 관련 부여를 하는 것이지요.

명령에 따른다면 칭찬해주는 것이 중요합니다.

대변을 먹는데요. 어떻게 하면 안 할까요?

강아지의 경우 대변을 먹는 원인은 지루해서 심심풀이로 입에 넣는 일이 많습니다. 식사 후에는 눈을 떼지 말고 배변하면 바로 치우는 것이 중요합니다.

성견의 경우 강아지 때부터의 습관이거나 좋아서 먹는 경우가 많습니다. 이 경우에도 배변 후 먹어버리기 전에 바로 치우거나, 먹을 것 같다면 다른 행동을 시켜 주의를 돌리는 것이 중요합니다. 끈기 있게 훈련을 하여 대변에 대한 흥미를 잃도록 길들입니다.

또한 소화가 잘 안 되는 개에게서는 대변 안에 남은 영양소를 얻으려고 하는 경우가 식분 행동으로 이어질 가능성도 있습니다. 이런 개에게는 소화하기 좋은 먹이로 바꿔 주면 식분행동의 개선이 보일 수도 있습니다.

화장실 훈련은 어떻게 하는 것이 좋은가요?

화장실 트레이닝을 실시할 때는 반려견의 배설행동 패턴을 이해하는 것이 중요합니다. 울타리를 준비하여 울타리 내에서 침상 이외에는 배변 시트나 신문지를 깔아둡니다. 강아지라면 빈번히 배뇨·배변을 하기 때문에 그 사인을 놓쳐서는 안 됩니다. 식후나 잠에서 깼을 때에 냄새를 맡거나 산만한 모습이 보인다면 울타리 안에 넣습니다. 그리고 울타리 내의 배변 시트나 신문지에 배설하면 즉시 많이 칭찬해 주세요. 개는 기본적으로 자신의 거처에서는 배설하고 싶어 하지 않습니다. 그러나 새로운 집이 자신의 영역이라고 이해하는 데는 시간이 걸립니다. 반복해서 인내심을 가지고 기억하게 해야 합니다.

길에 떨어진 물건을 아무거나 주워서 먹으려고 합니다. 어떻게 하면 이 행동을 고칠 수 있을까요?

개는 신경 쓰이는 물건을 입에 물고 그것이 무엇인지를 식별하려는 습성이 있습니다. 영양 밸런스가 좋은 식사로 바꾸거나 스트레스를 경감시키는 것으로 고칠 수 있지만, 대부분의 경우는 훈련을 필요로 합니다. 개가 관심을 보이는 물건은 멀리 떼어놓고, 먹으려고 하면 다른 행동을 시켜서 주의를 돌립니다. 관심을 보이는 대상을 다른 것으로 돌려 차츰 신경 쓰지 않게 합니다.

아무리 해도 고쳐지지 않는 경우에는 재갈을 착용하여 아무것도 주워 먹지 못하게 합니다. 이런 식으로 일단 1개월 정도 지속합니다. 이렇게 해서 고쳐지는 경우도 있습니다. 이물을 먹게 되면 수술이 필요해지는 경우도 생기기 때문에 주의가 필요합니다. 끈기 있게 환경을 바꾸어 가며 노력합시다. 성견이나 노령견이 되어서 갑자기 이런 행동을 시작한다면 어떤 질환에 의해 일어날 가능성도 있습니다. 동물병원에 방문하여 상담하세요.

짖지 않는 개를 짖도록 하려면 어떻게 해야 하나요?

연령이나 성격에 따라서 짖지 않는 개를 짖도록 하는 것은 어려울 수 있습니다. 개가 짖도록 흥분시킨 뒤 짖으면 일단 칭찬합니다.

구체적으로는 주인 자신이 '멍' 하고 짖어서 흥분시키거나 겁을 주거나 케이지에 장시간 넣어 두거나 하는 등 심리적인 고통을 줍니다. 그리고 개가 짖으면 상을 주고 칭찬해 줍니다. 단, 짖는 것은 이웃에 피해가 되는 등 문제가 일어나는 경우가 있으므로 상응하는 이유가 없는 한 짖는 법을 가르치는 것은 추천하지 않습니다.

벨을 누르면 바로 짖는데요. 어떻게 고칠 수 있나요?

이런 경우, 개는 영역표시, 경계심, 공포 등으로 인해 짖을 가능성이 있습니다. 이런 행동에 대해 사람이 과도하게 반응하고 안거나 쓰다듬거나 큰 소리로 주의를 주면 상을 받았다, 함께 흥분해 주었다고 오해하고 맙니다. 오해가 없도록 하기 위해 짖는 동안은 상관하지 말고 조용히 있습니다. 그리고 진정되면 칭찬해 줍니다. 이와 같은 훈련을 반복해서 실시합니다.

또한 벨 소리에 익숙하게 만드는 것도 중요합니다. 벨이 울려도 어떤 싫은 일도 일어나지 않는다는 것을 학습시키는 것이지요. 벨 소리를 녹음하여 몇 번씩 들려주는 것도 효과가 있습니다.

반려견이 밤에 웁니다. 고칠 방법이 있나요?

강아지의 경우 불안으로 인해 밤에 우는 경우가 많습니다. 이런 행위에 대해서는 주인의 냄새가 나는 물건을 곁에 두거나 소리가 나는 것을 두거나 해서 주변에 사람의 기운을 느끼게 해줍니다. 또는 케이지를 무언가로 덮어 밖으로부터의 자극을 완화시키는 방법이 있습니다.

밤 울음을 울 경우에 주인이 옆에 가면 불안이 해소되어 밤 울음은 멈춥니다. 그러나 이런 행동을 반복하면 '울면 와준다'고 잘못된 학습을 하기 때문에 주의가 필요합니다.

또한 푹 자게 하기 위해 하루 종일 많은 운동을 시켜 피곤하게 만드는 것도 밤 울음을 방지하는 것과 이어질 수 있습니다.

노령견의 경우 뇌신경계 질환이나 치매가 원인이 되어 밤에 우는 경우도 있습니다.

각각의 원인에 맞춰 내복약을 복용시키며 천천히 쉬게 해주는 것이 중요합니다. 수의사에게 상담을 받아 보도록 하세요.

또한 귀가 먹거나 눈이 안 보이는 등의 신체적 이상에서 오는 불안으로 밤 울음을 하는 경우나 몸을 잘 움직일 수 없는 개는 배변, 배뇨 등의 욕구 때문에 짖는 경우도 있습니다. 이런 때에는 옆에서 다정하게 머리를 쓰다듬어 주어 불안을 해소해 주거나 화장실에 데려갑니다.

사람에게 바로 달려듭니다. 고칠 방법이 있나요?

　가정 내에서 사람에게 달려드는 행동을 그만두게 하기 위한 훈련이 필요합니다. 개가 달려든다면 기다리라는 지시를 한 뒤 진정시키고 주인 쪽이 몸을 굽혀 낮은 자세로 커뮤니케이션을 합니다. 선 채로 달려든 개를 받아들이면 '달려들면 기뻐해준다'고 오해하기 때문에 주의해야 합니다. 또한 밖에서 다른 사람에게 달려들 때는 하지 말라는 지시를 하고 제지시킨 뒤 그것에 따른다면 상을 주는 등 칭찬해 줍니다. 이런 훈련을 반복하면 개선이 보일 것입니다.

반려견이 자는 곳에 들어가면 위협을 하는데 왜 그런 건가요?

　개가 인간에게 문제가 되는 행동을 할 때 모든 것을 반려견의 문제, 훈련의 문제라고 생각하기 쉬운데요. 사실은 주인 쪽에도 문제가 있는 경우가 많습니다. 이번 경우에는 자는 곳 이외에는 자신의 영역이 아니기 때문에 순종적인 태도를 취하지만 자신이 자는 곳은 유일한 영역으로서 그곳에 다가오는 자는 아무리 주인이라도 위협하는 것이라고 생각할 수 있습니다. 이번 경우는 주인과 반려견의 신뢰 관계가 쌓여 있지 않은 것 같다고 생각합니다. 일단 일상생활에 있어서 반려견이 스트레스를 받지는 않는지, 그 원인을 생각해서 조금이라도 많은 원인을 제거하고 서로의 신뢰 관계를 쌓아 올리면 이런 사례는 없어질 것입니다.

안는 걸 싫어하는 치와와를 키우는데요.
싫어하지 않게 하기 위해서는 어떻게 해야 하나요?

개가 몸을 만지지 못하게 한다, 안지 못하게 한다, 주인에게서 도망간다, 몸을 둥글게 말고 떤다는 등의 행동은 과거에 공포 체험을 한 개에게서 흔히 볼 수 있는 행동입니다. 주인에 대해 경계심이 있어서 신뢰 관계를 아직도 쌓지 못하고 있는 것입니다. 또한 치와와는 작은 개라서 사람은 아마 거인처럼 보일 것입니다. 일단 주인은 앉아서 손으로 먹이를 주며 머리를 쓰다듬는 것부터 시작하여 그것이 가능해지면 다음 차례로 몸을 만지는 것에 익숙해지도록 만듭니다. 여기까지 한다면 안는 것도 가능할 것입니다. 또한 신뢰 관계가 쌓이기까지는 절대 큰 소리 등으로 공포를 주어서는 안 됩니다. 신뢰 관계가 생기면 팔 안으로 스스로 뛰어 들어올 것입니다.

가족이 식사를 하면 소란을 피우는데요.
조용하게 만들 방법이 있나요?

개가 사람이 식사할 때 짖는 것은 사람이 먹는 음식을 원한다는 요구가 담긴 것입니다. 여기에 응하려고 먹던 것을 주거나 애완용 간식,

음식을 주게 되면 개 자신은 짖는 것으로 요구에 부응 받았다고 인식하여 이 요구하는 짖음이 조장될 것입니다. 이러한 식사 중 요구하는 짖음에 대한 가장 효과적인 방법은 무시하는 것입니다. 개는 요구하는 짖음에 대해 무시를 받으면 짖어도 아무것도 받을 수 없고 오히려 무시당한다고 인식하여 짖는 것을 멈추게 됩니다. 반대로 큰 소리로 혼내거나 하면 짖어서 관심을 받았다고 인식하여 짖는 것이 조장되는 경우가 있기 때문에 주의해야 합니다.

산책 중에 짖거나 고양이를 쫓아갑니다. 개선 방법이 있나요?

이런 행동은 주위에 대한 영역 의식 등이 원인으로 일어나는 행동입니다. 개선 방법으로는 주위 사람이나 개, 고양이 등을 무시하고 걷는 것을 강화시켜야 합니다. 그렇지만 실제로는 매우 어려운 일입니다. 구체적으로 설명하자면 일단 자극이 되는 사람이나 개, 고양이가 별로 없는 시간대에 산책을 하는 것이 효과적입니다. 자극에 의해 짖을 기회가 많으면 짖는 행동이 강화됩니다. 만약 어떻게 해도 매일 그 시간대에 산책하는 것이 곤란한 경우에는 원래 시간대부터 천천히 시간대를 옮기도록 합니다. 만약 자극이 되는 것이 나타난 경우에는 앉기 등을 지시하고 상을 줍니다. 돌발적으로 이런 행동이 나타나는 경우에는 당기기 방지 몸줄 등으로 컨트롤 하는 것도 하나의 방법입니다.

5살이 되었는데, 아직도 복종성 배뇨를 합니다. 그만두게 할 방법이 있나요?

일반적으로 말하는 개의 '복종성 배뇨'는 흥분 혹은 복종을 나타내기 위해 실금을 해 버리는 행동을 말합니다. 이 행동에 대응하는 방법은 집에 올 때나 손님이 방문할 때 등 개와 만날 때에 흥분 시키지 않도록 하는 것이 포인트입니다. 구체적으로는 흥분하여 다가와도 무시하거나, 과도하게 쓰다듬는 등의 애정 표현을 삼가는 것입니다. 단, 5살이라고 하는, 어느 정도 성숙된 개에게는 갑자기 무시하면 역효과가 나는 경우가 있으므로 천천히 애정 표현을 줄이며 무시하도록 해보세요.

마킹 행위를 멈추게 하고 싶습니다. 고쳐도 되는 건가요?

마킹 행위는 성성숙 이후의 수캐와 발정 전기의 암캐에게서 볼 수 있는 것으로, 사람으로 따지면 부적절한 행동으로 보이지만 개에게는 정상적인 행동입니다.

따라서 이 정상적인 행동을 못하게 하는 것은 개에게는 이해할 수 없는 일이며, 이 행동을 개가 의도적으로 거스르며 억제하는 것은 동물 이론에 적합하지 않은 것인지도 모릅니다. 단, 마킹 행위에 의해 가정 내나 주위 환경에 문제가 생기는 경우에는 대응이 필요한 경우도 있습니다. 마킹 행위의 예방으로는 성성숙 전에 중성화 수술을 하는 것이 효과적이지만 성성숙 이후에도 중성화 수술에 의해 개선을 기대할 수 있습니다.

소변을 본 뒤에 배변 시트 위에서 잡니다. 고칠 수 있나요?

개는 원래 깨끗한 것을 좋아하기 때문에 일부러 더러운 곳에서 자는 습성은 없지만 실제로 이런 행동을 종종 볼 수 있습니다. 원인으로는 배변 시트의 부드러운 질감을 마음에 들어 하거나 편하기 때문에 잠자리로 삼았을 가능성이 있습니다. 일단 위생적인 문제를 개선하기 위해 소변을 본 뒤에는 바로 배변 시트를 교환해야 합니다. 케이지에서 사육하는 경우에는 화장실을 다른 장소에 설치해야 합니다. 그리고 배변 시트와는 별개로 부드러운 소재로 된 침상을 준비해 주세요. 잠자리를 준비했다면 반려견을 그곳에 데려가 인식시킵니다. 또한 배변 시트는 그대로 깔지 말고 매쉬망을 위에 깔아 부드러운 질감을 없애도록 해봅니다. 침상이 더욱 편하다고 인식하게 된다면 그곳에서 자게 될 것입니다.

소형 잡종인 반려견이 어렸을 때부터 흉포합니다. 최근에는 주인을 물기도 했는데요. 개선할 수 있나요?

개의 흉포성은 공격행동에 의한 것입니다. 공격행동에는 자신의 우위성을 과시하고자 하는 우위성 공격행동, 자신의 영역에 침입하는 것에 대한 영역형 공격행동, 겁이 많은 성격이나 과거에 겪었던 안 좋은 경험에 의한 공포성 공격행동, 원인을 알 수 없는 특발성 공격행동 등이 있습니다. 이 중 하나의 공격행동일 가능성을 추측할 수 있으나 소형견의 경우에는 선천적으로 겁이 많은 경향이 있기 때문에 공포성 공격행동이 가능성이 높습니다. 개선시키기 위한 효과적인 방법으로는 일단 공격행동의 원인을 수의사 등의 전문가와 상담하여 진단을 받고 적절한 개선책에 대한 조언을 들을 필요가 있습니다. 공격행동에 대한 공통적인 개선책으로는 주위 환경의 개선, 신뢰 관계를 쌓기 위해 상을 주는 것, 공격행동의 원인을 알고 있는 경우에는 그 원인이 되는 것을 피하는 것, 혹은 조금씩 익숙하게 만드는 것 등의 방법을 들 수 있습니다. 수컷의 경우에는 중성화 수술이 효과적인 경우가 있습니다. 공격행동에 대해 체벌 또는 강한 질책을 하면 역효과가 되기 때문에 주의해 주세요.

산책할 때 풀을 핥거나 먹는 것을 그만두게 할 방법이 있나요?

개가 풀을 핥거나 먹는 이유 중 하나는 고양이와 마찬가지로 자신의 몸을 핥으며 위에 쌓인 체모를 뱉어내려고 하거나 가슴이 쓰린 것을 완화하기 위한 경우가 있습니다. 또 장에 기생충이 감염되어 있는 경우에도 신체가 식사가 부족하다고 인식하여 풀을 대량으로 먹기도 합니다.

길가의 풀은 오염되어 있거나 때때로 제초제나 살충제 등 몸에 해로운 것이 묻어 있는 경우가 있기 때문에 핥거나 먹는 것은 좋지 않습니다. 먹는 것을 그만두게 할 방법으로는 전자의 이유라면 먹이에 풀 대신 양배추나 배추, 양상추나 당근, 고구마나 단호박 등의 식물섬유가 많은 채소를 더해주면 산책 중에 풀을 먹는 행동을 억제할 수 있습니다. 후자의 경우라면 병원에서 기생충 검사를 받고 적절한 구충을 받는 것으로 해결할 수 있습니다.

건강관리에 대해서

개도 열사병에 걸리나요?

개는 열사병에 걸리기 쉬운 동물입니다. 개의 몸은 땀을 흘릴 수 없고 발바닥으로 아주 조금 나올 뿐입니다. 체온은 호흡에 의해 낮추기 때문에 더워지면 호흡수를 늘려 입을 벌리고 헥헥거립니다. 또한 입에서 침을 다량으로 흘리는 경우도 있습니다. 나무 그늘도 없는 장소에서 일광욕, 차내 방치, 통풍이 안 좋은 장소에서의 사육, 열대야에서의 산책 등에 주의를 기울여야 합니다.

개가 열사병에 걸렸을 때 어떻게 대처하면 되나요?

긴급 시에 가정에서 할 수 있는 일은 냉수 샤워 등으로 몸을 냉각시키는 것입니다.

호흡상태가 정상적으로 돌아올 때까지 하면 되고 냉각하고 있는 동안 수의사에게 연락을 하여 지시에 따르세요.

열사병은 중증, 경증에 상관없이 골치 아픈 병으로 사망률도 높고 회복한 것처럼 보여도 재발하는 경우와 다장기부전을 일으키는 경우가 있기 때문에 당분간은 치료를 계속해야 할 필요가 있습니다. 담당 수의사 선생님과 잘 상담한 뒤 치료를 계속해야 합니다.

하절기에 방에 둔 채 집을 비웠는데, 돌아와 보니 소변과 대변을 실금하여 병원에 갔더니 열사병으로 입원 처치를 했습니다. 이런 때에는 병원에 가기까지 해야 할 처치가 있나요?

열사병이 의심되는 경우에는 되도록 빨리 동물병원에서 진료를 받는 것이 중요합니다. 이동 중에도 가능한 한 몸을 냉각해 주면 좋겠지요. 간단한 방법으로는 보냉제나 얼음 베개 등을 수건에 싸서 목이나 겨드랑이 밑, 서혜부 등을 식힙니다.

개집을 시원하게 만들 방법이 있나요?

일단 개는 더위에 아주 약한 동물입니다. 우리들처럼 땀샘이 없기 때문에 체온은 주로 호흡으로 조절합니다. 특히 여름에는 호흡이 빨라져 뛰지도 않았는데 색색거리며 과호흡이 되는 개를 본 적이 있을 겁니다. 그러므로 시원하게 해 주어야 하는데, 기온이 올라가서 더워지고 난 뒤는 늦습니다. 햇빛가리개를 하고, 음지로 이동시키며, 냉풍기를 켜 공기를 순환시키고, 음용수에 얼음을 넣어주며, 콘크리트나 아스팔트처럼 온도가 높은 장소에는 묶어두지 않습니다. 한여름에는 에어컨이 있는 방으로 옮겨주는 등의 세세한 배려가 필요합니다.

냉난방을 사용할 수 없을 때의 대처 방법은?

여름은 시원하고 겨울은 따뜻한 게 기본입니다. 여름은 공기가 막혀 기온이 올라가지 않도록 합니다. 공기가 순환하도록 환기팬을 돌리거나 창문을 열어 바람을 통하게 합니다.

겨울은 반대로 바람이 통하지 않도록 하는 것과 함께 담요로 케이지를 덮는 등의 보온이 중요합니다. 밤에는 온수통을 이용하는 것도 좋겠지요.

각각의 가정의 사정에 맞춰 연구해가면서 더위와 추위의 대책을 마련합시다.

개도 화분증이 있나요?

화분증은 알러지의 하나여서 개도 걸리는 경우가 있습니다. 증상으로는 피부질환(가려움, 탈모, 발적 등)이 주로 나타나며 사람과 마찬가지로 재채기나 콧물, 눈의 가려움 등을 보이기도 합니다.

사람용 방충 스프레이를 개에게 사용해도 괜찮나요?

방충 스프레이라고 써 놓으셨는데, 내용 성분은 살충제 성분과 같습니다. 개나 고양이에게 사용해도 되는지에 대해서는 기재되어 있지 않지만 함부로 사용하지 않는 편이 좋겠지요. 방충 스프레이의 주성분인 디에틸톨루아미드는 모기나 진드기가 매개하는 질병인 쯔쯔가무시, 일본홍반열, 최근에는 중증열성혈소판감소증후군(SFTS) 등으로부터 개인을 방어하기 위한 우수한 약제라고 알려져 있지만 살충제나 농약이 아닌 기피제라는 명칭을 사용하기 때문에 안전하다고 믿는 경향이 있습니다. 이 성분은 드물기는 하지만 심한 신경장애를 유발하거나 피부염을 일으키기도 합니다. 특히 눈에 피폭된 경우와 흡입한 경우에 증상이 나타나기 쉽다고 알려져 있기 때문에 사용은 피하는 편이 좋겠지요.

자신의 발톱을 뜯어 먹는데요. 무슨 문제라도 있는 걸까요?

개가 어느 특정 장소를 핥거나 물거나 하는 경우는 그곳에 어떤 이상이 있는 경우가 많습니다. 발톱 주위가 빨갛게 되어 있거나 부어 있거나 주위의 피모가 얇아져 있거나 변색되어 있다면 피부병이나 발톱에 문제가 있는 경우일 수 있습니다. 또한 그런 피부 병변이 없는 경우에도 계속해서 핥는다면 피부병으로 발전할 가능성이 있기 때문에 수의사에게 진찰을 받아보도록 하세요.

틈만 나면 귀 뒤나 온몸을 깨물어요. 스트레스가 있는 걸까요?

이사나 돌봐주던 사람이 바뀌는 등의 환경변화가 있었고, 그 뒤로 깨무는 행동이 보이게 되었다면 스트레스일 가능성도 있습니다.

하지만 동물은 말을 할 수 없습니다. 몸을 긁거나 깨무는 것은 가려움의 신호인 경우도 있습니다. 스트레스를 의심하기 전에 가려움을 나타내는 질병의 가능성이 정말로 없는지를 생각해 볼 필요가 있습니다. 귀가 가렵다면 외이염, 귀진드기의 유무를 알아볼 필요가 있습니다. 몸이 가려운 것이라면 농피증, 음식 알러지, 아토피성 피부염, 진드기, 건선 등도 생각해볼 수 있습니다. 동물병원에서 진료를 받고 이런 병이 없는지를 일단 검사해 보는 것이 좋다고 생각합니다.

치아가 변색되는 것은 어떤 이유 때문인가요?

치아가 변색되는 원인으로 가장 많은 것은 치구와 치석이 생긴 경우입니다.

또한 개에게는 충치 원인균이 번식하기 어려워 충치가 없다고 하지만 충치가 전혀 없는 것은 아닙니다. 충치가 된 경우에도 치아의 색이 다갈색이나 검은색으로 변합니다. 또한 테트라사이클린 등의 약물에 의해서도 변색됩니다.

개가 설사를 할 때는 어떤 먹이를 주는 게 좋나요?

일시적인 설사라면 소화가 잘 되는 음식 혹은 먹이를 물에 불려서 급여하는 것이 좋습니다. 경험상으로는 변이 묽은 변이나 무른 변으로, 또한 냄새가 강한 것, 구토를 동반하는 것, 안에 혈액이 섞인 것,

또는 혈변을 동반하는 것은 세균, 바이러스성일 가능성이 있으므로 상태를 지켜보기보다는 빨리 수의사에게 진찰을 받도록 해야 합니다.

설사는 안 하지만 점막변을 동반하는 것도 주의가 필요합니다.

식욕이 없는 개에게는 무엇을 주면 좋을까요?

식욕이 없는 것은 몸 상태가 안 좋아서 식욕이 없는 경우와 몸 상태가 나쁘지 않은데 식욕이 없는 두 종류가 있으며 이를 판별하는 것이 중요합니다.

전자의 경우는 진찰을 받아야 합니다. 후자의 경우는 활기도 있고 음수, 배변, 배뇨도 정상일 테니 조금 기다리면 먹게 될 것입니다. 캔이나 애완용 간식 등의 새로운 음식을 줘 보는 것도 하나의 방법입니다. 단 이 경우에 잘 먹는다고 해서 많이 주는 것은 금물입니다.

장마철을 쾌적하게 보내게 할 방법이 있나요?

장마철은 끈적끈적, 푹푹 찌며 후텁지근한 날씨가 계속되는 일본 특유의 계절입니다. 장마철은 사람과 동물을 따지지 않고 싫어하는 시기지요. 이 시기를 쾌적하게 보내기 위해서는 습도와 온도를 컨트롤

할 필요가 있습니다. 에어컨이나 제습기, 선풍기를 잘 사용하여 제습하는 것이 좋습니다.

또한 털갈이의 계절이기도 하므로 빗질을 부지런히 해서 필요 없는 털을 없애주도록 합시다. 또한 목욕, 미용 등으로 피모를 청결하게 유지하는 것도 중요합니다.

여름철에 애완용 순환식 급수기의 물을 얼마 만에 갈아줘야 하나요?

순환식이라는 표현을 쓰긴 하지만 반려동물이 물을 마시면 위에 고여 있던 물이 아래로 채워지는 형식의 급수기이지요. 여름철에는 물이라고는 해도 설치된 장소에 따라 다르지만 쉽게 상한다고 생각해 주세요. 그러므로 고여 있는 물이 없어질 때까지 며칠이나 둬서는 안 됩니다. 여름철은 특히 세균이 번식하기 쉬운 시기여서 물이 남아 있어도 새로운 물로 항상 바꿔주도록 해야 합니다. 또한 장기간 닦지 않으면 점액이 생겨 세균의 온상이 될 가능성이 있으므로 용기의 세정은 성실히 해주세요.

방광염이 자주 생깁니다. 예방법이 있나요?

방광염은 다양한 원인을 고려할 수 있습니다. 주로 세균성방광염, 방광결석이나 신장결석, 노령이 되면 방광폴립, 방광암, 요도폐쇄 등 여러 가지 원인으로 인해 이른바 방광염 증상을 일으킵니다. 그러므로 위에 언급한 것 중 어떤 원인으로 방광염을 일으켰는지를 알아보고 대응할 필요가 있습니다.

　동물병원에서 이미 진단을 받았다면 그 지시에 따라 치료를 하는 것이 좋습니다. 아직 진단을 받지 않았다면 진찰을 받고 그 질병에 맞는 치료를 해야 합니다. 방광염은 만성화되면 매우 성가신 것입니다. 만성화되면 한방요법이나 정균작용이 있는 보조제(작두콩 등)의 장기 투여도 고려해야 합니다.

발이나 발가락 사이를 핥는데요. 스트레스 때문인가요?

　개가 발이나 발가락 사이를 핥는 것은 가려움이나 따가움이라는 자극이 있어서 핥는 것이 일반적입니다. 하지만 스트레스처럼 정신적인 원인 때문에 핥는 버릇이 생긴 개도 있습니다. 발이나 발가락을 핥는 부분의 피부나 피모의 상태를 잘 관찰해 볼 필요가 있습니다. 한 부위만 핥는 경우는 피부염이나 외상, 이물(가시), 종양 등으로 인해 핥는 부위에 위화감을 느끼는 경우도 있습니다. 핥는 것이 양 앞발이거나 뒷다리도 함께 핥는 등 여러 부위를 핥는 경우에는 알러지성 피부염(식물유해반응이나 아토피성피부염, 접촉성피부염)이나 드물게 면역매개성피부염인 경우도 있습니다. 핥는 부위에 부기나 통증이 없고, 피부에도 염증 등의 이상이 전혀 없는 경우는 심인성 원인(이른바 스트레스)일 가능성도 있습니다.

욕창에 걸렸을 때 치료하는 방법이 있나요?

욕창은 일반적으로 어느 정도 체중이 있는 중형견 이상의 개가 노쇠나 척수신경 장애 등으로 움직일 수 없어졌을 때 발생하기 쉬우며, 누워있기만 해서 근육이 빠진 개에게는 어깨나 골반 및 관절 부분 등의 뼈가 돌출되어 있는 부위에 단기간으로 발생하기도 합니다. 기본적인 치료의 순서는 일단 주위의 털을 넓게 깎고 미온수로 오염을 깨끗이 제거합니다. 오염이나 괴사 조직을 제거했다면 상처 표면을 보호하기 위해 감싸줍니다. 이때 욕창은 괴사조직이 녹고 육아조직이라는 상처 치유에 필요한 조직이 증식하기 쉽도록 상처가 건조하지 않는 방법으로 감싸줍니다. 조금 비용이 들지만 욕창부에 들러붙지 않고 습윤 상태를 유지해주는 타입의 패드나 붕대 소재를 이용할 수 있습니다. 또한 저렴한 방법으로 식품 포장용 랩을 이용하는 방법도 있습니다. 욕창 치료는 상처 치료만이 아니라 국소 압박을 피해 주위의 혈액순환을 개선하는 것도 중요합니다. 누워 있기만 하는 개에게는 부드러운 깔개를 두껍게 갈아주는 등 체압을 분산시키기 위한 궁리가 필요합니다.

질병의 예방과 조기 발견을 위해 몇 살부터 어떤 검사를 하는 게 좋나요?

강아지부터 노령견까지 그 시기마다 주의를 기울여야 할 점이 있습니다. 생후 2~3개월부터 사육하기 시작하는 경우가 많은 강아지 때에는 소화기관의 기생충을 비롯한 감염증이나 선천성 질환이 없는지 등, 예방접종을 위해 동물병원에서 진찰을 받을 기회도 포함하여 여러 번 검진을 받는 것이 좋겠지요. 예방접종이 완료된 뒤에도 성견이 되기까지는 심장사상충 예방약의 투여량을 확인하기 위한 정기적인 체중 측정 등의 건강검진을 겸한 진찰을 받을 것을 권장합니다. 소형견의 슬개골 탈구나 대형견의 고관절형성부전 등과 같이 성장 과정에서 발생되는 질환이 있습니다.

성견이 되고 나서는 건강 상태에 이상이 없으면 매년 백신접종과 심장사상충 예방 등의 기회를 이용하여 연 2회 정도 혈액검사를 받을 것을 추천합니다. 또한 가능하다면 흉부와 복부의 초음파 검사도 받는 것이 좋습니다. 8살부터 10살을 넘기면 서서히 몸 상태에 변화가 보이게 됩니다. 노화나 몸 상태의 변화에는 견종이나 개체차이가 있습니다. 이때쯤부터는 주치의와 상담하여 건강검진의 간격을 정하는 것이 좋습니다.

심장이 안 좋은 개가 새벽녘에 목을 내밀고 큰 소리로 우는데요. 무슨 이유 때문인가요?

심장질환이 있는 개에게는 '기침' 증상을 흔히 볼 수 있습니다. '목을 내밀고 큰 소리로 운다'는 것은 '카악-'처럼 목을 울리며 가래를 토해내는 듯한 동작은 아닌가요? 심장질환이 있으면 폐 혈액순환에 장애가 생겨 폐에 혈액이 막힌 상태(울혈)가 되어 폐에 수분이 찹니다(폐수종). 야간이나 취침 중에는 몸 중심에 혈액이 모이게 되어 폐 울혈을 일으키기 쉽게 됩니다. 그렇기 때문에 새벽녘에 일어났을 때 목을 늘려 가래를 토해내는 듯한 기침을 한다고 추측할 수 있습니다.

음식으로 건강이나 수명의 차이가 생기나요?

　사람과 오래 생활하면서 개는 잡식이 되었지만 원래는 육식동물입니다. 턱이나 치아의 형태, 위나 장의 움직임 등이 사람의 것과는 크게 차이가 있습니다. 예를 들어 치아는 음식물을 잘라 쪼개도록 되어 있고 물거나 으깨는 등의 움직임이 충분하지 못합니다. 장도 짧아서 탄수화물의 소화는 잘 하지 못합니다. 사람과 같은 음식으로는 건강 측면에서 다양한 지장을 초래합니다. 또한 개는 지방을 에너지원으로 사용하기 때문에 원래 지방이 많은 식사가 적합합니다. 그렇지만 적절한 양보다 많이 먹게 되면 비만이 발생합니다. 결과적으로 심장·관절 질환, 당뇨병 등의 발병으로 이어집니다. 부적절한 음식으로 건강에 지장이 생기면 삶의 질이 현저하게 나빠지고 단명하게 됩니다. 질 좋은 애완견용 사료를 적량 먹이는 것이 건강하게 장수할 수 있는 큰 요소입니다.

비만인 반려견에게 주는 먹이는 어떤 것이 좋을까요?

　1주에 체중 1% 정도 감량이 적절하다고 합니다. 현재 먹이는 애완견용 사료 섭취량에서 소량 줄이고 상태를 보면서 2~3일마다 조금씩 더 줄여갑니다. 또한 목표 체중이 되기까지는 간식도 삼갑니다. 간식 시간을 함께 노는 시간으로 바꾸면 일석이조겠지요. 식사량을 줄여서 항상 배가 고파 보인다면 하루 양을 2~3번으로 나눠 급여해 봅시다.

그렇게 해도 비만이 개선되지 않는다면 동물병원에서 상담을 받고 다이어트용 처방식을 주도록 합니다.

간식을 주면서 체중 감량을 할 수 있나요?

감량 중에는 간식을 주지 않는 편이 정말 좋습니다. 왜냐하면 애완견용 사료와 달리 흔히 먹는 간식인 육포나 비스킷 등은 아주 높은 칼로리를 가지고 있으며 총 칼로리를 파악하는 것이 어렵기 때문입니다. 개는 주식도 간식도 구별하지 못합니다. 개의 입장에서 본다면 보다 맛있는 고칼로리 음식(육포나 비스킷 등)을 더 원하게 되는 것이 당연합니다. 다이어트용 사료를 먹지 않고 육포나 비스킷 등의 간식을 먹을 때까지 기다리게 될 수 있습니다. 간식을 마음의 영양이라고 생각하기도 하지만 감량 중에는 간식을 자제하는 것이 제일입니다. 도무지 간식을 먹는 습관을 고치기 힘들 때는 하루 먹는 사료 양에서 간식 양만큼 제외하고 그만큼 간식을 주도록 합시다.

다이어트는 어떻게 하는 게 좋은가요?

다이어트를 할 때에 가장 중요한 것은 '급격하게 감량시키지 않는다'는 것입니다. 일주일에 체중의 1% 정도 감량하는 것이 적당합니다. 애완견용 사료의 하루치를 목표로 하는 체중의 적정 칼로리에 맞추세요. 체중에 맞는 양이나 적정 칼로리는 애완견용 사료 봉지에 명시되어 있습니다. 또한 급여 횟수도 1일 1회보다도 2회, 2회 보다도 3회, 제대로 다이어트를 목표로하는 경우에는 5~6회 정도로 나누는 것도 추천합니다. 횟수를 나눠 급여하면 개의 공복감을 완화시키는 효과가 있습니다. 원칙적으로 간식 종류는 금지이지만 도저히 불가능한 경우에는 간식도 하루치 사료의 일부로서 급여합니다. 또한 비만견을 위한 체중감량 전용 사료도 있으므로 동물병원에서 상담을 받으면 좋겠지요. 그리고 다이어트가 좀처럼 하기 힘든 이유로 가족 전원의 협력을 얻지 못한다는 점이 있습니다. 누군가가 몰래 간식을 주는 일은 없도록 해주세요.

살이 쪘는지 아닌지를 판단하는 방법이 있나요?

일단 반려견의 옆구리에 손을 대고 몸의 라인을 따라 천천히 만져 보세요. 갈비뼈가 돌출되어 있다면 너무 마른 것입니다. 각각의 갈비뼈를 느낄 수 있고 허리가 조금 잘록하다면 체중이 적당한 상태입니다. 갈비뼈가 거의 느껴지지 않으며 허리의 잘록함도 없고 허리와 등 부분이 평탄하고 복부가 나와 있는 경우에는 비만이라고 할 수 있습니다.
*반려견이 비만인지 아닌지를 평가할 수 있는 기준으로 바디컨디션스코어(BCS)라고 불리는 것이 있습니다. 너무 마른 상태부터 너무 찐 상태까지를 5단계로 평가합니다. 특히 비만이 신경 쓰이는 경우나 체크 방법을 잘 모르는 경우에는 동물병원에서 상담을 받아 주세요.

수제 다이어트식에서 주의해야 할 점은?

　수제 다이어트식에서 주의해야 할 점은 영양 밸런스입니다. 그 중에서도 저단백혈증은 혈액 속의 단백질이 어떤 원인으로 정상보다 감소되어 있는 상태를 말합니다. 대략적으로 말한다면 다음과 같은 원인을 들 수 있습니다. 원인에 따라 필요한 식사도 달라집니다.
1. 영양불량이나 장기에 걸친 저단백식에 의해 단백질을 만드는 원료가 부족하다.
2. 간염이나 간경변 등 단백질의 합성과 관련 있는 간 질환이 있다.
3. 신장 질환에 의해 많은 단백질이 소변으로 배설된다.
4. 단백질이 소화관에서 새어 나오는 질병이 있다.

　건강한 개라면 수제식도 고려해 볼 수 있지만 질환이 있는 개의 경우 제대로 된 식사 관리가 요구됩니다. 동물병원에서 상담을 받고 저단백질 소견이 있다면 원인에 맞는 전문 사료를 주는 것을 추천합니다.

소고기를 아주 좋아합니다. 하루 몇 kg까지 주어도 되나요?

　육식인 개는 야생에서 먹이로 삼는 모든 초식동물을 잡아먹으며 밸런스를 유지합니다. 줘도 되는 육류는 반려견 체중의 1~2%라든지, 전체 음식량의 20~30%라고도 하지만 역시 애완견용 사료를 주체로 한 식사가 가장 바람직합니다. 그래도 주고 싶을 때는 지방분이 많지 않은 삶은 고기를 사료 양의 10%를 넘지 않는 범위에서 주도록 합시다.

온천이 효과가 있나요?

　온천에 몸을 담그는 것으로 개가 릴랙스하는 효과가 있다고 합니다. 추간판탈출증이나 운동기 질환에 대해 풀(pool)을 사용하여 몸의 부하를 감소시키면서 재활(rehabilitation)을 하는 경우도 있기 때문에 온천에도 그런 이용법이 있을지도 모릅니다. 온천에 몸을 담가서 피부병이 좋아졌다는 이야기를 듣기도 합니다. 아토피에 걸린 쥐에 대해 사용했더니 좋아졌다는 보고도 있습니다. 온천의 수질에도 좌우되겠지만 개의 피부병에도 효과가 있을지도 모릅니다.

개를 위한 혈액은행도 있나요?

　사람처럼 전국 규모의 혈액은행은 아쉽게도 개, 고양이에게는 없습니다. 수혈이 필요한 경우 많은 각각의 동물병원에서 대응하고 있습니다. 작은 병원에서 대응하기 어려울 때는 수혈이 가능한 큰 동물병원에서 수혈하도록 하는 경우도 있습니다.

항문샘이 몇 번인가 찢어졌었는데요.
항문샘을 짜도 나오지 않는 개는 어떻게 하면 좋나요?

　과거에 항문낭염을 일으켜 자괴한 적이 있으면 짜도 잘 나오지 않는 경우가 있습니다. 항문낭을 짜는 법에는 다소 요령이 필요하기 때문에 동물병원에 가서 비용을 지불하고 짜달라고 하고, 그때 짜는 법을 배워 연습하면 좋겠지요. 잘 안 짜질 때는 장갑을 끼고 집게손가락을 항문에 투입하여 엄지손가락과 집게손가락으로 한쪽씩 짜는 방법을 추천합니다. 제대로 짜도 안 나오는 경우는 한 번 항문낭의 출구로 가는 관을 넣어 관이 막히지 않았는지를 확인하는 것도 가능합니다. '항문낭이 몇 번인가 찢어졌다'고 하는데, 이미 출구가 폐색되었을 수 있습니다. 짜도 안 나오는 경우는 정기적으로 주사침을 찔러 흡인 제거를 하거나 수술로 항문낭을 적출하는 방법이 있습니다.

털 손질을 매일 하는데요. 효과를 잘 모르겠습니다.
주의해야 할 점이 있나요?

　매일 털 손질을 하는 것은 대단한 일입니다. '효과를 잘 모르겠다'고 한 것에 대해서는 원래 애견의 외관에 전혀 이상이 없었기 때문은 아닌가요? 빗질이나 목욕이 너무 지나치면 오히려 피부를 아프게 할 수도 있습니다. 금속 재질의 빗 등으로 맨살을 강하게 자극하지 않도록 주의해야 합니다. 매일 털 손질 시에 관찰할 포인트를 이하에 설명하겠습니다. ① 탈모되거나 털이 짧게 끊어진 곳이 없는지, 비듬이나 딱지가 눈에 띄는 곳은 없는지, 발가락이나 발바닥 젤리 사이, 귀 안에

붉은 귀지나 오염이 없는지 관찰합시다. ② 발톱이 너무 길진 않았는지. ③ 눈곱이 많지 않은지. ④ 가슴이나 배를 쓰다듬었을 때 갈비뼈가 느껴지지 않으면 살이 너무 찐 것입니다.

약을 먹일 때 다른 것과 함께 먹입니다. 다른 좋은 방법이 있을까요?

도저히 약을 먹일 수 없는 개도 있습니다. 약을 '다른 것과 함께 먹이고 있다'는 것은 아주 훌륭한 방법입니다. 최근에는 개가 좋아하는 향을 묻힌 알약이나 약을 끼워 넣을 수 있는 모양의 보조제도 있어서 동물병원에서 상담을 받아 보면 좋겠지요. 그냥 약만을 먹이기 위해서는 약의 형태에 따라 몇 가지 방법이 있습니다. '알약'인 경우 (오른손잡이라면) 오른손으로 약을 들고 윗입술을 밀어 넣듯이 위에서 개의 위 턱 양쪽의 송곳니 뒤를 왼손으로 잡고 위를 향해 입을 벌리고 되도록 혀의 뿌리 깊숙이 약을 밀어 넣습니다. 약을 넣으면 개가 삼키는 동작을 하기까지 조금 위를 향하게 한 채 입을 닫고 목을 쓰다듬습니다. '가루약'은 캡슐에 채우거나 약에 따라서는 소량의 물로 개어 경단 모양으로 만들어 알약처럼 먹일 수 있습니다. 또한 적신 손가락에 약을 묻혀 위턱에 문지르는 방법이나 뺨을 바깥쪽에서 마사지하여 가루약을 침과 섞어 먹이는 것도 가능합니다. '액체약'은 스포이트나 플라스틱 주사기를 이용하여 조금 위를 향한 채로 송곳니 뒤쪽으로 천천히 흘려보내 먹입니다.

귀고름이 있는데 수의사에게 가는 것을 싫어합니다. 어떻게 하면 좋을까요?

　귀고름이 있는 것을 방치하는 것은 좋지 않습니다. 개의 귀에는 밑을 향하는 수직이도에서 90도 구부러져 고막으로 향하는 수평이도가 있으며 사람보다도 고막까지의 거리가 길어서 그냥 눈으로 보는 것으로는 충분히 귀 구석까지 관찰할 수 없습니다. 외이염에 걸려 만성화되면 귀 구멍이 좁아져 치료가 어려워지기도 합니다. 조기에 진찰을 제대로 받을 것을 추천합니다. 귀 진찰을 싫어하여 날뛰면 입마개를 씌워 검사를 받는 게 좋습니다. 그래도 어렵다면 수의사와 상담하여 진정제를 투여하거나 단시간 마취를 하여 검사를 받는 것도 좋은 방법입니다. 귀의 염증이 심한 경우 통증을 동반하기 때문에 단시간 마취를 하는 것은 개에게 고통을 주지 않고 충분한 관찰과 처치가 가능하다는 등의 메리트가 많은 방법입니다.

미니어처 닥스훈트 3마리가 각각 문맥단락, 척수연화증, 자가면역이상에 걸렸습니다. 이 견종은 질병에 약한 것인가요?

　미니어처 닥스훈트가 문맥체순환단락의 호발 견종은 아닙니다. 최근 진단기술의 향상에 의해 문맥체순환단락이라고 진단을 받는 개가 증가하는 경향이 있습니다. 척수연화증은 추간판탈출증에서 척수신경이 심한 손상을 입었을 때 발병하며 안타깝게도 추간판탈출증은 닥스훈트에서 많이 볼 수 있는 병입니다. 자가면역이상에 대해서는 형질세포성비염이나 류마티스관절염, 육아종성지방직염 등의 발생이 알려져 있습니다. 닥스훈트에 한정되지 않고 어느 견종이라도 몇 가지 호발경향이 있는 질환이 알려져 있습니다. 닥스훈트가 다른 견종에 비해 특별히 질병에 약하지는 않습니다.

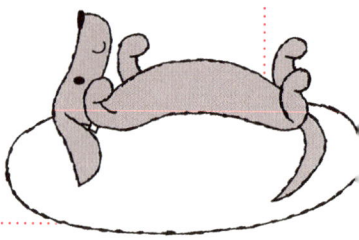

혈액검사는 1년에 1번 받고 있는데요. 소변, 대변검사도 하는 편이 좋을까요?

소변검사로는 방광염이나 요석증의 유무만이 아니라 요비중이나 요단백 등을 볼 수 있어서 신장 질환의 발견과 연결됩니다. 대변검사에서는 기생충의 감염 유무 등을 알 수 있기 때문에 건강진단의 하나로서 정기적으로 실시하는 편이 좋습니다. 또한 혈액검사도 나이가 많아지면 실시하는 간격을 짧게 하는 편이 좋다고 생각합니다.

개도 사람과 마찬가지로 '혈' 이 있나요? 건강에 좋은 혈은 무엇인가요?

혈이 있습니다. 백락(농가를 다니면서 마소를 치료하는 사람)이 침으로 말을 치료한지 거의 3천년.

1970년대에 개나 가축의 수술이 침 마취로 실시되면서 혈의 힘이 널리 알려졌습니다.

중요한 혈은 팔꿈치, 무릎아래 등, 글자대로 오목하게 느껴지는 곳입니다.

사람용 모기 구제 매트를 쓰고 있는데요. 문제가 없을까요?

사용하는 상황, 공간의 넓이, 약제에 나와 있는 양으로는 신경독성을 발현시킬 경우가 없다고는 할 수 없으므로 제품 사용상 주의점에 따라 사용 후에는 환기를 충분히 해주세요.

오래 살게 할 수 있는 요령이 있나요?

개의 건강 장수 비법은 중성화 수술 이외에 기본적으로 사람과 같습니다.

1. 비만 예방

다양한 애완견용 사료가 판매되고 있습니다. 개의 연령이나 상태에 맞는 사료를 고르고 적절한 양을 급여합시다. 간식을 너무 많이 주는 것에도 주의가 필요합니다. 영양과다가 되지 않도록 식사량을 조절해도 비만을 개선할 수 없을 때는 동물병원에서 진료를 받아 봅시다. 경우에 따라서는 처방식으로 바꿀 필요가 있습니다.

2. 적절한 운동

산책을 일과로 만들어 운동량을 확보할 수 있습니다. 산책은 체력이나 근력의 유지만이 아니라 뇌 기능에도 좋은 영향을 줍니다. 또한 주인과의 유대가 깊어지고 스트레스가 경감되기 때문에 장수와 이어집니다.

3. 질병이나 감염증 예방

광견병 예방접종뿐만 아니라 혼합백신접종이나 사상충 예방약의 복용 등으로 생명에 관계되는 중대한 질병을 예방할 수 있습니다. 또한 벼룩이나 진드기에 대해서도 구제 효과가 확실한 약을 사용하여 다양한 감염증을 막을 수 있습니다. 백신접종이나 사상충 예방 등으로 동물병원을 방문할 때 동시에 정기검진을 받으면 예방할 수 없는 병의 조기 발견이 가능하며 적절한 치료를 받을 수 있습니다.

4. 건강한 치아를 유지한다

튼튼한 치아는 건강유지의 중요한 요소입니다. 치구를 남기지 않는 양치를 습관으로 만드는 것이 이상적이지요. 하지만 반려견이 싫어하거나 수고스럽다는 등의 이유로 하지 않다가 문제를 깨달았을 때에는 이미 하얗던 치아가 치석으로 둘러싸여 있는 일도 있습니다. 치석은 세균의 서식지입니다. 방치해 두면 잇몸조직이나 치주조직에 염증이 퍼져 치주 질환으로 진행됩니다. 중증의 치주 질환은 건강한 치아를 잃을 뿐만 아니라 심장 질환이나 신장 질환을 발병시킵니다. 가끔씩 입 안을 체크해 보고 구취나 치석, 잇몸 색 등에 주의하며 신경 쓰이는 점이 있다면 빨리 동물병원에 방문하여 상담을 받아보세요.

5. 적절한 시기에 중성화 수술을 한다

중성화 수술을 실시하면 생식기 관련 질병을 예방할 수 있습니다. 또한 번식에 따른 스트레스로부터 해방되어 편안하게 지낼 수 있는 것은 장수와 이어지는 점입니다.

질병·부상에 대해서

자기 전에 갈색의 혈뇨가 나왔습니다. 어떻게 하면 좋을까요?

혈뇨는 어떤 원인으로 소변 안에 혈액이 섞인 상태를 말하며 신장, 요관 또는 방광의 어딘가에서 출혈이 있었음을 의미합니다. 가장 많은 원인은 방광염, 요석증 및 방광종양이지만 그 밖에도 여러 가지 질병으로 인해 일어나며 혈뇨 이외에도 용혈에 의해 소변이 갈색이나 빨갛게 되는 경우도 있습니다. 이런 증상이 있을 때는 동물병원에서 소변검사나 초음파검사를 받아 원인을 알아볼 필요가 있습니다. 혈뇨의 정도는 다양하기 때문에 동물병원에서 진찰을 받을 때 가능하다면 판단 가능한 혈뇨 사진이나 혈뇨가 묻은 시트, 혹은 소변을 지참하면 좋습니다.

개의 신부전이란?

신부전은 어떤 원인에 의해 신장기능이 장애를 입어 체내의 노폐물 배설이나 수분·전해질 밸런스의 조절 등에 이상이 생긴 상태를 말합니다. 신부전에는 급성과 만성이 있으며 원인은 제각각 다릅니다. 급성신부전은 중독이나 감염증, 또는 소변 배설장애를 동반하는 요로결석의 요로폐쇄에 의해서도 일어납니다. 한편 만성신부전은 노령성 심장병이나 신장병 등에 의한 경우가 많으며 신장 속에 있는 여과장치의 3/4 이상이 기능하지 않게 되면 신장기능검사에서 이상이 나타납니다. 급성신부전에서는 핍뇨(오줌의 배설량이 현저하게 감소하는 증상)나 무뇨가 되어 소변이 나오지 않는 경우가 있습니다. 만성신부전에서는 물을 많이 마시고 연한 소변이 많이 나오는 다음다뇨를 나타내는 경우가 많은 것이 특징입니다. 신장은 예비능력이 뛰어난 장기 중 하나이지만 한번 손상을 입으면 재생능력이 떨어지는 장기이기도 한 탓에 예비능력이 없어진 시점에서 갑자기 증상이 나타나는 경우가 적지 않습니다. 또한 사람에서는 말기 신부전 환자에게 최종적인 치료법으로 투석이나 신장이식이 확립되어 있지만 개에게는 어느 것도 현실적이지 않습니다. 그러므로 평상시에 적절히 식사관리를 하고, 정기적으로 동물병원에서 신장 기능을 체크해보는 것이 중요합니다.

개의 방광염이란?

방광 내에 어떤 원인으로 인해 염증이 생긴 상태를 말합니다. 가장 일반적인 원인은 세균 감염으로, 가끔 방광 내 결석이 원인이 되는 경우도 있습니다. 세균 감염에 의한 방광염은 사람과 마찬가지로 수컷보다 암컷 쪽이 더 걸리기 쉽습니다. 증상은 소량의 소변을 빈번하게 보는 빈뇨나 배뇨시의 통증이 일반적으로, 소변이 탁해져 있거나 혈뇨를 인지할 수 있는 경우도 있습니다. 또한 개의 소변 냄새가 평소보다 심해지는 경우도 있습니다. 방광염은 만성화되는 경우가 많으며 일단 좋아져도 스트레스를 받았을 때 재발하기 쉬운 병입니다. 방광염은 소변 검사로 쉽게 진단할 수 있으며 방광결석의 유무는 초음파검사로 간단히 알아볼 수 있습니다. 방광염은 적절한 치료에 의해 개선되는 질병이지만 만성화되면 치료에 시간이 걸릴 뿐만 아니라 신장병이나 방광종양의 원인이 되기도 합니다. 그러므로 의심스러운 증상이 보이는 경우에는 조기에 동물병원에서 검사를 받는 것이 중요합니다.

피부사상균증이란?

피부사상균이란 진균(곰팡이)에 의한 피부의 인수공통감염증입니다. 피부사상균은 이환된 사람이나 동물과의 접촉에 의해 감염되지만 토양 속 등 환경 속에 상재하고 있는 균도 있습니다. 면역이 약한 유약동물이나, 다른 피부병, 혹은 외상에 의해 피부 면역이 약해져 있으면 감염되기 쉬워집니다. 감염된 피부사상균은 표피의 각질층, 피모, 발톱에 번식하며 감염부위를 중심으로 원형 탈모도 조금씩 보여 '링웜'이라고 불리며 탈모는 비듬을 동반하며 원형으로 퍼져나갑니다. 가려움을 동반하는 점이 특징이나 2차적으로 세균감염을 합병하게 되면 가려움이 나타납니다. 치료는 국한적인 경우에는 외용 항진균제를 사용하지만 전신성인 경우에는 내복약을 복용합니다. 적절한 치료로 바로 좋아지는 병입니다. 하지만 사람에게 전염되거나 강아지에게 전신으로 퍼져 사망에 이르거나 하는 일도 있으므로 의심스러운 경우에는 빨리 동물병원에서 진단을 받을 필요가 있습니다.

요로결석증이란?

　요로결석증은 신장에서 요도까지의 요로에 결석이 생기는 병입니다. 요로결석의 성분은 여러 가지가 있지만 가장 많은 것은 옥살산칼슘(수산칼슘) 결석과 스트루바이트 결석입니다. 부적절한 식사나 요로감염증은 요로결석의 일반적인 원인입니다. 하지만 문맥(門脈) 기형이나 후천성간질환이 나타나는 문맥체순환션트에 걸린 개에게서는 30퍼센트에 가까운 확률로 요산암모늄 결석이 나타납니다. 방광결석인 개에서는 빈뇨나 혈뇨 등의 방광염 증상이 흔히 보이지만 신장결석의 대부분은 무증상으로 초음파검사나 CT 검사 등에서 우연히 발견됩니다. 요관결석은 신장 내 작은 요결석이 요관에 들어간 상태를 말합니다. 사람에게는 심한 통증이 특징이지만 개에게는 증상이 불명료하거나 복통, 때때로 추간판탈출증으로 오진되는 경우도 있으며 진단이 어려운 경우가 있습니다. 또한 요관결석에 의해 신장에서의 소변배설이 오랫동안 장애되면 신장이 풍선처럼 부어오르는 물콩팥증(수신증)을 일으키거나 세균감염에 의해 신장의 기능을 잃어버리기도 합니다. 요로결석증의 치료는 원인이나 결석이 있는 곳 및 증상의 유무에 따라 달라지며 내과적 치료와 외과적 치료가 있습니다.

위확장 · 염전증후군이란?

　가슴이 깊은 대형견에게 많은 질병이지만 미니어처 닥스훈트 등의 소형견에게도 발생합니다. 이 질병은 위가 휙 뒤집혀서 발생하며, 위가 점점 확장되고 밖에서 보아도 배 위쪽이 순식간에 커집니다. 토하려고 해도 토해내지 못하는 증상을 보인다면 주의가 필요합니다. 대부분의 경우 응급처치 혹은 수술이 필요하며 위중한 경우에는 몇 시간 만에 사망에 이를 수 있습니다. 개에게 먹이를 준 후에 운동을 시키지 않는 것이 중요하고 먹이를 먹이고 나서 산책시키거나 뛰게 하면 안 됩니다.

개 파보바이러스 감염증이란?

이 질병은 매우 높은 치사율을 보이는 가장 무서운 전염병 중의 하나입니다. 이 바이러스에 감염되면 구토, 설사를 보이고 혈변을 보며 경험적으로는 사육하고 나서 1주 이내로 발병하는 경우가 많은 병입니다. 개 파보바이러스는 고양이 파보바이러스에서 파생된 것이라고 합니다. 감염력이 매우 강하고 알코올로는 죽지 않으며 환경 속에서도 2년이나 감염력을 유지합니다. 감염원은 배변이나 구토물입니다. 강독형이라면 24시간 이내에 사망에 이르기도 합니다. 파보 검사 키트가 판매되고 있으며 백혈구의 현저한 감소가 관찰되므로 진찰 시에 파보 감염의 진단이 가능합니다. 특히 강아지 때의 백신접종이 매우 중요합니다.

구토의 원인으로 어떤 것을 고려할 수 있나요?

개나 고양이는 사람과 비교하여 구토를 일으키기 쉬운 동물입니다. 생리적인 점에서는 공복, 과식, 변비, 배에 힘을 주는 것으로도 구토를 하며 공포나 긴장 등의 정신적인 것으로도 구토를 합니다. 위 질환으로는 위장염, 궤양, 유문협착, 장폐색 등이 있으며 또한 간장질환, 담낭질환, 췌장염 등으로도 구토가 나타납니다. 위와 전혀 관계없는 질병으로도 구토를 나타내기도 하여 호흡곤란, 기침, 신부전, 심부전, 뇌질환, 전정(前庭)질환, 간질발작 등이 해당합니다. 그 외에 이물섭식, 멀미, 요로폐색, 중독, 종양, 감염증(파보바이러스 감염증 등), 호르몬병으로도 구토를 일으킵니다. 구토를 나타내는 질병에는 가벼운 것도 있지만 지속성 혹은 고빈도 구토는 큰 병이 숨어있는 경우가 많으므로 너무 늦지 않도록 빨리 동물병원에서 검사를 받아 주세요.

심장의 판막이 파열되면 어떻게 되는 것인가요? 또 원인이 무엇인가요?

심장에는 4개의 판막이 있습니다. 기본적으로 판막이 끊어지는 경우는 거의 없으며 판막 자체가 두껍게 경단 모양으로 변성되는 쪽이 더 일반적입니다. '끊어진다'고 하는 것에서 가장 문제가 되는 것은 승모판을 좌심실 벽으로 잇는 건삭(腱索)이라는 실 같은 것이 파열됐을 때입니다. 큰 건삭이 끊어지면 좌심실에서 좌심방으로 혈액이 역류하고, 급격히 폐에 물이 차오르는 폐수종을 합병합니다. 개는 순식간에 호흡곤란을 일으키며, 심하면 사망에 이릅니다. 심장의 판막이 손상을 입는 것은 노화나 유전적인 것이 요인이 됩니다.

신장이 안 좋아서 수액처치를 받고 있는데요. 횟수가 많은 편이 좋을지 아니면 2개월 정도 입원하여 수액을 맞는 편이 스트레스가 적을까요?

어느 정도의 신장질환인지 그 정도에 따라서도 달라지지만 병상에 따라서는 1주 사이에 자주 수액이 필요할지도 모릅니다. 어떤 이유로 2개월 입원이 필요한지 모르겠지만 필요한 치료라도 치료를 우선할지 주인과 떨어져 스트레스를 받지 않는 것을 우선할지는 최종적으로 주인이 결정해야 합니다. 담당 수의사 선생님에게 이후의 치료 방침에 대해 제대로 상담을 받도록 하세요.

개에게서 사람(사람에게서 개)한테 옮는 병이 있나요?

사람과 동물 모두 걸리는 병을 '인수공통전염병(zoonosis)' 라고 합니다. 사람에게도 감염되는 개의 감염증의 대표적인 것으로 광견병이나 렙토스피라증 등을 들 수 있으며 둘 다 예방할 수 있는 백신이 있습니다. 특히 광견병은 사람만이 아닌 모든 포유류에 옮기며, 발병하면 거의 100% 죽음에 이르는 무시무시한 병입니다. 그렇기 때문에 광견병은 법률에 의해 백신접종이 의무화 되어있습니다. 그 밖에 진드기나 벼룩 같은 기생충도 주의할 필요가 있습니다. 또한 반려동물이 바이러스나 세균에 감염되었다고 해도 증상이 보이지 않는 경우가 있으며 모르는 사이에 사람에게 감염되는 경우도 있으므로 주의가 필요합니다.

개나 고양이에게 사람 감기가 옮나요?

　감기라는 것은 바이러스나 세균 등의 감염에 의해 코나 입, 목 등에 염증을 일으키는 증상을 말합니다. 그리고 감기 증상을 일으키는 바이러스에는 많은 종류가 있습니다.
　하지만 사람과 개, 고양이에게는 각각 증상을 일으키는 원인이 되는 바이러스의 종류가 다르므로 서로 감기를 옮기는 일은 없습니다.

리트리버 종이 걸리기 쉬운 병에는 무엇이 있나요? 그리고 예방책이 있나요?

　고관절의 유전성 질환으로 '고관절형성부전'이라는 것이 있는데, 파행(跛行)이 보이거나 허리를 좌우로 흔들며 걷는 등의 증상이 나타납니다. 1살 정도까지의 성장기에 칼슘을 과도하게 주거나 과체중이 되면 악화된다고 알려져 있습니다. 또한 대형견은 확장형심근증도 잘 걸리기 때문에 기침이나 운동불내성 등의 유무에 주목해야 합니다.

진드기 구제 방법은?

　이미 진드기가 붙은 경우 신속히 진드기 구제약을 투여하세요. 그리고 무리하게 떼어내려고 하지 말고 동물병원에서 상담을 받도록 합니다. 왜냐하면 진드기의 흡혈 바늘은 시멘트 모양의 물질로 경화되어 있는데다가 갈고리 모양으로 되어 있어서 무리하게 진드기를 떼어 내려고 하면 구기(口器)만 남아버리기 때문입니다. 진드기는 흡혈이 끝나면 자연스럽게 떨어집니다. 하지만 진드기 매개성질환(바베시아증 등)의 감염이 발생할 가능성이 남게 됩니다.

진드기가 원인이 되는 바베시아증이란?

진드기의 흡혈에 의해 바베시아라는 원충이 개의 적혈구에 기생하게 되면, 적혈구가 파괴되어 빈혈, 발열, 황달 등 다양한 증상을 일으킵니다. 또한 한 번 감염되면 보균자(carrier)가 되어 재발도 많이 나타납니다.

벼룩 구제 방법은?

벼룩이 이미 기생했을 경우에는 신속히 벼룩·진드기 구제약(현재는 붙이는 타입이나 경구투여 약도 있습니다)을 투여해 주세요.

수의사에게 애디슨병을 주의하라는 말을 들었는데요. 예방책이 있나요?

애디슨병은 부신피질기능저하증이라고도 불리며 부신의 호르몬 분비가 충분히 되지 못하게 되는 병입니다. 호발견종으로 콜리, 그레이트 데인, 스탠더드 푸들 등의 대형견이나 웨스트 하일랜드 화이트 테리어 등이 알려져 있습니다. 애디슨병의 증상으로는 식욕감퇴, 만성적이며 간헐적인 구토나 설사, 쇼크 등을 들 수 있습니다. 애디슨병은 예방할 수 있는 병이 아니므로 어떤 이상한 증상이 보인다면 동물병원에서 진찰을 받도록 하세요.

항상 몸이 가려운지 핥거나 세게 긁습니다. 어떤 병에 걸린 건가요?

가려움을 동반하는 피부염의 가능성을 고려해 볼 수 있습니다. 주로 가려움을 동반하는 피부염으로는 알러지성 피부염이 있습니다. 그 밖에 세균이나 진균에 의한 감염성 피부염이나 벼룩·옴진드기·모낭충·귓진드기 등의 기생충성 피부염도 가려움을 나타냅니다. 아토피성 피부염이나 음식물 과민증으로는 눈 주위나 귓바퀴, 발, 겨드랑이, 입 주위 등에 염증이 나타납니다. 핥거나 긁으면 피부의 외견이 변화하기 때문에 비전문가적인 판단은 위험합니다. 탈모나 낙설(비듬), 염증이 있는지, 벼룩이나 진드기가 붙어 있는지 잘 관찰하여 이상이 있다면 주치의에게 상담을 받아 보세요. 피부염이 없는 경우에도 개는 심인성 피부염으로서 몸의 일부를 핥거나 긁는 일도 있으므로 역시 피부염이 없는지 주치의에게 진찰을 받아 보는 것이 좋습니다.

애견 미용에 다녀오면 좌우로 귀를 가려워합니다. 이유가 뭔가요?

애견 미용 중에 서비스의 일환으로 귀 청소를 해 주는 일이 많습니다. 적절한 시기를 초과한 애견 미용에 의해 외이 처치를 실시하면 위화감이 남는 경우에서부터 이미 외이염을 일으키고 있는 경우까지 다양합니다. 다음 날이 되어도 계속된다면 동물병원에서 진찰을 받으세요.

이마에 작은 종기 같은 것이 나 있습니다. 여드름인가요?

개에게 여드름이 나는 것은 아주 드문 경우이며 오히려 연령을 고려하면 종양일 가능성을 부정할 수 없습니다. 동물병원에서 진찰을 받고 검사나 치료를 실시하는 것을 추천합니다.

개도 구내염에 걸리나요?

개도 구내염에 걸리는데, 그 원인을 확실히 할 필요가 있습니다. 구강 내에서 치아의 맞물림이 좋지 않다거나 치석에 의한 영향인지, 이물이나 자극물에 의해 생긴 상처인지, 또는 종양의 초기인지 등을 고려할 필요가 있습니다.

가끔씩 다리를 질질 끌며 걷는데요. 이럴 때 산책을 시켜도 괜찮을까요?

　가끔씩 다리를 질질 끌며 걷는 경우, 고관절이나 인대, 신경에 이상이 있을 수 있습니다.
　또한 다리 뒤가 가렵거나 통증이 있는 경우에도 같은 증상을 볼 수 있으므로 일단 동물병원에서 진찰을 받으세요. 다리를 질질 끄는 원인을 알게 된다면 그렇게 걱정할 것 없다거나, 혹은 일상생활에서 주의해야 할 점 등을 알 수 있습니다.

50cm 정도 높이에서 떨어진 이후에 앞다리를 질질 끌며 걷습니다. 수의사에게 가 보는 편이 좋을까요?

　골절이나 염좌, 신경 손상 등을 고려할 수 있습니다. 통증이 심한 경우는 동물병원에서 진찰을 받으세요. 바로 진찰이 어려운 경우에는 안정을 취하고 시간 경과에 따라 통증이 개선되는지를 판단해 주세요.

쿠싱증후군이란?

　다른 이름으론 부신피질기능항진증이라고도 합니다. 체내의 부신피질 스테로이드 호르몬이 과잉으로 분비되어 다음다뇨, 피부증상, 복부팽만, 골격근 위축, 간장종대 등 다양한 증상이 나타나는 증후군입니다. 원인은 하수체종양, 부신종양, 스테로이드제 장기 사용에 따른 것 등이 있습니다. 진단은 특징적인 임상 증상과 함께 호르몬 측정과 초음파검사에 의한 부신의 형상과 크기 등으로 판단합니다. 치료는 주로 내과요법이 일반적이지만 장기간이 걸리는 경우가 많으며, 부신종양인 경우에는 외과절제가 필요할 수도 있습니다.

추간판 탈출증이란?

추간판 탈출증이란 척추와 척추 사이에 있는 추간판이 탈출하여 척수나 신경근을 압박하는 상태를 말합니다. 일반적으로 연골이영양증이라고도 불리는 병은, 특정 견종(미니어처 닥스훈트나 비글 등)의 경우 어려도 돌발적으로 발병합니다. 또한 나이를 먹어감에 따라 추간판이나 척추가 변형되어 만성으로 경과하여 발병하는 경우도 있습니다(변형성척추증). 증상은 부위와 정도에 따라 다르지만 통증을 호소하는 것부터 사지나 뒷다리의 마비까지 다양합니다. 마비된 다리가 통증에 반응하지 않게 될 정도로 중증도가 높습니다. 치료는 가벼운 통증만 있으면 안정이나 약물 등의 내과적 치료를, 마비를 동반하는 심한 상태라면 수술이 필요합니다.

추간판 탈출증에 걸려 운동 제한을 받고 있습니다. 애견 카페에 데려가면 안 되나요?

　추간판은 경추부터 미추의 추골과 추골 사이에 존재하며 추간판의 중심에는 수핵이 있습니다. 추간판 탈출증은 이 수핵이 섬유륜 내에 누출되어 신경 등을 압박하는 현상을 말합니다.

　개의 상태가 어느 정도인지는 불명확하지만 사지의 마비를 동반하지 않는 경우라면 내과적 치료, 사지가 마비된 중증의 경우라면 외과적 치료가 필요하며 수술 후에는 조기재활, 레이저, 침, 수조에서의 수영 등을 추천합니다. 뒷다리신경의 소통이 되지 않고, 배뇨·배변 장애가 남은 경우에는 휠체어를 사용하게 됩니다.

　추간판 탈출증의 운동 제한은 어디까지나 급성기 때만으로, 만성화됐을 때는 병의 상태에 맞춰 운동이나 재활이 필요합니다.

　질문하신 애견 카페에 대해서는, 개는 고양이에 비해 밖의 풍경을 보는 것을 좋아하는 동물입니다. 그러므로 보행이 곤란하다면 안아서, 큰 개라면 차나 유모차에 태워 꼭 데리고 가 주세요. 그 편이 자극이 되어 좋은 결과가 있을 거라고 생각합니다.

수의사에게서 추간판 탈출증의 낌새가 보인다며, 되도록 충격을 주지 마라는 말을 들었습니다. 안정을 취하게 할 방법이 있나요?

　경증의 추간판 탈출증이 발병했다면 최소 2주간(6주라고 하는 수의사 선생님도 있습니다)은 절대안정의 케이지 레스트(Cage Rest; 배변·배뇨 때 이외에는 케이지 속에서 사육하는 것)가 필요한 경우도 있습니다. 그 안정기 이후의 사육에 대해서는 많은 방법이 강구되고 있습니다. 하지만 과도하게 동물의 즐거움을 빼앗지 않도록 할 수 있는 것부터 시작했으면 합니다. 예를 들어 계단을 오르고 내려가는 것을 하지 않도록 울타리를 사용하거나, 소파에는 뛰어 올라가지 못하도록 훈련을 하는 것부터 시작해 보면 좋을 것입니다. 과도한 운동을 피하는 것만큼 중요한 것이 체중 관리인 것도 잊지 않도록 해주세요.

눈이 충혈되어 있는데, 어떻게 대처해야 하나요?

흰자의 충혈은 결막 질환만이 아니라 안구건조증, 속눈썹 이상, 각막 상처, 이물, 공막 염증, 안구내 염증, 녹내장 등 원인이 다양합니다. 통증이 있는 경우도 많으며 실명에 이르는 경우도 있습니다. 전신 질환이 관계되는 경우도 있습니다. 동물병원에서 진찰 받는 것을 추천합니다.

눈 주위가 진물러 있는데요. 왜 그런 건가요?

아토피, 면역매개성 피부염, 기생충성 피부염, 감염성 피부염, 안검염증, 안검종양 등 원인이 다양합니다. 동물병원에서 진찰 받아 볼 것을 추천합니다.

검은자가 녹색 유리구슬처럼 되었습니다. 녹내장인가요?

　밝은 곳에서 산동(동공이 퍼져서 커다랗게 됨)하면 녹색 유리구슬처럼 보이는 경우가 있습니다. 흥분했을 때, 홍채의 축동근이 기능하지 않을 때, 망막 질병, 실명했을 때 등에서도 밝아도 산동이 지속됩니다.
　녹내장도 산동하지만, 안압(안구내압)은 현저히 높으며 흰자가 충혈되어 있고 개는 보통 시력을 잃은 상태입니다. 통증을 동반하는 경우도 있습니다. 만성화되면 안구는 확대됩니다. 고양이는 천천히 악화되는 경우가 있으며 증상이 확실하지 않는 경우도 있습니다. 개와 고양이의 녹내장 진단에는 안압 검사가 중요합니다.

검은자가 하얗게 되었습니다. 백내장인가요?

　나이를 먹으면 수정체 중심에 핵이라고 부르는 딱딱한 부분이 생깁니다. 핵은 수정체의 8할 정도 크기입니다. 수정체 안에 핵이라는 굴절률이 다른 렌즈가 생긴 것과 같아서 이 표면에 빛이 조금 반사되어 수정체가 하얗게 보입니다. 이런 수정체핵은 투명하며 눈 정면으로 빛을 비추면 안저(眼底)에서 반사광이 보입니다. 한편, 백내장은 수정체의 혼탁(백탁)이어서 반사광의 통과를 방해합니다. 가벼운 백내장은 반사광 속에 검은 그림자가 보이는 경우가 생깁니다.
　단, 각막자체의 백탁, 안방수(안구 속에 있는 무색투명한 액체)의 백탁 등에서도 검은자가 하얗게 보입니다.

개 · 고양이 백내장에 쓰는 안약이 있나요?

개 · 고양이 백내장에 사용되는 안약은 병의 진행 방지를 목적으로 합니다. 백내장은 수정체 단백질의 변성이며 이것을 치료하는 안약은 없습니다.

그런데 안약과는 관계없이 백내장의 일부가 액화하여 흡수되는 경우가 있습니다. 백내장이 투명화 되어 나은 것처럼 보이는 경우도 있습니다. 단, 내용물이 녹아서 나오기 때문에 수정체 렌즈의 모양이 변형되어 염증이 일어납니다. 백내장의 흡수를 기다리는 사이에 망막박리나 녹내장 등 실명을 유발하는 병에 걸리는 경우도 많습니다.

햇빛을 쐬면 코 부분이 짓무릅니다. 어떻게 하면 좋을까요?

햇빛이 센 시간대는 햇빛을 쐬지 않도록 해주세요.

털이 짧고 색소가 없거나 연한 피부는 자외선에 약하며 코 부분과 등 부분 등에서 일광피부증이라는 피부병이 보이는 경우도 있습니다. 특히 콜리나 셔틀랜드 쉽독 등은 코 윗부분에 생기기 쉽습니다. 이 상태가 악화되면 피부에 암이 생길 수 있습니다. 햇빛에 노출되는 것을 피할 수 없는 경우에는 자외선 차단제를 바르는 방법도 있으므로 동물병원에서 진찰을 받아 주세요.

입 주위의 털색이 바뀌었습니다. 병에 걸려서인가요?

얼굴 털색은 나이를 먹으면 하얗게 되는 경우가 있습니다. 구강 내 질병으로는 침이 늘어나는 것이 있어서, 그것에 의해 입 주위 털색이 바뀌는 경우도 있습니다. 피부병의 영향도 고려해볼 수 있기 때문에 동물병원에서 진찰 받는 것을 추천합니다.

눈물이 많이 나오게 되었는데요. 병 때문인가요?

질병이 의심되니 동물병원에서 검사를 받아보도록 하세요.
각막의 상처, 속눈썹 이상에 의한 각막 자극, 누비관폐색, 마이봄샘 기능부전 등 다양한 원인으로 눈에서 눈물이 넘치는 경우가 있어서 눈물량이 많아지기도 합니다.

침이 항상 나와 있습니다. 병 때문인가요?

건강한 개도 먹이 앞에서는 침이 나오는 경우가 있습니다. 더워지면 침이 나오고, 입을 벌리고 호흡하게 됩니다. 구강 내 질병으로 침이 나오기도 합니다. 중추신경질환이나 구역질이 날 때 등에도 침이 증가하는 경우가 있습니다. 세인트 버나드에서 침은 흔히 볼 수 있는 소견입니다.

눈을 게슴츠레하게 뜹니다. 무엇이 원인인가요?

게슴츠레하게 눈을 뜨는 것은 눈에 통증이 있을 때의 증상입니다. 이상이 있는 속눈썹, 이물, 안검내반, 안구건조증, 각막 상처, 눈표면 염증, 눈 속 염증 등 원인이 다양하므로 동물병원에서 검사를 받도록 해보세요.

구취가 심한데, 대처법이 있나요?

구취는 치석이나 잇몸염증 등 구강 내 질환과 관련이 있는 경우가 많습니다. 하지만 이 외의 질병으로 인한 경우도 있습니다. 건강진단을 받는 편이 좋겠지요. 치석이나 잇몸염증 등이 원인이라면 치료에 의해 구취는 없어질 것입니다.

갑자기 숨을 막혀하고, 잘 때는 코를 곱니다. 어딘가 안 좋은 것일까요?

음식물이나 연기가 기관지에 들어갔을 때 심하게 기침을 합니다. 그러나 기관에 이상이 있어도 심하게 기침을 하기도 합니다. 코를 고는 것은 코에서 인후두 부근에 걸쳐 문제가 있을 수도 있습니다. 상부기도에 문제가 있는 경우도 있으므로 동물병원에서 검사를 받아 보는 편이 좋습니다. 단, 퍼그 등의 단두종에게는 코골이가 제법 흔합니다.

재채기를 자주 하는데요. 왜 그런 건가요?

재채기는 코 점막 등에 부착된 것을 반사적으로 배출하려는 반응입니다. 비염, 먼지, 냉기 등에 의해 코 점막이 자극되면 일어납니다. 코 점막이 과민한 상태가 되어 있는지도 모릅니다.

기침을 하는데요. 왜 그런 건가요?

기침이 나오는 원인에는 여러 가지가 있습니다. 주된 것으로 ①기온 변화, ②질병, ③외적 요인을 고려할 수 있습니다. 구체적으로 말하면 ①기온 변화에 의한 기침은, 예를 들어 겨울철에 따뜻한 실내에서 산책 등을 하기 위해 갑자기 추운 바깥 공기를 맞으면 기관지가 자극되어 일어납니다. ②질병의 원인은 기관이나 기관지, 폐에 이상이 있는 경우나 심장질환(이첨판폐쇄부전증)을 들 수 있습니다. ③외적 요인에는 페인트나 연기 등 환경에 의한 자극을 고려할 수 있습니다. 기온이나 환경에 원인이 없으면서 기침이 계속되는 경우나 악화되는 경우에는 질병의 가능성이 있으므로 병원에서 진찰을 받아 보도록 하세요.

귀를 가려워하고 냄새가 납니다. 어떻게 하면 좋을까요?

귀의 가려움, 귀지의 증가, 귓바퀴 발적, 이취 등이 있는 경우 외이염일 가능성이 높습니다. 외이염의 원인에는 세균이나 진균 등의 감염증, 귀 진드기증, 알러지성 질환 등을 고려할 수 있습니다. 가려워서 긁다가 상처가 나기도 합니다. 악화시키지 않도록 신속히 병원에서 진찰 받는 것을 추천합니다.

피부에 기생하는 기생충에는 뭐가 있나요?

피부나 체표면에 기생하는 기생충을 외부기생충이라고 합니다. 이 외부기생충은 주로 진드기류와 곤충류로 나뉩니다. 진드기류로는 참진드기류, 모낭충류, 집먼지진드기류, 옴벌레류 등이 있습니다. 곤충류로는 새이류, 이류, 벼룩류가 흔히 알려져 있습니다. 또한 특수한 외부기생충증으로 구더기증이 있습니다.

장에 기생하는 기생충이란?

개의 소화관에 감염되는 기생충 중 대표적인 것으로는 개회충, 개편충, 개구충, 과실조충, 스피로메트라 촌충, 고양이주걱흡충(壺形吸口) 등이 있습니다. 개회충은 주로 개회충에 감염된 모견의 태반이나 젖으로 감염됩니다. 개편충은 감염된 개의 대변과 함께 배출된 기생충 알이 입에 들어가 감염됩니다. 개구충은 유충이 입 혹은 피부로 들어가서 감염됩니다. 과실조충은 감염된 벼룩을 먹어서 감염됩니다. 스피로메트라 촌충과 고양이주걱흡충은 주로 뱀이나 개구리를 포식하여 감염됩니다. 이런 기생충에 감염되면 구토나 설사 등의 증상 또는 발육부진을 보이는 경우가 있습니다. 백신접종을 할 때 정기적으로 동물병원에서 대변검사를 실시할 것을 추천합니다. 단, 과실조충의 알은 대변검사로 검출되지 않기 때문에 대변 속에 기생충이 보인다면 병원에 가지고 와 주세요. 만약 개에게 기생충이 감염되어 있는 경우에는 사람에게도 옮기는 경우가 드물게 있으므로 배설물을 만진 후에는 반드시 손을 씻으세요.

구토물에서 냄새가 많이 납니다. 병에 걸린 것일까요?

구토의 원인에는 위장 등의 소화관장애만이 아닌 신장이나 간장, 췌장 질환 등 여러 가지를 고려할 수 있습니다. 구토물에서 냄새가 많이 나는 경우 토분(吐糞)을 하고 있을 경우도 있으며 이런 경우 장폐색이 있을 가능성이 있습니다. 식욕저하나 구토빈도가 증가하는 것 같다면 빨리 구토의 원인이 무엇인지 동물병원에서 검사를 받아보는 것을 추천합니다.

6살에 중성화수술을 했는데요. 낮잠을 자다가 소변을 봅니다. 병에 걸린 걸까요?

요실금의 원인으로는 ①방광결석 등의 비뇨기계 이상, ②추간판 탈출증 등의 신경계 이상, ③당뇨병이나 부신피질기능항진증 등의 기저질환에 의해 물을 많이 마시는 경우, ④중성화 수술에 의한 호르몬 밸런스 변화, ⑤노화에 의한 요도괄약근의 이완 등을 고려할 수 있습니다. 요실금의 원인을 규명하기 위해 동물병원에서 진찰을 받으세요.

식후에 바닥이나 사람의 손발을 핥는 것은 질병의 신호인가요?

스트레스가 쌓이면 이런 행동을 하는 경우가 있습니다. 산책 시간이나 집에서 노는 시간을 늘리도록 해주세요. 또한 과도한 식욕을 보이는 당뇨병이나 호르몬 질환 등이 이런 행동으로 이어지는 경우도 있습니다. 혈액검사 등으로 확인해 보는 것은 어떨까요?

체서피크와 래브라도 믹스인데요. 항상 눈이나 입 주위가 빨갛게 붓고 손가락 사이가 진득진득거립니다. 검사 결과 알러지라고 하는데요. 나을 수 있나요?

체서피크 베이 리트리버는 호발 품종이라고 할 수 없으나 래브라도 리트리버는 알러지성 피부염 호발 품종입니다. 이 둘의 믹스견에서 눈이나 입 주위, 그리고 발끝의 피부병변으로 가려움을 동반하며, 피부 세균이나 진균(곰팡이)의 감염증 및 외부기생충증을 제외할 수 있다면 알러지성 피부염의 가능성이 높습니다. 알러지성 피부염이라면 낫기는 어렵지만 만약 1년 내내 증상이 보인다면 음식알러지일 가능성도 있기 때문에 알러젠이 없는 처방식에 의한 식사요법만으로 증상이 개선, 혹은 경감될 수 있습니다. 계절성으로 증상이 보인다면 개 아토피성피부염일 가능성이 높으므로 이런 경우에는 증상의 경감을 목적으로 다니던 동물병원에서 계속적으로 치료를 받아야 합니다.

최근에 먹은 것을 소화하지 못한 채 토하곤 합니다. 어떤 원인 때문일까요?

개는 기본적으로 잘 토하는 동물입니다. 그러나 그 빈도가 높다면 어떤 병인이 있다고 생각할 수 있습니다. 소화하지 못한 것을 토하는 것은 소화되기 전에 입에서 역류한 것이며 위 전의 기관, 즉 식도에 이상이 있을 가능성이 있습니다. 식도염, 식도확장증, 식도내이물 등 간과할 수 없는 질병이 많습니다. 4개월 정도의 개가 소화하지 못한 것을 자주 토하는 경우 우대동맥궁잔존증(右大動脈弓遺口症)이라는 선천성 질환의 가능성이 있습니다. 이것은 태아기 우대동맥궁이 식도를 압박하여 심장기부의 식도가 좁아져서 식도의 통과장애가 생겨 심장보다 머리 쪽 식도가 확장되는 병입니다. 우대동맥궁잔존증은 이유 후에 구토가 현저해지며 오연성 폐렴을 유발하는 경우도 있으므로 주의가 필요합니다. 그 밖에 생각할 수 있는 병으로는 음식을 잘 삼키지 못하는 연하곤란을 일으키는 질병도 있습니다. 어쨌든 바로 동물병원에서 진찰과 검사를 받는 것을 추천합니다.

최근에 배가 커지고 활기도 없습니다. 병에 걸린 것일까요?

　　10살 정도가 되면 여러 가지 질병을 고려할 수 있습니다. 노령성 심장병에 의한 복수 저류, 복강내 종양, 부신피질기능항진증에 의한 복부팽만, 또는 암캐가 중성화수술(난소자궁적출수술)을 받지 않은 경우에는 자궁축농증이나 난소낭종·종양 등도 종종 있습니다. 무엇이 되었든 목숨과 관련되는 심각한 질병이므로 바로 동물병원에서 진료를 받아야 합니다.

7살 된 소형견을 키웁니다. 최근에 기침을 하고 색색거리는 호흡음이 들리며 때때로는 괴로워 보이기도 합니다. 병에 걸린 걸까요?

　　기침이나 호흡곤란은 호흡기나 심장 질환의 신호입니다. 호흡기 질환으로는 기관허탈이나 기관지염 또는 폐렴이나 폐종양 등이 대표적입니다. 심장 질환인 경우, 이첨판폐쇄부전증이라는 노령성 심장질환에 의한 심부전을 고려할 수 있습니다. 이첨판폐쇄부전증은 말티즈를 시작으로 요크셔 테리어, 시추, 카발리에 등 소형견에게 많으며 중장년 개의 대표적인 질환입니다. 이첨판폐쇄부전증에 의한 심부전 증상은 초기에는 한밤중부터 새벽까지 습성기침을 보입니다. 진행되면 폐수종을 합병하여 호흡곤란도 보이게 됩니다. 어떤 병이라도 적절한 치료에 의해 증상을 완화시키거나 진행을 늦출 수 있습니다. 동물병원에서 자세히 진찰을 받고 바로 치료를 시작하는 것을 추천합니다.

> 아직 2살 반밖에 안 됐는데요. 활기와 식욕이 없고 산책하면 바로 지쳐버립니다. 입 점막과 혀는 새하얗습니다. 특별한 질병이 있는 걸까요?

점막과 혀가 하얗게 되는 것은 빈혈을 가장 의심할 수 있습니다. 빈혈에는 다양한 원인이 있습니다. 소화관 내 기생충이나 만성소화기질환으로 장관 속에 지속적으로 출혈이 일어나 변의 색깔이 까맣게 되는 경우가 있습니다. 이 소화관 내 출혈이 장기화되면 철결핍성빈혈을 일으킵니다. 개는 파나 양파를 먹으면 중독을 일으키며 중증의 예로는 그것만으로 용혈성빈혈을 일으킵니다. 양파 중독의 급성 예로는 소변 색이 적색이나 와인색이 되는 경우도 있습니다. 용혈성빈혈에는 양파 중독 이외에도 면역이 관여하여 일어나는 면역매개성빈혈이 있습니다. 이 면역매개성빈혈은 2~8살 정도의 암캐에게 많으며 토이푸들, 코카 스파니엘, 아이리쉬 세터 등에게 많다고 합니다. 면역매개성빈혈은 자가면역질환으로 자신의 면역이 자신의 적혈구를 파괴하여 빈혈이 일어납니다. 그 밖에 빈혈 이외에도 심장이나 폐의 이상에 의한 저산소혈증을 일으키는 질병으로도 쉽게 지치며 점막의 색에 이상이 보입니다. 어떤 질환이든 목숨과 관련되는 위중한 병입니다. 즉시 동물병원에서 진료와 검사를 받을 필요가 있습니다.

> 산책 중에 힘들어 하며 쉬기도 합니다.
> 검사해보는 편이 나을까요?

운동 중에 힘들어하며 쉬는 등의 증상은 노화와 동반되어 보이는 경우가 있습니다. 심장에 어떤 병이 있을 가능성도 있습니다. 한번 동물병원에 가서 심전도 검사, 흉부 엑스레이 검사 및 초음파 검사를 받아볼 것을 추천합니다. 부정맥은 그 원인에 따라 항상 출현하지는 않기 때문에 검사할 때 꼭 이상이 보인다고는 할 수 없어서 엑스레이 검사나 초음파 검사를 병용하여 종합적으로 판단해야 합니다.

소변을 뚝뚝 흘리면서 걷는데요. 대처 방법이 있을까요?

요실금 원인은 다양하며 그 원인에 따른 대처 방법에 차이가 있습니다. 일단 퇴행성 변화로 요도괄약근 기능부전인 경우에는 수축을 보조하는 약물로 경감할 수 있습니다. 그러나 당뇨병이나 신기능장애, 부신피질기능항진증 등 소변 양이 이상하게 증가하는 질환에서도 요실금을 보이는 경우가 있습니다. 이런 경우에는 기저질환의 치료가 필요합니다. 그 밖에도 신경질환, 관절질환과 동반하는 동통이 실금의 원인이 되기도 합니다.

산책에 가지 않으면 배설을 하지 않습니다. 2일 동안 안가도 참고 있는데요. 병인가요?

배설 횟수가 적으면 방광염이나 방광결석 등의 질병에 걸릴 가능성이 높아집니다. 산책에 가지 못할 때를 위해 실내에서도 배설할 수 있도록 훈련을 해 두면 좋습니다. 구체적인 방법으로는 산책 중에 배설 타이밍에서 배변 시트를 깔고, 그 위에서 배설하면 칭찬을 해주어 배변 시트 위에 배설하는 것을 좋은 일이라고 기억하게 해주세요. 그 배변 시트를 깐 장소를 서서히 집과 가깝게 합니다. 그러면 최종적으로 실내의 배변 시트에서도 배설할 수 있게 되겠지요.

싸움을 해서 부상을 입어 피가 나올 때 집에서 할 수 있는 대처 방법은?

출혈이 가벼운 경우에는 거즈 등을 상처에 대고 지혈을 합니다. 출혈이 멈추고 난 후 가능하다면 붕대를 두르고 개가 핥지 못하도록 엘리자베스 칼라 등을 장착해 주세요. 개의 입안에는 많은 세균이 있기 때문에 출혈이 가벼워도 상처가 곪을 수 있습니다. 출혈이 멈췄다고 해서 상처를 그대로 두지 말고 빨리 동물병원에 데려가서 수의사의 진료를 받도록 하세요.

병을 앓고 난 뒤에 반려견이 원하면 산책에 데려가도 괜찮을까요?

병의 종류나 중증도에 따라서 다르기 때문에 담당 수의사에게 상담을 받아 보면 어떨까요? 병후에는 기본적으로 안정이 필요합니다.

포피염이란 무엇인가요?

포피염이란 수컷의 생식기 바깥쪽 표면과 그것을 둘러싼 포피 안쪽에 염증이 생겨 포피가 붓거나 백색 또는 황색, 때로는 녹색의 농이 나타나는 것을 말합니다. 통증이나 불쾌감으로 생식기를 자주 핥는 등의 증상도 흔히 나타납니다. 포피염의 원인은 대부분이 세균감염에 의한 것으로, 어떤 원인으로 포피 내에 상존하는 세균 밸런스가 붕괴되어 세균이 이상증식하여 발병합니다. 중증의 포피염 치료에는 동물병원에서 진료를 받고 항생제 투여와 포피 세정과 소독을 실시할 필요가 있습니다. 경증의 경우나 예방을 위해서는 자택에서 미온수나 약용샴푸 등으로 포피를 세정하는 것이 효과적입니다.

유선종양이란 무엇인가요?

유선종양은 적절한 시기에 중성화를 하지 않은 암캐에게 가장 많이 나타나는 종양 중 하나입니다. 유두 주위의 부기나 망울의 존재에 의해 발견됩니다. 개의 경우는 반은 양성이고 반은 악성입니다. 악성의 경우에는 진행이 빠르고 폐나 뼈 등에 전이를 일으키면 치료가 어려워져 죽음에 이릅니다. 양성의 경우에도 도중에 악성으로 변화되거나 거대화 되어 괴사하여 출혈을 일으키거나 농이 나오게 되는 경우도 있습니다. 유선종양이 악성인지 양성인지를 판단하기 위해서는 병리조직검사가 필요합니다. 마취를 해서 유선의 망울 일부 또는 전부를 채취할 필요가 있어서 일반적으로는 외과수술 시에 병리조직검사도 함께 실시합니다. 유선종양은 악성의 경우라도 전이를 보이기 전에 완전히 떼어낼 수 있다면 완치를 기대할 수 있습니다. 그러므로 조기진단과 조기의 적절한 외과수술이 중요합니다.

개에게는 초회발정(일반적으로 생후 6개월) 전에 난소적출을 포함한 중성화 수술(일반적으로 난소자궁적출술)을 실시하여 유선종양을 거의 예방할 수 있습니다. 중성화 수술을 적절한 시기에 실시하는 것은 아주 중요합니다.

자궁축농증이란 무엇인가요?

　자궁축농증은 피임수술을 하지 않은 암캐의 자궁 내에 세균이 감염되어 농이 내부에 고이는 매우 무서운 병입니다. 이 병은 중년 이상의 노령견에게 생기기 쉽고 출산을 경험하지 않은 개가 더 발병하기 쉽다고 합니다. 자궁축농증이 발병한 개의 대부분은 전조징후로 발정이 없거나 발정 시기가 비정기적이 되거나 발정이 길어지며, 혹은 단기간에 반복 발정 징후가 있는 등의 이상이 보입니다. 발병하기 1~2개월 전에 이상한 발정이 보이는 경우도 많습니다. 또한 음부를 자주 핥거나 점액이 보이는 등의 증상, 또는 발열, 다음·다뇨, 배가 부푸는 등의 증상도 종종 보입니다. 방치하면 자궁파열이나 패혈증에 의해 죽음에 이르는 병이기 때문에 바로 동물병원에서 진료를 받아야 합니다. 자궁축농증 등의 자궁질환은 중성화수술에 의해 100% 예방할 수 있는 병이므로 나이가 어릴 때 적절한 중성화 수술을 받은 개는 이환될 일이 없습니다.

지루증이란 무엇인가요?

　개의 지루증에는 피지가 많아져 피부나 피모가 끈적끈적한 경우(습성지루)와 건조하여 비듬이 많아지는 경우(건성지루)가 있습니다. 지루증의 원인은 알러지성 피부염이나 농피증 등의 피부 질환 시에 종종 보입니다. 피부의 가려움이나 세균 감염이 나타나기 쉽게 되며 체취도 강해집니다. 원인에 따라 근본적인 치료법이 달라지기 때문에 지루증이 신경 쓰이는 개는 동물병원에서 한 번 진료를 받아 보는 것을 추천합니다. 치료는 원인 질환의 치료와 더불어 병의 상태에 맞는 약용 샴푸를 사용하여 자택에서 목욕하는 것이 효과적입니다.

고관절에 일어나는 질병에 대해 가르쳐 주세요. 그리고 걸리기 쉬운 견종이 있나요?

소형견과 대형견이 걸리기 쉬운 질병은 각각 다릅니다. 모든 견종에게 공통적인 고관절 질환으로는 교통사고나 높은 곳에서 떨어지는 것에 의한 고관절탈구가 있습니다. 고관절탈구의 정복은 수술이 필요한 경우도 많습니다. 그러나 사고 직후라면 수술을 하지 않고 치료할 수 있는 경우도 있습니다. 토이 푸들 등의 소형견에게 많은 고관절 질환으로는 대퇴골 골두(骨頭)의 혈액순환이 안 좋아져 일어나는 레그페르테스병(무균성대퇴골골두괴사증)이 유명하며 한쪽, 또는 양쪽의 걸음걸이에 이상이 보입니다. 악화되면 통증이 강해지며 외과수술(골두절제술)이 필요하게 됩니다. 한편, 골든 리트리버나 래브라도 리트리버 등의 대형견에서는 고관절이나 대퇴골골두의 형태이상을 특징으로 하는 고관절형성부전증(hip dysplasia)이라는 유전성 질환이 유명합니다. 고관절형성부전증은 중증도가 다양하게 진행되며 고관절의 변형성관절증이나 고관절탈구가 보이는 경우도 있습니다. 고관절형성부전증의 치료는 경증이라면 체중관리나 진통제, 보조제의 복용으로 컨트롤됩니다. 하지만 중증이라면 외과적 치료가 필요하게 됩니다. 대형견의 고관절형성부전증 수술은 동통완화나 최소한의 기능회복을 목적으로 실시하기 위한 수술 방법과 완전한 뒷다리의 기능회복을 목적으로 하는 수술 방법이 있습니다. 고관절의 기능을 완전히 회복시키기 위해서는 인공관절로 교체하는 방법이 일반적입니다. 전문병원에서의 수술이 필요합니다.

이첨판폐쇄부전증이란?

좌심방과 우심방 사이에 있는 이첨판이 안 좋아져서 꽉 닫히지 않게 되는 병입니다. 개에게 가장 많은 심장병입니다. 노령의 소형견에게 많이 발생하며 증상은 기침(사람의 기침과는 달리 개의 기침은 목에 무언가 걸린 것 같은 느낌), 운동 시에 쉽게 지치거나 호흡이 나빠지거나 식욕이 없어집니다. 병이 악화되면 폐수종(폐에 물이 차오름)이 동반되고 기침이 심해지거나 호흡곤란이 되거나 졸도하기도 합니다. 노령견 세 마리 중 한 마리는 이 병을 가지고 있다고 이야기할 정도이므로 평상시에 동물병원에서 정기적으로 건강검진을 받을 필요가 있습니다. 병이 진행되고 나서 증상이 나타나기 때문에 증상이 없다고 안심해서는 안 됩니다. 치료는 다양한 약이 있어서 그것을 먹습니다. 특히 카발리에 킹 찰스 스패니얼이나 말티즈 등은 유전적인 요인이 있으므로 주의가 필요합니다.

항문낭염이란 무엇인가요?

항문낭이라는 주머니가 항문을 중심으로 5시와 7시 방향에 있습니다. 항문낭에는 분비물이 쌓여 있어서 배변할 때 변과 함께 배출됩니다. 독특한 냄새가 있는데, 뭐라고도 설명할 수 없는 고약한 냄새여서 영역 등을 과시하기 위해 있다고 합니다. 이것을 무기로 사용하는 것이 바로 스컹크지요.

항문낭염이란 이 항문낭이 염증을 일으켜 분비물이 배출되기 어려워져서 생기는데, 항문낭에 분비액이 과도하게 저류하여 심한 경우에는 파열됩니다. 통증이 아주 심하지요. 분비물이 항문낭에 저류하면 개는 엉덩이를 지면에 문지르는 동작을 합니다. 이런 때 동물병원에 데려가서 항문낭을 짜면 질병이 되는 것을 예방할 수 있습니다. 정기적으로 항문낭을 짜면 더욱 좋겠지요. 항문 주위가 붓거나 파열되면 심한 통증을 일으키므로 진통제와 소독, 항생제를 투여하는 치료를 합니다. 때때로 항문낭 적출술을 실시하기도 합니다. 이 질병은 소형견에서 많이 보입니다.

심장사상충증이란 무엇인가요?

모기에 의해 매개되는 기생충병입니다. 감염되면 심장이나 폐동맥 속에 소면 같은 하얀 실 모양의 벌레가 기생하게 됩니다. 이 기생충에 의해 폐동맥이 손상을 입음과 동시에 변형되며 심장병이 병발합니다. 기침, 복수, 흉수 등이 나타나며, 운동 후에 축 늘어지거나 배가 부풀거나 호흡곤란이 일어납니다. 대증요법으로 치료하지만 중증일 때는 치료할 약이 없습니다. 이 무서운 병도 예방약을 월 1회 투여하면 100% 예방효과가 있습니다. 참고로 약이 아닌 주사 타입 예방약도 있습니다. 애견용 모기향도 시판되고 있지만 효과는 기대할 수 없습니다. 100% 예방할 수 있는 약이 아니라면 의미가 없기 때문이지요. 단, 이런 예방약은 감염된 개에게 사용하면 부작용이 일어나기 때문에 지시가 필요한 약으로 되어 있습니다. 반드시 동물병원에 가서 혈액검사를 받고난 뒤 처방을 받으시기 바랍니다.

개 렙토스피라증이란?

렙토스피라에는 몇 가지 종류가 있는데, 그 세균들이 개에게 감염되어 발병합니다. 모든 포유류에게 감염되며 신장병이나 간질환 등을 일으키고, 수일 만에 죽음이 이르는 경우도 있습니다. 증상은 다양하며 활기가 없다는 증상만 있기도 하지만 황달이나 출혈 등의 위중한 증상이 나타나는 경우도 있습니다. 항생제 등으로 치료하지만, 백신이 있기 때문에 정기적으로 접종을 해 주세요. 연못이나 늪, 강 등에서 렙토스피라균이 있는 경우가 있으므로 레저활동을 하는 경우에는 특히 주의가 필요합니다. 사람에게도 감염됩니다.

개 코로나바이러스 감염증이란?

이 바이러스는 설사나 무른 대변 등의 증상을 나타내지만, 성견에게 감염되었을 때 특별히 증상을 나타내지 않는 경우가 많은 질병입니다. 단, 강아지나 몸이 약한 성견 등에게는 구토와 설사 등의 증상이 지속적으로 나타나 탈수증상이 되는 경우도 있습니다. 특히 무서운 것은 개의 파보바이러스와 혼합 감염되는 것인데, 이런 경우에는 중증화 됩니다. 대변 속에 바이러스가 배설되어 그것을 섭취한 개에게 감염되기 때문에 대변의 위생적인 처리가 필요합니다. 강아지 때는 다양한 감염증에 취약하기 때문에 제대로 된 백신접종을 하는 것이 이런 감염증을 예방하는 데에 효과적입니다.

개 전염성간염이란 무엇인가?

이 병은 개의 아데노바이러스(1형)에 감염되어 발병합니다. 증상은 구토, 설사, 발열, 통증 등이 나타납니다. 혈액검사에서 간수치가 높으며 쇼크 증상이 나타나는 중증 예는 몇 시간 만에 사망에 이르는 경우도 있습니다. 대증요법으로 치료하며, 예방에는 백신접종이 효과적입니다.

켄넬코프(kennel cough ; 전염성기관지염)이란?

　켄넬코프를 직역하자면 개의 기침이라는 의미가 됩니다. 개 아데노 바이러스 2형과 개 파라인플루엔자, 보데텔라라는 세균 등이 단독 또는 혼합감염 되어 기관지염, 폐렴 등을 유발합니다. 이름대로 기침을 하지만 발열, 콧물을 나타내기도 하며 대부분은 폐렴을 동반합니다. 강아지는 특히 주의가 필요하며 폐렴이 개선되지 않으면 사망하는 경우도 있습니다. 이런 질병은 공기로 전염되므로 기침을 하는 개가 가까이에 있는 것만으로 다른 개에게 감염될 가능성이 있습니다. 백신접종은 이 질병을 예방하는 데에 효과적입니다.

개 디스템퍼란 무엇인가요?

　개 디스템퍼 바이러스에 의해 유발되는 매우 성가신 전염병입니다. 강아지가 가장 걸리기 쉽지만, 백신접종이 불확실한 성견이나 노령견에게도 발병합니다. 증상은 광범위하며 전형적인 것은 간질발작, 틱 등의 신경증상을 나타냅니다. 고열, 설사, 눈곱, 점점 살이 빠지는 것, 후지마비, 폐렴증상 등 언뜻 보기에 디스템퍼와는 관계없는 것 같은 증상을 보이기도 합니다. 대증요법을 실시하지만 사망률이 높습니다. 정기적인 백신접종을 하여 예방에 힘쓰는 것이 매우 중요합니다.

이가 빠졌는데, 왜 그런 것이죠?

강아지라면 유치가 영구치로 다시 자라나기 위해 빠지는 것입니다. 이것은 대개 약 3개월 부터 7개월 까지 일어납니다.

또한 치주질환 때문에 이가 빠지는 경우도 있습니다. 치주질환은 이가 빠지는 것만이 아니라 이와 턱뼈를 녹이거나, 농이 차거나, 얼굴에 구멍이 뚫려 그곳에서 농이 나오기도 합니다(외치샛길). 또한 세균이 혈류를 타고 심장이나 신장 등 다른 장기에도 영향을 주는 무서운 병입니다. 어렸을 때부터 양치질에 신경 쓰며 입안을 청결하게 유지하여 주세요.

치주질환은 결코 노령견만의 질병이 아닙니다. 치주질환이 심한 경우는 4~5살이라도 이가 빠지는 경우가 있습니다.

만성적인 설사가 계속 되는데요. 원인이 무엇인가요?

만성적인 설사의 경우, 강아지라면 회충, 편충, 십이지장충 등의 기생충이나 콕시듐, 지알디아, 트리코모나스 등의 원충에 의한 것이 일반적입니다. 그 외에 염증성장염, 단백누출성장염, 만성췌장염, 종양, 감염증, 알러지, 중독 등 다양한 원인에 의해 일어납니다. 또한 회음허니아나 장폐쇄, 변비 등으로 설사를 하는 경우는 단단한 변이 그 부위를 통과하지 못하면 변 주위로 설사변만 통과되어 배설되는 경우도 있습니다. 이 같은 경우에 지사제를 투여하면 더욱 악화됩니다.

코의 까만 부분이 벗겨져 버렸습니다. 어떻게 대처하면 좋을까요?

어딘가에 쓸려서 까만 부분이 벗겨진 거라면 소독을 한 뒤 그대로 경과 관찰을 합니다. 조금씩 좋아집니다. 면역질환 등의 질병으로 인해서는 코 어딘가가 변색되거나 탈락되거나 하는 경우도 있습니다. 그러므로 너무 심한 것 같을 때는 동물병원에서 진료를 받아보도록 하세요.

병원에 가면 충분히 검사를 하지 않고 약을 처방합니다. 개선되지 않아서 세컨드오피니언(second opinion)을 고려하고 있는데요. 괜찮을까요?

어찌 되었든 키우는 동물의 질병을 빨리 치료해주고 싶은 것이지요. 현재 치료하고 있는 병원의 검사나 치료방침이 납득 가지 않는 경우에는 동물의 질병을 치료하는 것이 제일 먼저입니다. 주인의 판단으로 납득할 수 있는 병원을 찾아보는 것도 방법이라고 생각합니다.

식사에 대해서

수유기부터 이유기까지의 식사에서 신경을 써야 할 부분이 있나요?

수유기에서는 어미에게 필요한 에너지와 더불어 강아지나 새끼 고양이의 성장에 맞춘 수유를 하기 위해 라이프스테이지 중에서도 가장 에너지 요구량과 수분요구량이 증가하는 시기입니다. 그렇기 때문에 소화성이 좋고 에너지밀도가 높으며 단백질·칼슘 함량이 많은 먹이를 급여해야 합니다. 이것은 성장기·번식기용 먹이로서 판매되고 있습니다. 또한 겨울철이라면 음수량이 저하되므로 먹이를 물에 불려서 주어도 좋습니다.

유견의 식사는 어떤 것을 주면 좋을까요?

성장기에는 몸의 유지나 활동만이 아니라 성장을 위해서도 에너지와 영양소가 필요하기 때문에 고칼로리, 고영양의 강아지(성장기)용 먹이를 주도록 합시다. 또한 강아지는 소화기 기능도 충분히 발달되어 있지 않아서 소화와 흡수가 좋은 먹이를 주어야 합니다. 그리고 하루에 먹는 양을 3~4회로 나누어 급여하도록 합니다.

반려견이 먹이 냄새를 맡기만 하고 먹지는 않습니다. 왜 그런 걸까요?

개나 고양이의 먹이에 대한 선호도(기호성)을 결정짓는 큰 요인은 냄새·맛·질감입니다. 그렇기 때문에 식욕을 자극하기 위해서는 먹이를 사람의 체온 정도로 데우면 냄새가 살아나 기호성이 좋아지는 경우도 있습니다. 또한 일반적으로 개는 건사료보다 습식사료를 좋아하기 때문에 건사료를 불려서 주면 기호성이 좋아지기도 합니다. 불릴 때 미지근한 물만이 아니라 육수나 치킨스프를 사용하는 것도 좋은 방법입니다.

개와 고양이를 키우고 있는데요. 고양이가 먹고 남긴 것을 개가 먹습니다. 아무 문제없을까요?

고양이 사료는 개 사료와 비교하여 단백질이 많이 함유되어 있는 경우가 많기 때문에 신장질환, 위장질환, 간질환 등으로 단백질 제한이 필요한 경우에는 주지 않도록 해야 합니다. 건강한 개라면 과식에 의한 비만에 주의해 주세요.

개가 병원에서 받은 고양이 먹이의 남은 것을 먹었습니다. 아무 문제없을까요?

병원에서 나온 치료식은 각각 질병이나 증상에 맞춘 처방식입니다. 그래서 기본적으로는 다른 개체에게 주지 않도록 해야 합니다. 또한 개와 고양이에게는 식성과 신체 구조가 다르기 때문에 필요한 영양소도 달라집니다. 장기적으로 서로의 식사를 계속해서 먹는 것은 바람직하지 않습니다.

제대로 식사를 준다면 간식은 필요 없는 것인가요?

영양학적으로는 제대로 된 식사를 준다면 간식은 필요 없습니다. 그러나 간식은 훈련을 위한 포상이나 영양 보조, 커뮤니케이션을 도모하기 위한 도구로서 요긴하게 쓰입니다. 또한 간식은 개 사료만으로는 얻을 수 없는 '먹는 재미'를 개에게 선사할 수 있습니다. 단, 간식의 질과 양에는 주의가 필요합니다. 대부분의 간식은 고칼로리로 영양소가 치우쳐져 있으며, 사람의 입장에서는 조금 주는 것도 개에게는 꽤 많은 양이라서 비만이 되거나 편식하게 될 지도 모릅니다. 따라서 간식을 줄 때는 각각의 몸 상태 등을 고려하면서 하루에 필요한 칼로리의 10%이내의 양을 주도록 해야 합니다. 그리고 같은 칼로리의 사료량을 줄이도록 합니다.

개에게 고양이 사료를 주어도 괜찮은가요?

개와 고양이는 필요로 하는 영양소가 다릅니다. 개는 잡식성이며 고양이는 육식성이기 때문에 고양이는 개보다 단백질이 많이 필요합니다. 또한 고양이는 몸에 필요한 타우린이나 비타민 A를 체내에서 만들 수 없습니다. 따라서 고양이 사료는 개 사료와 비교하여 고단백에다가 고칼로리, 게다가 염분이 많은 타우린이 함유되어 있습니다. 그러므로 개의 입장에서는 고양이 사료가 더 맛있게 느껴질 수 있습니다. 하지만 지속적으로 주면 칼로리를 너무 많이 섭취하여 비만이 되기 쉽거나, 염분을 과도섭취하게 되어 내장에 부담도 커지기 때문에 신장질환을 포함한 다양한 질병의 원인이 됩니다. 이런 점에서 개에게는 고양이 사료를 주지 않도록 해야 합니다.

고기를 데쳐서 먹이고 있는데요. 괜찮은가요?

데친 고기를 주는 것은 기본적으로 금지사항은 아니지만 그것이 주식이 되지 않도록 합시다. 데친 고기만으로는 필요한 영양소를 보충할 수 없습니다. 전체 칼로리와 단백질 함량, 그리고 필요영양소를 고려하면서 주도록 합시다.

개 사료와 간식만 주고 있는데요. 괜찮나요?
간식을 줘도 되는 건가요?

영양 밸런스를 갖춘 개 사료를 주고 있다면 쌀, 야채, 간식을 전부 합하여도 전체의 10% 이내, 되도록 5% 이내로 한정시키는 것이 무난합니다. 또한 맛이 강한 간식을 주면 주식인 개 사료를 먹지 않게 될 경향이 있습니다. 대표적인 예로 육포나 반 건조 타입의 간식이 그렇습니다. 간식은 되도록 담백한 맛이 있는 것을 고릅시다.

생 채소를 먹여도 괜찮나요?

파 종류 등 먹이면 안 되는 채소 이외에는 큰 문제가 없습니다. 단, 대량 섭취를 하면 문제가 되는 성분을 포함한 채소도 있습니다. 과도한 섭취는 삼가해 주세요.

개 사료를 좀처럼 먹지 않습니다.
수제 먹이를 만들어야 하나 고민됩니다. 좋은 방법이 있을까요?

수제식은 급여하는 원재료를 제한하기 쉽고 선택의 폭이 넓기 때문에, 특히 음식물 알러지가 있는 개체에게 적합합니다. 단백질 함량, 지방, 탄수화물 밸런스에 미량원소나 미네랄 밸런스를 취하면서 칼로리 계산을 하며 조리하는 것은 충분히 가능합니다. 레시피에 대해서는 인터넷을 포함하여 다양한 방법으로 소개가 되어 있기 때문에 근거가 충분한 것을 선택하는 것이 좋습니다.

수제 먹이는 사료보다 좋을까요?

　수제 먹이의 경우 일단 좋은 점은 사용되는 소재가 안전한 것이라는 사실을 안다는 점입니다. 또한 기호성에서도 갓 만든 것은 풍미와 온기가 있어 사료보다도 뛰어나다고 생각합니다. 영양 밸런스에 대해서는 종합영양식인 사료의 손을 들어줄 수밖에 없습니다. 개 사료는 많은 소재를 사용하여 개가 영양으로 이용 가능한 상태로 가공·조리한 것입니다. 같은 소재를 준비하여 직접 가공·조리를 하는 것은 엄청나게 수고가 드는 일이며 영양의 과부족이 있을 때는 매일같이 레시피를 바꾸며 밸런스를 유지해야 합니다. 또한 이런 경우에는 변의 상태도 불안정하게 되기 쉽습니다. 즉 수제 먹이만을 주는 것 보다는 신뢰할 수 있는 개 사료(종합영양식)에 조금이라도 밸런스를 파괴하지 않을 정도의 수제 먹이를 더해주는 편이 간단할 수 있습니다.

반려견 수에 맞춰 수제식을 주고 있습니다. 체중과 몸길이에 따라 식사내용도 바뀌는데요. 각각에 맞는 칼로리를 계산하는 방법이 있을까요?

　그것은 키우고 있는 개들의 적정체중이 문제가 됩니다. 수의학에서는 체중의 적정을 표현하기 위해 'Body Condition Score(BCS)'를 사용하여 체격을 5단계로 평가하고 있습니다. 일단 동물병원에 가서 BCS가 3(적정)인지를 확인해 보도록 합시다. 그렇다면 에너지의 필요량에 대해서는 개가 무엇도 하지 않고 단지 살아가기만 하는 에너지를 '기초소비에너지(BER)'라고 부릅니다. 일반적인 생활의 경우, 개는 BER의 약 2배 에너지가 필요하며 이 에너지를 '유지에너지량'이라고 합니다. 이것을 기준으로 다양한 상황에서 필요한 에너지가 변화합니다. 예를 들면 연령층, 중성화 수술의 유무, 임신과 포유, 사육 환경(실내외), 계절(온도), 운동량, 질병이나 외상 등으로 크게 칼로리 필요량이 달라집니다. 또한 '가소화에너지(음식을 먹고 칼로리로 이용하는 것)'가 사람과 개는 다르기 때문에 일반적인 칼로리 계산은 개에게 통용되지 않습니다. 대답은 되지는 않을 것이라고 생각하지만, 위에 언급한 것을 고려하면 신뢰할 수 있는 개 사료를 선택하는 것이 현명하다고 생각합니다. 앞서 말한 모든 단계를 고려한 것이 이미 판매되고 있습니다. 지금 한번 검토를 해보면 어떨까요?

개 사료의 보관방법은?

　기본적으로 직사광선을 피하여 온도변화가 적은 곳에 보관하며 유통기한 내에 모두 사용하도록 해야 합니다. 건사료는 개봉 후에 가급적 빠른 시일 내에 먹어야 하고, 1개월 이내에 모두 먹을 수 있는 양을 구입합니다. 습식사료는 개봉 후 되도록 빨리 먹어야 하며 보존하는 경우는 유리나 도기 소재의 용기에 옮겨 랩을 두르거나 밀봉용기에 넣어서 반드시 냉장보존 해 주세요. 또한 날것과 마찬가지로 수 일 내에 다 먹도록 합시다.

개 사료의 종류가 여러 가지 있는데요. 무엇을 선택하는 게 좋을까요?

　개 사료를 선택할 때에 기준이 되는 것은 영양의 조성, 원재료, 품질 그리고 첨가물입니다. 필요한 영양소를 균형있게 섭취할 수 있는 종합영양식을 선택합시다. 최근에는 성장과정에 맞춘 것뿐만 아니라 알러지에 대해 배려하는 것이나 다이어트용 저칼로리인 것 등 기능별로 나누어 조성한 제품도 늘고 있습니다. 각각의 개체에 맞춘 사료를 선택하도록 합시다. 품질은 거의 개 사료의 가격에 맞춰 원재료가 사용되고 있다고 생각할 수 있습니다. 신뢰할 수 있는 브랜드와 가격도 고려하면 좋겠지요. 보존료나 착색제가 많이 사용된 것은 피하도록 합시다.

　또한 타입 별로 사료에 포함된 수분량에 따라 드라이·세미 모이스트·웨트 3가지 타입으로 나뉩니다. 각각의 특징으로서 건사료는 수분량이 10% 정도로 다른 두 가지에 비해 보존성이 우수하며 경제적입니다. 수분함량이 아주 적기 때문에 반드시 신선한 물과 함께 급여해야 합니다. 세미 모이스트 사료(이른바 반 건조 타입)는 수분량이 20~35% 정도로, 건사료와 비교하면 부드럽기 때문에 먹기 쉽습니다. 그러나 수분량이 건사료에 비하여 많은 탓에 보존료를 많이 사용하는 경우가 있다는 것과 습윤 조절제를 사용하는 것이 거의 대부분이므로 주의가 필요합니다. 마지막으로 웨트 사료(캔이나 파우치)는 수분량이 70% 이상으로, 다른 두 가지와 비교해서 고가이며 기호성이 높습니다. 단, 보존을 잘 할 수 없기 때문에 개봉 후에는 빨리 먹어야 합니다.

사료만으로 영양의 치우침은 없나요?

　지금까지는 영양의 과부족, 내용표시 부족이나 신뢰도 등으로 개 사료에 대해 불안이 많았습니다. 그 중에서도 이전보다 'AAFCO(미국사료검사협회)의 기준을 충족한다'고 포장에 기재가 되어 있는 것은 선택 기준의 하나가 되었습니다. 2009년 6월 1일 일본에서도 반려동물 사료 안전법이 시행되어 명칭, 유통기한, 원재료명, 원산지, 제조사명, 주소 등의 기재가 의무화 되었습니다. 포장에 '반려동물 사료 공정취인협의회'라고 기재되어 있는 경우도 마찬가지로 신뢰할 수 있는 것입니다. 또한 '일반식'이 아닌 '종합영양식'이라고 쓰여 있다면 괜찮습니다.

캔과 건사료 중 어느 것을 주는 것이 좋은가요?

　어느 쪽이라도 제대로 된 종합영양식이라면 기본적으로 아무 문제없습니다. 건사료는 대부분의 경우 주식으로 사용되는 타입입니다. 수분함량이 적고 경제적이며 보관이 용이합니다. 한편, 캔에는 많은 수분이 함유되어 있어서 g당 칼로리가 적고 건사료와 비교하여 많은 양을 먹게 됩니다. 또한 부드럽기 때문에 어렸을 때부터 먹으면 치석이 생기기 쉬운 단점도 있습니다. 그러나 겨울철 등 수분량이 감소하는 계절이나 음수량이 적을 경우, 소화·흡수 능력이 저하되는 노령 동물에게는 좋습니다. 단, 캔 사료 중에는 종합영양식이 아닌 것도 많기 때문에 반드시 일반식 또는 간식이라고 적히지 않은 제품을 고르는 것이 좋습니다.

사람이 먹는 것을 개에게 줘도 괜찮나요?

사람의 음식에는 많은 염분과 당분이 포함된 것이 많고 비만이나 다양한 질병과 연결되기 쉽기 때문에 기본적으로 주지 않도록 해야 합니다. 또한 양념이 연해도 그 중에서는 개가 먹어서는 안 되는 것이 포함되어 있을 경우가 있기 때문에 주의가 필요합니다. 특히 양파나 초콜릿에는 주의가 필요합니다. 이런 식품은 사람이 먹으면 해가 없지만 개와 고양이에게 주면 중대한 부작용을 초래하기도 합니다. 무심코 주거나 개가 마음대로 먹을 수 있는 장소에 두지 않도록 합시다.

성장에 맞춰 사료를 바꾸는 편이 좋은가요?

사람과 마찬가지로 개와 고양이도 각각의 라이프 스테이지(연령, 체질, 환경, 운동량)에 따라 필요한 영양 밸런스가 달라집니다. 예를 들어 강아지나 새끼 고양이는 성장하기 위해 몸을 만드는 영양소가 많이 함유된 식사가 필요합니다. 그리고 노령의 개와 고양이에게는 질병 등을 배려한 식사나 소화·흡수 능력이 저하되기 때문에 소화에 좋은 식사가 필요합니다. 또한 살찌기 쉬운 체질인 개체에게는 칼로리가 억제된 식사를 주지 않으면 비만이 됩니다. 그러므로 성장에도 각각의 라이프 스테이지에 맞으며 필요한 영양소를 채운 식사를 주도록 합시다.

유견~성견이 되기까지의 먹이는 양과 내용은 구체적으로 어떻게 되나요?

각각의 견종, 성장과정이나 먹이의 칼로리에 따라 급여량이 정해집니다. 일단 각각의 견종에 관해서 연구된 자료를 참고하여 월령에 따라 급여하는 칼로리를 참고하여 급여량을 결정해 주세요. 그 급여량을 지키며 급여하는 것과 관계없이 체중이 늘어나거나 혹은 줄어든다면 기준량을 증감합시다. 애견 사료가 시판되기 시작했을 때쯤의 1일 급여량은 개의 머리 부분정도의 양이 기준이었습니다. 그러나 최근에는 사료가 개선되어서 100g당 칼로리 수도 제각각이기 때문에 패키지 라벨에 기재되어 있는 칼로리 수를 체크해 볼 필요가 있습니다.

자세한 것은 인터넷 검색에서 '애견 사료 급여량 표'라고 키워드 검색을 해보면 기재되어 있습니다.

일단은 반려견 연령에 맞춰 참고할 표를 정하여 주세요.

성견의 경우

1. 반려견에 해당하는 크기(초소형견·소형견·중형견·대형견)를 고른다
2. 반려견에 해당하는 체중을 고른다
   ※ 비만이나 야윈 것 같은 기미가 보이는 분들은 급여량을 수의사와 상담하여 주세요.
3. 계절을 선택한다

예: 초소형견 체중5kg 봄인 경우

- 초소형견 / 체중5kg / 봄·가을 란을 참조
- 1일 급여량 = 130g
- 1일 2~3회로 나누어 급여한다 → 1일 2회 줄 경우에는…

1일 당 급여량 = **65g**

유견의 경우

1. 반려견에 해당하는 크기(초소형견·소형견·중형견·대형견)를 고른다
2. 반려견에 해당하는 생후 일 수를 고른다

예: 소형견 생후 60일 체중2kg인 경우

- 소형견 / 생후60~120일 란을 참조
- 1일 급여량 = 체중 3.5~4% -〉 2kg x 4%=80g
- 1일 3~4회로 나누어 급여한다 -〉 1일 4회 줄 경우에는…

1일 당 급여량 = **20g**

※견종란은 참고 예입니다.

급여 방법(급여량의 기준)

성견에게 급여하는 1일 기준량 340kcal / 100g

분류	체중	견종(예)	봄·가을	여름	겨울
초소형견	1kg	치와와	40g	35g	45g
	2kg	포메라니안	65g	60g	70g
	3kg	토이푸들, 요크셔테리어, 말티즈, 카니헨 닥스훈트	90g	80g	95g
	4kg	미니어처 닥스훈트	110g	100g	120g
	5kg	빠삐용, 미니어처 슈나우저, 시추, 미니어처 핀셔	130g	120g	140g
소형견	7kg	퍼그	170g	150g	180g
	8kg	시바견	180g	170g	200g
	10kg	코기, 비글	220g	200g	240g
중형견	13kg	잉글리시 코카 스파니엘	270g	240g	290g
	17kg	기슈견, 보더 콜리	330g	290g	360g
	22kg	차우차우, 에어데일 테리어	390g	350g	430g
대형견	28kg	골든 리트리버	470g	430g	520g
	35kg	셰퍼드	560g	500g	610g
	40kg	아키타견, 보르조이	620g	560g	680g
	50kg	그레이트 피레니즈	730g	660g	800g

임신·수유기 모견에게는 위 급여량의 1.5~2.5배를, 아침·점심·저녁·밤 등 1일 3~4회로 나누어 급여하여 위장의 부담을 줄여 주세요.

유견에게 급여하는 1일 기준량
(아침·점심·저녁·밤 등 1일 3~4회로 나누어 급여합시다)

분류	생후 21~45일	생후 45~60일	생후 60~120일
초소형견	자견 이유식 도그밀을 급여하여 주세요	체중의 4.0~10.0%	체중의 4.0~6.0%
소형견		체중의 4.0~7.0%	체중의 3.5~4.0%
중형견		체중의 4.0~6.0%	체중의 3.0~3.5%
대형견		체중의 2.5~5.0%	체중의 3.0%

생후 120일 이후부터 성견이 되기까지는 체중의 2.5~4.0%를 기준으로 급여하여 주세요.

식사는 하루에 몇 번 주는 게 좋나요?

식사 횟수의 기준은 성견과 성묘인 경우 1일 1~3회 정도이지만, 되도록 아침, 저녁 2회 이상이 바람직합니다. 또한 강아지나 새끼 고양이는 1일 3~4회로 나누어 주도록 해주세요. 공복 시간이 길면 구토 등의 원인이 되기도 합니다. 식기는 같은 것을 씻어서 매회 쓰며 식사 장소는 차분하게 먹을 수 있는 곳으로 정합니다. 먹이가 남을 경우에는 남은 것에 더 보충해서 주지 말고 일정시간이 지나면 정리하여 매번 새로운 먹이를 주도록 합시다.

우유를 줘도 괜찮나요?

주면 안 되는 것은 아닙니다. 그러나 개나 고양이는 우유 속에 함유된 유당을 분해하는 효소가 충분하지 못하기 때문에 우유를 잘 소화할 수 없어서 설사를 일으키는 경우가 있습니다.

유제품에도 마찬가지로 주의가 필요합니다. 치즈나 요구르트 등 발효에 의해 유당이 분해된 것은 이 위험성을 저하시켜 줍니다. 애견용 우유, 고양이용 우유 등이 있습니다. 하지만 이런 것들이 개와 고양이용으로 특별히 만들어진 것인지는 제품에 명시되어 있지 않습니다.

우유를 주면 왜 설사를 하나요?

개에게는 우유에 함유된 '유당'을 분해하는 효소인 '락타아제'의 분비가 아주 적기 때문에 우유를 마시면 설사를 하는 경우가 많습니다. 유럽과 미국인에 비해 일본인도 그런 경향이 있습니다. 개인차는 있지만 일정량 이상 섭취하여 복통이나 설사를 일으키는 것은 잘 알려져 있는 사실입니다. 개에게도 개체차이가 있으며 많이 마셔도 문제없는 개체도 있지만 위험을 감수하며 줄 필요는 없다고 생각합니다. 유당이 함유되어 있지 않은 애견용 우유도 시판되고 있습니다. 꼭 줘야할 필요가 있다면 그런 제품을 선택해야 하겠지요.

요구르트는 먹여도 되나요?

원래 유제품에 알러지가 있는 경우나 우유를 마시고 설사를 일으키는 체질의 개에게는 유당이 분해된 요구르트를 포함하여 모든 유제품을 주지 않는 편이 좋습니다. 우유를 주면 배의 상태가 나빠지는 개는 원래 체질적으로 유당을 분해하는 힘이 약하기 때문입니다. 그러나 모든 개가 유당에 약한 것은 아닙니다.

요구르트는 유산균이 유당의 일부를 분해하기 때문에 우유보다 배에 영향을 잘 주지 않는 경우도 있습니다. 그렇기 때문에 우유로는 배의 상태가 나빠졌었던 개도 요구르트는 괜찮은 경우도 있습니다.

또한 요구르트에는 좋은 균도 많이 함유되어 있으며 면역력을 높여 주는 효과도 있기 때문에 바이러스 감염 등에 대해서도 강한 저항력을 발휘할 수 있습니다. 더욱이 요구르트의 유산균에는 장내환경을 조정하는 작용도 있기 때문에 요구르트를 먹어도 배가 아프지 않는 개라면 저당질의 요구르트를 주어도 문제없습니다. 대부분의 개는 요구르트를 좋아하므로 너무 많이 주지 않도록 주의합시다.

사료를 불려서 주는 것은 어떤가요?

강아지의 이유 시기나 노령견은 불린 사료를 주는 경우가 있습니다. 또, 충분한 수분 섭취를 위해서 불려서 주는 것은 효과적입니다. 하지만 불렸을 경우에는 먹이에 함유되어 있는 비타민이 파괴되어 버리므로 뜨거운 물이 아닌 미지근한 물로 불려주도록 합시다.

사료를 바꾸고 싶은데요. 어떤 부분에 주의하는 게 좋나요?

먹이의 급격한 교체는 소화기장애(구토, 설사 등)를 유발하는 원인이 될 가능성이 있습니다. 그런 점 때문에 1주~1개월에 걸쳐 서서히 변경하면 원활한 식사의 이행이 가능하게 됩니다. 변경 방법에는 몇 가지가 있는데, 지금까지 먹던 사료에 조금씩 새로운 사료를 섞어 주어 서서히 새로운 사료의 비율을 늘려가는 방법과 용기 두 개를 준비하여 각각에 지금까지 먹었던 것과 새로운 것을 넣어 서서히 변경해가는 방법 등이 있습니다.

물은 마시고 싶은 만큼 마시게 해도 괜찮나요?

　수분은 언제나 신선한 물을 마실 수 있도록 해 주세요. 수분 제한이 필요한 상황은 개나 고양이에게는 거의 없습니다. 물은 몸의 60~70%를 점유하고 있으며 그 중 15%를 잃으면 살아갈 수 없게 됩니다. 건강한 개와 고양이가 하루에 필요로 하는 수분은 체중 1kg당 약 50~60ml입니다. 그러나 고양이는 원래 사막지대 동물이기 때문에 개에 비해서 음수량이 적거나 식사에 포함된 수분량과 염분, 또 기온이나 습도 등의 환경 변화, 몸 상태에 의해 음수량이 달라집니다. 단, 수분을 급여할 때 시판 중인 미네랄 워터를 줄 경우, 미네랄 워터에는 미네랄이 많이 함유되어 있으며 그 미네랄 성분이 요로결석의 원인이 되는 경우가 있으므로 시판중인 미네랄 워터를 주지 않도록 주의해 주세요.

미네랄 워터는 결석이 생긴다고 들었는데, 정말인가요?

　경도가 높은 미네랄 워터에는 마그네슘이나 칼슘이 많이 함유되어 있습니다. 그렇기 때문에 스트루바이트결석(인산암모늄마그네슘)이나 수산칼슘결석의 위험이 높아지기 때문에 피해야 합니다. 그러나 마그네슘이나 칼슘의 섭취량만이 아니라 복잡한 인자가 뒤얽힌 결과에 의해 결석이 형성되므로 섭취량 등의 정도에 대해서는 불명확합니다.

알칼리 이온수를 먹여도 되나요?

꽤 많은 양의 알칼리 이온수를 계속 주는 것은 또 다른 이야기지만, 평소 마시는 물 정도의 섭취량으로 소변의 pH가 알칼리로 치우치는 일은 없다고 생각합니다. 그러나 개의 체질 등을 고려했을 때 일반 수돗물과 비교하면 결석이 생기기 쉬운 환경을 만들 가능성이 있습니다. 알칼리 이온수를 주면 안 되는 것은 아니지만 효능을 이해한 뒤에 주도록 합시다.

식사량은 어떻게 정하는 게 좋을까요?

영양소나 칼로리는 사료에 따라 달라집니다. 그러므로 기본적으로는 급여 중인 사료 라벨에 기재되어 있는 양을 기준으로 주도록 합니다. 단, 기준일 뿐이기 때문에 매일매일 남는 먹이나 몸 상태, 체중을 신경 쓰면서 각각에 맞는 양을 주도록 합니다.

먹이 종류와 변의 양은 관계가 있나요?

먹고 나서 영양이 흡수되며, 흡수되지 않고 남은 것(찌꺼기)이 변으로 배출되기 때문에 먹는 것에 따라 변의 양이나 모양 등이 바뀌는 경우가 있습니다. 예를 들면 개체차는 있지만 다이어트용으로 만들어진 섬유질이 풍부한 먹이를 주면 변의 양이 많아집니다. 또한 소화흡수에 좋은 먹이를 주면 변의 양이 적어지며 종류에 따라서는 냄새가 경감되기도 합니다.

먹고 남은 먹이를 그대로 두어도 괜찮나요?

먹고 남은 애견용 사료를 그대로 방치해 두면 서서히 풍미가 사라지며, 특히 습식사료의 경우에는 부패하게 됩니다. 또한 한번 입을 대 버리면 입 안의 잡균이 사료에 묻게 되어 위생적으로 좋지 않습니다.

먹고 남은 사료를 내 놓은 채로 두면 놀면서 먹는 것이 습관화되기 때문에 10분간 정도 기다려도 먹지 않는 경우에는 먹고 남은 사료를 정리하도록 해주세요. 먹이를 남기는 것이 일상화 될 경우에는 1회 분의 급여량이 너무 많을 수도 있기 때문에 남기지 않고 모두 먹을 수 있는 양으로 조정하여 주도록 합니다.

한참 성장 중인 유견의 칼로리 섭취량은 견종, 월령, 임신중, 수유중 등에 의해 달라지기 때문에 브리더나 펫샵, 동물병원 등에서 상담을 받고 급여량을 결정해 주세요. 펫샵 등에서 막 양도받은 유견에게는 먹이를 주는 횟수를 되도록 1일당 3~5회 정도로 자주 주며, 변이 물러지지 않을 정도의, 먹이를 남기지 않는 양을 적정량이라고 생각해 주세요. 물론 성장과 동반하여 급여량도 늘려가도록 해야 합니다.

고기만 먹으려고 합니다. 건강에 문제가 없을까요?

개의 조상은 육식으로, 현재는 잡식성 생물이라고 하며 약 1만 5천 년 정도 전부터 사람에게 식사를 급여 받게 되었습니다. 그러면서 개도 사람과 마찬가지로 잡식 동물이 되었다고 추측되고 있습니다. 그러나 실제로는 치아에 날카로운 송곳니가 있고, 장의 길이(체장비)도 짧아서 육식동물과 가깝다고도 할 수 있습니다.

원래 개는 고기를 좋아하지만 육류나 어류를 계속해서 주면 칼슘, 비타민, 미네랄이 부족하여 영양소 전체의 밸런스가 안 좋은 상태가 되어 건강에 지장을 초래합니다. 적절히 채소를 먹지 않으면 식이섬유, 비타민 A, 비타민 B, 칼슘, 아연, 인 등이 부족해져서 피부병이나 만성 소화기질환, 관절질환, 비만의 원인이 되기 때문에 밸런스를 맞춘 애견용 사료를 추천합니다.

아무리 해도 사료를 먹지 않는 경우에는 비타민이나 미네랄 등을 보조제 등으로 보충해 주세요.

반려견이 채소를 좋아합니다. 먹어도 되는 채소, 안 되는 채소가 있나요?

먹으면 안 되는 채소는 중독을 일으킬 위험성이 높은 파, 양파, 부추, 마늘 등의 파 종류, 생강 등입니다. 그 이외의 야채라면 줘도 상관없습니다. 하지만 많이 섭취하게 되면 문제가 되는 성분을 가진 채소도 있으므로 과도한 섭취는 자제해 주세요.

애견용 사료 이외에 데친 채소를 조금씩 먹이고 있습니다. 문제가 있을까요?

원칙적으로는 문제가 없습니다. 기본적으로 개는 육식성에서 잡식성으로 진화한 동물이기 때문에 사람과 비교하면 식물성인 것을 소화·흡수 하는 것을 잘 하진 못합니다. 또한 줘도 되는 채소와 안 되는 것이 있습니다. 안 되는 것은 일반적으로 잘 알려져 있는 파, 양파, 부추, 마늘 등이 있습니다. 또한 우엉, 연근 등은 거의 소화시키지 못합니다. 양배추, 배추, 콩나물, 덩이 줄기 채소(고구마 등), 호박, 무 등을 작게 잘라서 줍시다. 사료의 밸런스를 무너뜨리지 않도록 소량으로 주도록 합니다.

반려견이 양배추를 좋아하는데요. 먹여도 괜찮나요?

양배추에는 글루코시놀레이트라는 물질이 함유되어 있어서 대량으로 섭취하면 갑상선에 악영향을 끼칠 가능성이 있습니다. 하지만 그 영향이 증명되어 있지는 않습니다. 꽤 장기간에 걸쳐 대량 섭취한 경우에 악영향을 준다고 추측되고 있습니다.

건강상의 문제가 없는 개에게는 적정량이라면 전혀 문제가 없습니다. 오히려 식이섬유나 영양소가 매우 풍부하기 때문에 위장에도 좋습니다. 그러나 칼슘, 인, 철, 칼륨, 마그네슘 등의 미네랄도 많기 때문에 요로결석이 있는 개에게는 양배추뿐만 아니라 다른 야채류도 자제해 주세요.

애견용 사료 이외에 줘도 되는 것이 있나요?

애견용 사료는 밸런스가 좋은 종합영양식이기 때문에 기본적으로는 사료 이외에 다른 것을 줄 필요가 없습니다. 수제식을 주고 싶어 하는 사람도 있지만 재료를 조사하고 적절한 조리법이나 양을 가감하는 것은 매우 까다로운 일입니다. 그래도 사료 이외의 음식을 주고 싶다면 사료의 분량에서 10% 정도를 데친 닭 가슴살이나 양배추, 무가당 요구르트 등으로 바꾸는 방법이 있습니다. 또한 시판되고 있는 애견용 간식을 역시 10%를 넘지 않는 범위에서 준다면 문제없을 것이라고 생각합니다. 물론 간식을 줄 때는 사료의 양을 그만큼 줄여야 합니다.

**여름에는 식욕이 없어져서 수제식을 주고 있습니다.
간단하며 영양을 갖춘 레시피가 있을까요?**

　개에게 주어서는 안 되는 식품은 파 종류, 초콜릿, 생달걀, 염분, 향신료, 카페인, 우유, 알코올, 가열한 닭이나 생선 뼈, 감자 싹, 자일리톨, 건포도 등입니다. 이런 식품을 제외하고 주도록 합시다.

　개는 맛 보다 냄새에 의해 기호를 선택합니다. 예를 들어 감자는 데친 것보다 구워서 으깨어 주는 편을 더욱 좋아합니다. 이것을 베이스로 하여 사료나 양배추, 당근 등의 채소를 잘게 다진 것을 섞어 사람 피부와 가까운 온도로 조정하여 주도록 합시다. 분명 기뻐하며 먹을 것입니다. 이것에 애견용 종합 비타민 보조제를 섞으면 최고입니다.

　단, 비만이나 만성질환에 걸린 경우에는 주치의와 상담을 해 주세요.

**식사를 주는 시간은 아침과 점심, 저녁, 밤으로 하고 있는데요.
문제없나요?**

　유견의 경우에는 그렇게 해도 괜찮지만, 성견에게는 자주 주는 편입니다. 아침, 점심, 저녁 3번이나 아침, 저녁 2번이 좋겠지요. 단, 식사를 하면 변의를 가지는 개도 있으므로 밤중에는 주지 않는 편이 좋은 경우도 있습니다.

반려견이 과일을 좋아합니다. 줘도 괜찮나요?

주의가 필요한 과일은,

- 포도, 건포도는 신부전을 일으킬 위험성이 있습니다. 말린 포도도 위험합니다.
- 푸룬의 잎, 씨, 줄기에는 독성이 있습니다. 특히 말린 푸룬은 위험합니다.
- 아보카도의 과실과 껍질에 함유된 성분 중에 중독을 일으키는 것도 있습니다.
- 말린 과일, 주스, 과일 통조림 등의 가공식품은 당질과다경향이 있으므로 주지 않도록 합니다.
- 감귤류의 외피에는 소랄렌이라는 중독물질이 있어서 설사나 구토를 유발하는 경우가 있으므로 주지 않도록 해야 합니다.

또한 과일류에 들어 있는 씨를 개가 실수로 먹으면 장폐색을 일으킬 가능성이 있으므로 주의가 필요합니다. 특히 매실, 복숭아나 살구, 아보카도 같은 크고 딱딱한 씨앗을 삼키면 매우 위험합니다.

애견용 껌을 너무 많이 주면 문제가 생기나요?

　개는 자일리톨이 들어 있는 애견용 껌을 중독량 섭취하면 인슐린이 과다 분비되어 저혈당증이나 간 장애에 이르는 등의 중독을 일으킬 위험성이 있습니다. 체중 10kg인 개가 1g의 자일리톨을 섭취하는 것만으로도 증상이 나타나는 경우가 있으므로 주의가 필요합니다.
　또한 자일리톨을 함유하지 않은 애견용 껌이라도 너무 많이 먹으면 설사 등의 증상이 일어나는 경우도 있기 때문에 적정량을 주도록 해야 합니다. 적정량은 애견용 껌에 기재되어 있거나 직접 해당 제조사에 문의를 해 주세요. 또한 애견용 껌은 기호성이 높기 때문에 목에 걸리는 사고가 종종 일어납니다. 너무 많지 주지 않도록 해 주세요.

사료 이외에 먹여도 되는 것은?

　반대로 먹이면 안 되는 것은 초콜릿, 커피, 파 종류(양파, 파, 부추, 마늘 등), 생강, 포도, 자일리톨 등입니다. 그 밖에는 염분이 많은 것, 기름기가 많은 것도 자제해 주세요. 이런 것 이외라면 기본적으로 먹여도 괜찮습니다. 하지만 하루 섭취량의 10%를 넘지 않도록 해 주세요.

사료를 하루에 한 번만 주고 있습니다. 너무 적은가요?

성견의 경우 하루에 필요한 양을 준다면 한 번이라도 영양적으로는 문제없습니다. 단, 하루에 필요한 양은 사료의 종류에 따라 다르기 때문에 주기 시작할 때에는 반드시 기준이 되는 양을 확인해 주세요. 강아지의 경우에는 소화관이나 간이 미발달하여 설사나 저혈당을 일으킬 위험성이 있습니다. 그러므로 하루에 필요한 양을 3회 이상으로 나눠서 주세요.

식사가 불규칙적인데, 괜찮나요?

하루에 필요한 양을 섭취한다면 영양적으로 큰 문제는 없습니다. 그러나 공복 시간이 길어지면 위액을 토해내거나 이물을 먹는 경우가 생기기 때문에 규칙적으로 식사를 하는 편이 건강을 관리하는 데는 적절하다고 생각합니다.

아무거나 다 잘 먹어서 조금 비만의 낌새가 있습니다. 성인병을 방지하기 위해 주의해야 할 것이 뭔가요?

성인병은 현재 생활습관병이라고 불리며 암, 심장병, 뇌혈관장애, 당뇨병, 고혈압, 동맥경화 등이 그 범주 안에 듭니다. 개도 수명이 늘어났기 때문에 사람과 마찬가지로 이런 질환이 많아졌습니다. 비만이 건강에 악영향을 끼치는 것도 확인되었습니다. 다양한 질병의 예방을 위한 첫 번째는 염분을 너무 많이 섭취하지 않도록 주의하고 적정 체중을 유지하는 것입니다.

치아의 치료를 위해 전부 발치했는데요. 어떤 식사를 주는 게 좋을까요?

이를 전부 뽑아도 개와 고양이는 보통의 건사료를 잇몸으로 씹어서 먹을 수 있습니다. 하지만 일반적으로는 통조림이나 건사료를 불려서 주면 더 먹기 쉽겠지요.

사료만으로는 먹지 않아서 육포 등을 섞어서 주고 있습니다. 매일 이렇게 줘도 괜찮을까요?

밸런스가 좋은 사료를 주고 있고, 육포 등의 간식의 비율이 10% 이하라면 영양식으로 큰 문제가 없습니다. 그러나 사료를 더욱 안 먹게 될 가능성이 있어서 가끔씩은 먹을 때까지 인내심을 가지고 기다려 주는 것도 중요합니다. 사료를 먹이기 위해서는 일정시간을 정하고 식사를 치우거나 종류나 모양(습식 또는 건식)이 다른 것으로 변경하는 것도 하나의 방법입니다.

체중이 무거워서 식사를 줄였습니다. 체력적으로 문제가 있진 않을까 걱정입니다. 어떻게 하면 좋을까요?

극단적인 식사 제한은 몸에 필요한 에너지 부족을 일으킬 위험성이 있습니다. 그러므로 시간을 가지고 체중을 줄일 필요가 있습니다. 기준으로는 1주일에 체중 0.5~2%(체중 10kg이라면 50~200g)씩 감량하고, 수개월에 걸쳐 적당한 체중에 도달할 수 있도록 하는 것이 좋겠지요. 또한 저칼로리 사료로 변경하고 하루에 20~60분 정도 산책을 시키면서 무리하지 않고 건강하게 감량하는 것도 가능합니다.

개의 식사에 짠맛이 필요한가요?

소금 또는 소금을 포함한 조미료로 맛을 내는 것은 위험합니다. 사람과 달리 몸의 표면으로 땀을 거의 흘리지 못하는 개는 같은 체중 비율이라면 사람의 10% 정도의 염분밖에 필요하지 않습니다. 여분의 염분은 신장이나 심장에 타격을 주고 질병을 진행시킵니다. 개에게 젓갈이나 자반고등어 등은 터무니없는 음식입니다.

칼슘제(보조제)를 줘도 괜찮나요?

칼슘은 몸에 흡수되어 혈액응고나 근육수축, 신경의 자극전달, 또한 뼈에 이르러서는 그 대부분이 칼슘으로 구성되어 있어서 몸에는 중요한 성분 중 하나입니다. 칼슘제를 줄 때의 문제는 과도할 경우입니다. 대변이나 소변으로 배설되는 한계를 넘어서면 과도한 칼슘은 골조직으로 이행하여 관절장애나 강아지에게는 골격발육장애를 초래합니다. 반려견이 건강하고, 적합한 종합영양식을 먹고 있다면 보조제는 필요 없습니다. 투여하기 전에 수의사와 상담해 보세요.

편식을 많이 하는데요. 대처 방법이 있을까요?

다양한 방법을 시도해보고 반려견에게 맞는 방법을 찾아 주세요. 다음 항목을 참고해주세요.

- 종합영양식인 사료를 주며 '이거 밖에 먹을 거 없다'고 생각하게 한다. 이 때 주고 나서 15~30분 동안 먹지 않는다면 식기를 치운다. 그리고 다음 식사시간에 같은 종류의 먹이를 준다. 최대 1.5~2일까지가 한도.
- 건사료라면 온수를 넣어 사람 피부 정도의 온도로 맞춰 줘 본다.
- 사람 손으로 직접 먹여 본다.
- 사람이 먹는 흉내(또는 정말로 먹는다)를 내고 나서 줘 본다.
- 좋아하는 것을 아주 조금 토핑해서 주거나 섞어 준다.

- 수제 종합영양식을 준다. 그러나 만드는 것은 꽤 까다롭다.
- 포식행동이 강한 개에게는 던져서 주거나 식기에 넣지 않고 흩뿌려서 줘 본다.
- 줘도 안 먹는다면 빼앗아서 바로 다른 개에게 먹이고 그것을 보여준다. 단, 싸움이 될 경우가 있으므로 케이지를 사용하는 등의 주의를 기울일 것.
- 질병일 가능성도 있기 때문에 수의사의 진료를 받는다.

방부제에 알러지가 있다고 진단받고 처방식을 추천받았습니다. 직접 대처할 수 있는 방법이 있나요?

사료 중에서도 반 건조 타입, 육포, 껌, 건사료 등의 형태인 것은 방부제가 필요합니다. 캔, 파우치처럼 습식타입 등을 선택해 보면 어떨까요? 또는 제대로 된 교본을 바탕으로 수제 종합영양식을 줘 보는 것은 어떨까요?

개미를 산 채로 먹어도 괜찮나요?

개미의 종류나 크기에 따라서 다르지만, 일본에서 흔히 볼 수 있는 일본왕개미나 곰개미 등의 곰개미류를 개가 몇 마리 먹었을 때는 특별히 문제는 없습니다. 개미의 체내 개미산을 걱정해서 한 질문일지도 모르지만, 중앙노동재해방지협회의 안전위생정보센터 데이

터에 따르면 쥐의 LD50(투여한 반수[半數]의 동물이 사망하는 양)은 730~1830mg/kg이라고 기재되어 있습니다. 한 마리의 개미의 체중을 종류에 따라 다르지만 약 5mg라고 하면 한 마리의 개미 체내에 개미산 함유량이 체중의 약 20%라고 할 때(개와 쥐의 LD50이 같다고 가정하여), 체중 3kg인 개의 LD50에 상당하는 개미는 2190~5490마리라고 산정됩니다. 일반적으로는 생각할 수 없는 수치이지요. 개미의 종류에 따라 다르지만 개미산 이외에도 개미의 체내에는 자극성이 있는 단백질이나 펩티드 등의 독액을 가진 것도 있습니다.

개가 레몬을 먹어도 괜찮나요?

대부분의 개는 감귤류를 별로 좋아하지 않는 경향이 있습니다. 건강한 개가 레몬 과실을 조금 먹어도 큰 문제는 일어나지 않습니다. 레몬을 포함한 감귤류의 외피에 많이 존재하는 소살렌 화합물(약제로는 메톡살렌 제제, 사람의 보통 백반의 치료약)은 광선과민증을 일으킬 가능성이 있지만 외피에만 함유되어 있기 때문에 외피를 일절 포함하지 않은 과실은 안심할 수 있다고 생각합니다. 질문자의 레몬은 외피를 전혀 포함하지 않은 것이라면 먹어도 괜찮다는 것이 되지만 외피도 레몬의 일부라고 생각한다면 만일을 위해 자제하는 편이 좋다고 생각합니다. 레몬의 껍질을 개가 먹지 않도록 뒤처리를 제대로 합시다.

개가 모충을 먹었을 때의 대처법은?

모충의 독은 독나방과의 유충 등과 같이 독침모를 가지고 있는 것과 쐐기나방의 유충처럼 독가시에 의해 피부염을 일으키는 것이 있습니다. 일본에서는 독침모나 독가시를 가진 모충이 많지 않습니다. 그러므로 개가 먹었을 때 모충의 종류를 특정할 수 없는 경우에는 개가 입 주위나 입 안을 신경 쓰여 하는지 냉정하게 판단하여 부주의하게 맨손으로 개의 구강 내를 보지 않는 편이 좋습니다. 만일을 위해 동물병원에서 진료를 받는 편이 좋다고 생각합니다.

개가 집을 비운 사이 초콜릿을 전부 먹어버렸습니다. 괜찮을까요?

개의 초콜릿 중독은 유명합니다. 초콜릿 속의 메틸잔틴알카로이드의 과도한 섭취가 원인인 급성 위장, 신경 및 심장의 장애를 일으키는 중독입니다. 최초 증상은 섭취 후 2~4시간 사이에 보이는 구토와 설사입니다. 이뇨작용에 의해 소변량이 증가하는 경우도 있습니다. 개의 카페인 및 테오브로민의 최소치사량은 100~200mg/kg의 범위라고 보고되어 있습니다. 반감기는 17.5시간입니다. 사망은 섭취 후 12~36시간 정도에 일어납니다. 먹어버린 경우는 제품명과 양을 수의사에게 전하여 정확한 대응이 필요합니다.

양파는 왜 주면 안 되나요?

개가 양파를 먹으면 용혈성빈혈을 일으킨다는 사실은 유명합니다. 원인이 되는 물질은 sodium trans-1-propenylthiosulfate, sodium cis-1-propenylthiosulfate, sodium n-propylthiosufate라는 3개의 성분이 일본 연구자에 의해 보고되어 있습니다. 양파 중독에 높은 감수성을 보이는 혈액(HK형)인 개(특히 일본 개에게 많습니다)가 특히 급성중독을 일으킨다고 합니다. 기본적으로는 가역적인 용혈성빈혈이지만 급성중독인 경우에는 사망하는 경우도 있습니다. 그러므로 개에게는 안 주는 편이 좋겠지요. 날 것보다 가열, 조리한 것이 중독을 더 일으키기 쉽다고 추측하고 있습니다.

닭 뼈는 왜 주면 안 되나요?

닭 뼈에 독성이 있는 것이 아니라 날 것, 혹은 일반적으로 조리된 닭 뼈는 날카롭게 부러져서 식도에 상처를 내거나 찔릴 염려가 있기 때문입니다. 무사히 위에 도달한 닭 뼈는 양이 많을 경우 위나 십이지장 등의 소장에도 상해를 입힐 가능성이 있기 때문에 안심할 수 없습니다. 덧붙여서 고압에서 삶아서 부드러워진 닭 뼈(켄터키 프라이드치킨 등)는 조금 먹어도 큰 이상은 없다고 생각합니다.

개에게 줘도 되는 생선의 뼈는 어느 정도인가요? 또 그 종류는?

사람이 먹고 목에 걸릴 것 같은 뼈(크고 단단하고 날카로운)의 생선은 주면 안 되겠지요(도미, 볼락, 조피볼락, 둑중개, 고등어, 연어, 방어 등). 특히 소형견의 경우는 주의가 필요합니다. 생선의 종류는 아주 많으므로 먹어도 되는 생선, 안 되는 생선이라고 하기보다 큰 생선의 단단하고 큰 뼈는 주지 않는 편이 좋습니다. 개에게 생선뼈를 주는 사람의 대부분이 칼슘을 주는 것을 목적으로 합니다. 하지만 칼슘의 흡수율은 유제품이 약 50%인 것에 비해 작은 생선은 약 30%로 위험을 감수하면서까지 줄만한 칼슘원은 아니라고 생각합니다. 그래도 주고 싶다는 분은 고압력 냄비로 골질이 부드러워질 때까지 조리하여 주는 것은 가능하다고 생각합니다.

카레를 먹어도 괜찮을까요?

카레라이스의 카레에는 양파가 섞여 있는 경우가 많으므로 주지 않는 편이 좋습니다. 자극성이 있다는 점에서, 카레에 포함된 향신료도 주지 않는 게 나은 이유 중 하나입니다.

개에게 주면 안 되는 것은?

양파, 대파, 부추, 마늘 등의 파 종류, 포도, 초콜릿(카카오), 자일리톨, 감자의 싹, 닭 뼈, 생선뼈 등은 소량을 주는 것도 피하는 편이 좋습니다. 그 외에도 다량을 주면 지장을 초래하는 것이나 개체차이에 따라 몸에 맞지 않는 것도 있습니다. 그렇기 때문에 신뢰할 수 있는 애견용 사료 이외에 여러 가지를 주는 식생활은 위험이 동반되는 경우가 많습니다.

노령인 반려동물에 대해서

노령견이라는 것은 몇 살 정도부터를 말하는 건가요?

소형~중형견의 경우에는 8살, 대형견의 경우는 7살 정도부터 노화가 시작됩니다. 일반적으로는 소형견이 장수합니다. 최근에는 사람도 장수를 하기 때문에 노령의 기준 감각이 높아졌습니다. 사람과 비슷한 감각으로는 13살 정도부터라고 생각하지만 감각에서의 기준이기 때문에 다소 차이가 있습니다. 개의 1살은 사람의 20살에 상당하며 그 후 1년이 사람의 4살에 상당합니다. 예를 들면, 개의 13살은 사람에게 비유하면 20+12×4=68살이 됩니다. 한 번 계산해 보세요.

16살인 노령견을 키우는데요. 일상생활에서 주의를 기울여야 할 점이 있을까요?

사람과 마찬가지로 개도 나이를 먹을수록 사지가 허약해지며 눈이 잘 보이지 않게 되거나 귀가 잘 들리지 않게 되며, 종양이 생기기 쉬워지는 등 여러 가지 곤란한 일이 생깁니다.

산책을 할 때는 젊었을 때와 비교해서 걷는 거리나 속도도 조절해 줘야 합니다. 또한 체온 조절 기능도 저하되기 때문에 여름철 열사병이나 겨울철 저체온증에도 걸리기 쉬워지므로 사육 장소와 기온 관리도 보다 중요하게 됩니다. 눈과 귀가 불편해지면 뒤에서 갑자기 다가갔을 때 바로 놀라는 개도 있습니다. 가까이 다가가는 방법도 조절해 줄 필요가 생기는 것이지요.

이처럼 일상생활에서 주의를 기울여 잘 관리할 수 있는 부분도 있지만 약이나 보조제로 증상이 경감되거나 진행을 늦출 수 있는 부분도 있습니다. 또한 간단한 노화가 아니라 무시무시한 병의 증상인 경우도 흔히 경험합니다.

그렇기 때문에 만약 수개월 전, 수년 전과 비교했을 때의 개의 변화를 알아차린다면 '노령이라서'라고 무심코 지나치지 말고 가볍게 수의사에게 상담을 받아보는 것을 추천합니다.

조금이라도 긴 시간 움직일 수 있도록 식사, 운동 외에 신경 써야 할 부분이 있나요?

마사지를 해 주는 것으로 근육과 관절을 풀어주면 근골격계 질환의 예방과 개선을 기대할 수 있습니다. 구체적인 방법은 개의 상태에 따라 다르므로 수의사에게 상담을 받아 보세요. 또한 사지가 약해지면 집 안의 작은 단차라도 걷기 힘들어하거나 걸려 넘어져 부상의 원인이 되는 경우가 있습니다. 그러므로 단차에 경사판을 설치하여 단차를 없애는 등의 배려를 해 주면 좋겠지요.

노령견을 위한 마사지 방법이 있나요?

노령으로 몸이 쇠약해지는 것을 한방에서는 신허(腎虛)라고 합니다. 신장에 효과 있는 혈점은 앞발의 엄지발가락, 무릎아래의 오목한 곳, 복사뼈 부근, 배 중앙, 허리에 있습니다. 따뜻하게 해 주세요. 가볍게 문지르거나 빗질을 해 주는 것도 효과적입니다.

피모와 모색은 가령과 함께 변화하는 것인가요?

사람과 마찬가지로 개도 나이를 먹으면 흰털이 늘어나며 전체적으로 모색이 연해집니다.

흰털의 얼굴이 가장 눈에 띕니다. 또 피모도 얇아지고 연해집니다.

노령견이 없어진지 1주일이 지났는데 찾을 방법이 있을까요?

기르던 개가 없어진 경우에는 가까운 경찰이나 보건소, 동물관리 센터에 연락을 해 보세요. 보호되고 있을 가능성이 있습니다. 그 외에 근처 사람에게 물어보거나, 혹은 노령견일 경우 질병이나 부상을 입기 쉽습니다. 가까운 동물병원에 문의해 본다면 어떤 정보가 있을지도 모릅니다. 공공시설 등 사람이 많이 모이는 곳에 허가를 얻어 포스터를 붙이거나 신문광고를 내 보는 등도 효과적일 수 있습니다.

노령인 반려견이 식사 중에 쓰러졌습니다. 대처법이 있나요?

최근 개는 수명이 늘어서 장수하는 동물이 되었습니다. 12~13살을 넘으면 골관절의 노화가 급속히 진행됩니다. 식사 중에 쓰러진 것은 앞다리, 뒷다리로 몸을 지탱할 수 없게 된 상태라고 생각합니다. 식사 중은 하니스 같은 것을 이용하여 몸을 지탱해 주거나 조금 손으로 보조를 해준다거나 사지 밑에 미끄러움을 방지해 주는 것을 두는 등의 시도를 해 보세요. 또한 목을 젊었을 때처럼 지면에 가까이 대는 것이 곤란한 상태라면 식기나 물의 위치를 그 개에게 맞는 높이에 두고 식사를 하게 하는 방법이 좋다고 생각합니다.

하니스는 앞다리, 뒷다리, 가슴과 몸통 둘레 전체를 지지해 주는 것 등이 시판되고 있습니다.

반려견이 10살인데요. 이 연령에 백신을 맞출 필요가 있는 걸까요?

백신접종은 원칙적으로 건강한 개에게 하는 것이지만, 10살의 연령에서는 큰 기저질환이 없는 한 백신접종은 필요합니다. 현재 공원이나 애견운동장 등에서 산책 할 수 있다면 불특정다수의 개와의 접촉, 또한 가령과 함께 면역력도 젊었을 때와 비교하여 대폭 저하되어 있는 점에서 볼 때 예방 접종은 필요하다고 생각합니다.

13살을 넘어 노화가 진행하여 쇠약해졌거나 기저질환 등이 악화되었다면 예방접종은 보류해도 좋다고 생각합니다.

노령인 개가 걸리기 쉬운 질병은?

현재 개의수명은 매우 길어졌고, 이전보다 종양질환이나 순환기질환이 늘고 있습니다. 모든 질병을 다 알려드리긴 힘들지만 일상의 임상경험으로부터 특히 노령견이 걸리기 쉬운 주요 질환을 분류하여 병명을 아래에 기입합니다.

① **안과질환** (백내장 등)
② **신경질환** (인지저하증, 전정장애증증후군 등)
③ **비뇨기·생식기계질환** (만성신부전, 방광염, 자궁축농증 등)
④ **대사성질환** (당뇨병 등)
⑤ **호흡기질환** (만성기관지염, 기관허탈증 등)
⑥ **순환기질환** (승모판폐쇄부전증 등)
⑦ **종양질환**
⑧ **운동기질환** (추간판 허니아, 변형성관절증 등)

최근 노령인 반려견이 다음, 다뇨를 합니다.
식욕은 있으니까 당분간 상태를 관찰 해봐도 괜찮을까요?

노령견의 다음, 다뇨는 여러 가지 병인으로 일어납니다. 대표적인 질병은 만성 신장병, 당뇨병, 부신피질기능항진증, 갑상선기능항진증, 중성화 수술을 안 한 암캐라면 자궁축농증 등입니다. 그 외에도 다음 다뇨를 일으키는 질병은 많이 있습니다. 가족이 그 증상을 알아챘을 때는 이상하다고 생각하고, 아무리 식욕이 있더라도 동물병원에서 진료를 받아 보세요.

15살인 노령견의 산책시간이 짧아졌습니다.
근력을 향상시키기 위해서 무리하게 걷게 하는 편이 나은가요?

개가 15살이 되면 근력저하, 시각저하, 실명(중증의 백내장), 보행장애를 가지게 되는 경우가 많습니다.

앞으로 나이가 들면서 산책 시간은 보다 짧아질 것이라고 생각합니다. 그렇다고 해서 전혀 산책을 시키지 않는 것이 아니라 그날그날 개의 컨디션에 맞춰 산책을 하는 것이 필요합니다. 돌아가고 싶어 하는 동작을 할 때는 산책을 중단하고 그 이상 걷게 하지 않습니다. 집까지 가지 못했을 경우에는 들어 안아서 돌아가 주세요. 무리한 산책은 삼가야 합니다.

노령인 반려견이 외출을 좋아하는데요.
부담을 주지 않는 선에서 산책할 방법이 있을까요?

개는 고양이와 달리 밖의 풍경을 보는 것을 좋아합니다. 작은 개라면 안아서, 큰 개라면 유모차 같은 곳에 태워 용변을 한다면 그 부근을 단시간 산책시키는 것이 바람직합니다. 아무쪼록 무리하게 끌고 가는 산책은 자제해 주세요.

12~13살을 넘으면 급속히 골관절염이 진행됩니다. 이 질문처럼 이미 사지에 증상이 나와 있은 것 같다면 골관절을 강하게 만들어주는 보조제를 먹이거나 대증요법 등으로 걸을 수 없게 되어 누워만 있는 상태가 되는 것을 방지하는 것이 가능합니다. 동물병원에서 상담을 받으세요.

소형인 노령견을 키우는데요.
아침, 저녁 산책시간을 어느 정도로 하는 것이 좋나요?

산책시간에 관해서는 견종과 연령만이 아닌 몸 상태와 개체차이도 있기 때문에 대략적으로 몇 분이 적절하다고 말하지 못합니다. 산책 중이나 산책 후의 상태를 보면서 시간과 거리를 조절해 주는 것이 중요합니다. 구체적으로는 걷는 페이스가 도중에 떨어지거나 주저 앉아 버리는 경우에는 거리를 짧게 하고, 귀가 후에도 바로 장난감을 가지고 놀거나 놀고 싶어 하는 것 같다면 거리를 늘려 보는 것도 좋겠지요. 또한 노령견은 더위나 추위에 대한 내성이 저하되어 있기 때문에 산책에 가는 시간대에도 배려가 필요합니다.

노견의 산책을 기존 2회에서 1회로 줄여도 괜찮을까요?

노령이 되면 사지가 약해져서 산책 횟수를 줄여야 한다고 생각하는 견주들이 많다고 생각합니다. 그러나 개에 따라서는 산책 중에만 배변을 할 수 있는 아이도 있다면, 산책이 스트레스 해소가 되는 아이도 있겠지요. 만약 사지가 약해서 지치기 쉽다는 등의 이유로 산책 양을 줄인다면 횟수를 줄이지 말고 1회 산책 거리를 짧게 해주는 것이 좋습니다.

노령견을 키우는데요. 사지가 약해서 산책을 가고 싶어 하지 않습니다. 무리하게 데리고 가지 않는 게 좋나요?

정말로 노령으로 사지가 약해졌을 뿐인지를 병원에 데려가서 알아보는 것은 어떨까요? 심장이나 내장 질병, 관절 질병, 혹은 종양 등으로 인해 산책을 가고 싶어 하지 않을 수도 있습니다. 단순히 노화라고 말할 수 없을지도 모릅니다. 만약 단순한 노화라면 무리하게 데려가지 말고 일광욕만으로도 괜찮다고 생각합니다.

노령견이 되어 밤에만 기저귀를 합니다. 4~6시간 동안 기저귀를 해도 괜찮나요?

나이가 들어서 배변, 배뇨의 컨트롤이 힘들어졌거나 배설물로 몸을 더럽히는 경우에는 아무래도 기저귀가 필요하게 됩니다.

기저귀를 하면 주위는 더럽혀지지 않지만 배설물을 가둬 놓은 상태이기 때문에 피부염이나, 요도로부터의 감염으로 방광염이 일어나기 쉬워집니다.

되도록 장시간 사용은 피하고 변을 보았다면 가능한 한 빨리 교환해 주세요.

노령견의 식사는 1일 몇 회가 적당한가요?

노령견의 경우에는 소비 칼로리도 저하되고 소화기관도 노쇠해지기 때문에 1일 1~3회 정도 소화에 좋은 것을 주도록 하세요.

노령이 되면 체온 조절이 힘들어진다고 들었습니다. 여름, 겨울에 주의해야할 부분이 있나요?

노령이 되면 체온 조절 기능이 저하하여 체온 조절을 할 수 없게 됩니다. 개는 원래 추위에 강한 동물이지만 더위에는 매우 약한 동물입니다. 실내 사육인 경우 여름에는 창문을 닫은 낮은 방의 온도가 40도를 넘는다고 합니다. 그러므로 문단속을 하고 개를 집에 남겨 놓은 경우는 에어컨을 23~28도 사이로 설정하고 동시에 습도 관리도 실시해 주세요. 실외 사육인 경우 대나무 발 같은 통풍하기 좋은 차양을 설치하고 직사광선을 가려 줍니다. 시간대에 따라서는 해가 비치지 않는 장소로 이동시키고 선풍기를 쐬어 주는 등의 주의가 필요합니다. 보냉 매트를 깔아 주는 것도 추천합니다.

특히 노령인 실외견은 열사병(개구호흡, 몸이 타는 듯 뜨겁다, 발열, 탈수)에 주의가 필요합니다. 열사병에서는 체온이 40~41도 정도로 올라가며 긴급한 경우는 목 밑 상반신, 하반신 전체에 걸쳐 호스로 천천히 물을 뿌리고 개구호흡의 정지 혹은 체온이 38도 대가 되면 물 뿌리기를 중지해 주세요.

위에서 설명했듯이 개는 추위에 강한 동물이기 때문에 과도한 난방은 자제하는 게 좋습니다. 코타츠나 히터의 온도는 가장 약한 '약'으로 설정해 두세요. '중·강'으로 해서 장시간 앉아있을 경우 저온 화상을 입을 가능성도 있습니다.

노령으로 사지가 약해졌습니다. 미끄러지기 쉬운 마룻바닥에서의 생활이 걱정됩니다. 개선 방법이 있을까요?

개는 8살을 넘으면 노화가 시작됩니다. 13살을 넘으면 갑자기 청각과 시각의 노화, 다리의 떨림(특히 뒷다리)이 진행됩니다. 대책으로는 단차가 큰 곳에 작은 경사면이나 계단을 만드는 것을 추천합니다.

마룻바닥은 미끄러지기 쉽고 염좌, 탈구, 골절, 타박상 등의 부상을 입을 위험성이 있으므로 예방을 위해 발톱이 걸리지 않을 정도로 털이 짧은 융단이나 매트를 깔아 미끄러움을 방지해 주는 것을 추천합니다.

노령이 되고 울거나 배회하는 행동을 합니다. 어떻게 대처하면 좋을까요?

노령이 되면 사람과 마찬가지로 개도 인지저하증을 보이는 경우가 있습니다. 울거나 배회하는 것도 그 일환의 증상이라고 생각합니다. 그 밖에도 밤중에 울거나 실금, 부적절한 장소에서의 배설 등의 증상이 보이는 경우도 있습니다. 원인이 노령에 의한 인지저하증이라고 한정할 수 없는 경우가 있기 때문에 담당 수의사에게 상담을 받아 주세요. 약물 투여로 증상의 개선을 볼 수 있는 경우도 있습니다.

노령이 되고, 운동부족이 신경 쓰입니다. 비만 방지를 위해 무엇을 먹이는 것이 좋을까요?

노령인 비만 동물에게 운동에 의해 체중을 줄이는 것은 일반적으로 하지 않습니다. 관절과 허리, 심장, 폐에 부담을 주어 오히려 악영향을 불러올 수 있기 때문입니다. 운동 보다는 영양 섭취를 줄여 칼로리를 제한하여 비만을 예방하는 것이 좋습니다. 단백질, 탄수화물, 지방을 너무 많이 섭취하는 것이 비만의 원인이 됩니다. 그렇지만 극단적으로 줄여 건강에 해를 끼치는 것은 본전도 못 찾는 일이므로 서서히 줄여가는 것이 좋다고 생각합니다. 또한 줄이는 것도 위에서 설명했듯 영양소의 균형을 맞추는 것이 중요합니다. 단백질만 줄이거나 지방만 줄이는 것은 좋지 않습니다. 비만용 사료나 동물병원에서 취급하는 처방식을 이용하는 것이 좋다고 생각합니다. 중요한 것은 혼자서 판단하지 말고 담당 수의사 선생님에게 상담을 받아 보고 정말로 다이어트가 필요한 건지 어느 정도 다이어트를 하면 좋을지 확인해 보는 것입니다.

10살 이상인 노령견이 비만인 경우, 먹이는 노령견용과 비만예방용 중 어떤 것이 좋나요?

애견용 사료에는 노령견용과 감량용 사료 외에 비만 경향인 노령견용(시니어 라이트) 사료도 발매되어 있으며 이것을 선택하는 사람도 많이 볼 수 있습니다. 그러나 안이하게 사료를 결정하지 말고 견종이나 비만도, 기저질환의 유무를 종합적으로 고려하여 선택하는 것을 추천합니다.

예를 들어 같은 10살이라도 소형견과 대형견을 사람의 연령과 맞춰 보면 큰 차이가 있습니다. 또한 한 눈에 건강해 보이는 통통하고 귀여운 개도 사실 호르몬 질환(갑상선기능저하증 등)에 걸린 아이를 많이 볼 수 있습니다. 그 중에는 말라 있으며 질병으로 배가 부풀어 있는 것을 살쪘다고 오해 받는 케이스도 있습니다.

사료의 선택이 망설여진다면 동물병원에서 건강검진을 받고 상담을 받아 보면 좋겠지요.

노령견인 반려견에게 사마귀가 많이 나 있습니다. 식사의 영향일까요?

일반적으로 '사마귀'라고 표현되는 것에는 피부염이나 양성종양, 악성종양 외에 정상적인 세포가 과도하게 증식하는 과형성 등이 포함됩니다. 각각의 원인이나 치료법은 다르지만 가려움을 동반하는 사마귀가 아니라면 식사만이 원인이라고 생각하기 힘듭니다. 또한 피부 종양에는 피지선종이나 모포상피종 등 양성종양 외에도 비만세포종, 기저세포암 등 조기 치료가 필요한 악성종양도 포함됩니다. 그러므로 이상이 감지되면 빨리 진료를 받아 보는 것을 추천합니다.

노령견을 간호하는 방법과 생활면에서 주의할 점은?

노령견은 사지가 약하고 시력과 청력, 후각이 노쇠하된 것을 고려하며 길러야 합니다. 거처도 주인이 항상 눈에 보이는 장소가 좋으며 욕창을 방지하기 위해 부드러운 깔개가 필요합니다. 배설장소도 항상 있는 장소와 되도록 가까운 편이 좋고, 미끄러지지 않는 바닥을 고안하는 것도 필요합니다. 기존에 생활하던 장소를 바꾸는 것은 불안이나 식욕부진의 원인이 됩니다.

노령견용의 소화흡수가 좋은 먹이를 주거나 항상 지내던 생활환경을 유지하면서 온도, 바닥이나 깔개, 화장실 장소 등을 궁리하는 것이 좋겠지요.

노령견이 되어 밤중에 심하게 우는데요. 인지저하증(인지장애증후군)일까요?

사육 환경, 영양 섭취의 향상, 예방 의학의 발달과 함께 반려동물의 수명은 길어졌습니다.

그와 함께 노령이 된 반려동물도 다양한 질환의 발생이 늘어나고 있습니다. 인지저하증도 마찬가지로 증가했습니다. 정식명칭은 인지장애증후군이라고 합니다. 개의 인지저하증은 다양한 증상으로서 나타나지만 주인이 곤란해 하는, 밤낮이 바뀌어 밤에 자지 않는다거나 밤중에 울거나 선회운동을 하거나 유영운동을 한다거나 부적절한 배설 등이 보이게 됩니다.

일본견은 인지저하증에 걸리기 쉽다고 들었는데요. 이유가 뭔가요?

질문의 내용대로 일본견이나 그 잡종, 특히 시바견에게 인지저하증이 많은 것처럼 느껴집니다. 대략적으로 개의 체격을 나누면 소형견, 중형견, 대형견으로 나뉘는데, 그 중에서 중형견은 소형견이나 대형견에 비해 장수하며 일본견과 시바계의 개는 특히 장수하는 경향이 있습니다. 무리가 없는 체형인지도 모릅니다. 그렇게 되면 장수하는 일본견이 인지저하증에 걸리기 쉬운 것은 당연할 수 있습니다. 또한 생활환경 등 다른 요인도 영향을 줍니다. 현재 인지저하증에 대해서는 다양한 연구가 이루어지고 있지만 아직 해명되진 않았습니다.

노령이 되고 나서 시력이 떨어지고 귀도 들리지 않게 되어 벽에 부딪치곤 합니다. 방지할 좋은 방법이 있을까요?

노령이 되어 인지저하증이 발병된 개는 방 안을 같은 방향으로 돌거나(선회운동) 방구석에 틀어 박혀 나오지 않고 우는 경우가 있습니다.

박스 등을 이용하여 방의 각진 구석을 둥글게 하여 개가 멈추지 않도록 부드럽게 꺾이게 하는 것도 하나의 방법입니다. 최근에는 기성품도 판매되고 있기 때문에 그런 제품을 이용하는 것도 좋습니다.

돌이 쌓이기 쉽다고 병원에서 추천 받은 식사를 주고 있습니다. 수년 후 또 돌이 쌓여 식사를 바꾸는 것을 반복합니다. 같은 식사를 계속 하기 위해서는 어떻게 하면 좋을까요?

돌이라는 것은 요로결석을 말하는 것이라고 생각되는데요. 동물병원에서 다루는 처방식은 다양한 병에 대응하는 종류가 있으며 또한 효과도 기대할 수 있는 먹이입니다. 그리고 결석용 처방식에는 결석을 용해하거나 결석이 새로 생기는 것을 예방하는 효과를 기대할 수 있습니다.

처방식을 먹지 않는다거나 처음에는 먹어도 점차 먹지 않게 되는 경우도 있습니다. 일반적으로 사료에 질리는 것은 예전부터 미식견, 사람이 먹는 것을 포함하여 다양한 것을 먹었던 경우에 많이 보입니다. 이런 경우는 질문에 있듯이 치료가 잘 이루어지지 않거나 재발하는 경우가 많습니다.

주인이 큰마음 먹고 처방식 이외에는 주지 않도록 하는 끈기가 필요하다고 생각하지만 시도해보는 것도 하나의 방법입니다. 개는 식사를 먹지 않으면 주인이 포기하고 다른 식사를 준다고 생각하는 경우가 있습니다. 반려동물의 태도나 행동을 잘 관찰하여 확인해 보는 것도 중요합니다.

노령인 반려견이 누워서 생활하게 되었습니다. 온화한 성격이었는데 예민해져서 몸을 만지는 것을 싫어하고 배설 처리를 할 때 깨무는 일도 있습니다. 어떻게 하면 좋을까요?

　노령인 동물은 누워서 생활하지 않아도 어쩐지 젊었을 때와 비교하여 성격의 변화가 있는 듯이 느껴집니다. 어떤 부분을 만지는 것을 싫어하게 되거나 말하는 것을 듣지 않게 되거나 하는 것입니다. 개가 누워서만 생활하게 되면 자신이 생각한대로 몸을 움직일 수 없어 배설 장소도 기저귀 안이 되니까 위화감을 느낄 것입니다. 배설 장소의 처리도 그 위화감이나 통증 때문에 예민해졌을 가능성도 있겠지요. 말을 걸거나 쓰다듬어 주어 진정시키고, 지금부터 처치할 거야 하고 사인을 줍니다. 또한 한 명이 말을 걸거나 쓰다듬어 주의를 분산시키는 사이에 또 한 명이 배설 처리를 하는 것이 좋습니다. 그 동물의 성격이나 상황에 맞춰 돌보는 것이 중요합니다. 혼자서 매일 돌보면 좌절하거나 포기하고 싶어지는 경우가 있기 때문에 상담할 수 있는 선생님이나 도그 트레이너 분이 있으면 좋겠지요.

노령견이 되면 치석도 쌓여갑니다. 심장이 나쁘면 제거할 수 없기 때문에 약을 바를 수밖에 없는데요. 좋은 방법이 있나요?

　한 번 치구가 생기면 침 속에 함유된 성분인 칼슘이나 인이 치구 위에 부착되어 치석으로 변화합니다. 치석의 표면은 울퉁불퉁해서 그곳에 또 치구가 생기기 쉽게 되고 점점 중증화 되어 갑니다. 한 번 중증화된 치석은 개의 경우 전신마취를 하고 제거하는 방법을 써야합니다.

노령으로 심장이 나쁘면 마취의 위험성이 커집니다. 치석이 원인이 된 장애의 정도와 마취 위험성을 비교하여 처치를 선택해야 합니다. 마취 하의 치석제거를 포기할 경우는 근본적인 제거를 할 수 없지만 치석예 방을 목적으로 하여 만들어진 특별처방식이나 보조식품을 주는 방법 으로 구취 등의 경감을 기대할 수 있습니다. 양치질도 계속해 주세요.

개가 죽었을 때 필요한 절차는?

일단 가까운 동사무소나 구청 등에 사망한 것을 연락하여 절차를 밟아 주세요. 또한 담당 동물병원이나 애견 미용실 등이 있다면 그쪽에도 연락을 해 주세요. 그 외 반려동물 보험에 가입되어 있는 경우에는 그 보험 회사에도 연락을 취해 주세요. 장례 등에 대해서는 가까운 반려동물 장례회사에 물어보면 조언을 해 줄 것이라고 생각합니다.

CAT
고양이

사육법에 대해서

여러 마리를 사육할 때의 장점과 단점은?

한 마리를 사육할 때의 장점은 다른 고양이로부터 받는 정신적인 스트레스가 없다는 것, 병에 걸렸을 때 알아채기 쉽다는 것입니다. 반대로 단점은 주인 이외에 놀 상대가 없어서 운동량이 부족해지거나 주인이 없을 때 정신적인 불안감을 느낄 수 있다는 것입니다. 한편, 여러 마리를 키울 때의 장점은 성격 문제가 없다면 고양이들끼리 놀면서 운동 부족이나 스트레스 해소가 가능하다는 것입니다. 그러나 청소 문제나 고양이들 사이에 성격이 잘 맞지 않는 것에 의한 싸움 등으로 주인의 부담이 커지는 경우가 있다는 것이 단점입니다.

개나 햄스터와 함께 키울 수 있나요?

개와 함께 사는 것은 가능합니다. 개와 고양이를 동거시킬 경우 개는 바닥에서 생활합니다. 고양이에게 개가 가지 못하는 곳에 안전한 피난 장소를 설치해 주세요. 생활공간을 나누는 것으로 대부분의 경우는 특별한 문제없이 지낼 수 있습니다. 단, 성격이 맞지 않을 경우에는 싸움에 의한 중대한 사고가 발생할 수 있기 때문에 직접적인 접촉이 없도록 격리할 필요가 있습니다.

햄스터와 함께 사는 것은 불가능하진 않지만 추천하진 않습니다. 대부분의 경우 육식동물과 함께 살면 햄스터가 스트레스 상태에 빠지고 맙니다. 단, 같은 방에서 사는 것이 아니라면 특별한 문제없이 지내는 경우도 있습니다. 이런 경우에도 고양이를 만진 손으로 바로 접촉하는 것은 피해 주세요. 반드시 손을 씻고 만지도록 합니다.

개나 햄스터 등 다양한 동물을 함께 키울 경우 각각 어떤 성격이 좋을까요?

결론부터 말하자면 함께 키우는 것은 가능하지만 각각의 동물을 어떤 환경에서 생활하게 할 건지, 또 각각의 동물의 성격과 궁합에 따라 다릅니다.

일단 고양이와 개를 함께 키우는 것에 관해서는 각각의 성격과 궁합 나름입니다. 개가 고양이에 대해서 취하는 행동에는 세 가지 패턴이 있습니다. 첫 번째는 고양이에 대해 공격적으로 짖거나 쫓아다니는 경우이고, 두 번째는 고양이에 대해서 호의적으로 대하는 경우, 세 번째는 무관심 혹은 개가 무서워하며 도망가는 경우입니다. 첫 번째처럼 고양이에 대해 공격적이거나 짖거나 쫓아다니는 개가 좁은 환경에서 동거하는 것은 문제가 되며 고양이에게는 큰 스트레스가 됩니다. 개를 훈련시키는 것으로 개선하기도 하지만 간단한 것은 아닙니다. 두 번째와 같이 개가 고양이에 대해서 호의적으로 대하는 경우에는 고양이가 그 개를 받아들일지가 문제가 됩니다. 대부분의 고양이는 처음 보는 개가 가까이 다가오면 무서워하며 도망가거나 도망갈 곳이 없다면 공격하기도 합니다. 이때 고양이가 날리는 냥편치로 인해 개의 각막 손상이나 콧등 열상 등 심각한 부상을 입을 수도 있으므로 주의가 필요합니다. 어떤 경우든 고양이에게는 안정을 취할 수 있는 안전한 장소(세이프티 존)를 확보해 주는 것이 중요합니다.

다음으로 햄스터에 대해서 이야기하자면, 고양이는 원래 쥐 등의 작은 동물을 수렵하는 본능을 가지고 있습니다. 고양이와 쥐가 사이좋게 꼭 붙어서 자거나 함께 노는 사진이나 동영상이 TV, 인터넷에 올라와 있는 것을 볼 수 있습니다. 이것은 진귀한 일이기 때문에 화제가 된다고 생각하는 편이 좋습니다. 햄스터는 케이지에서 사육하고 고양이가 다가오지 않도록 해 둔다면 문제는 없습니다.

단, 동거하는 동물이 서로 어릴 때부터 함께 생활하고 있다면 친해질 가능성이 높아집니다. 이런 사실로 보면 개와 고양이는 약년기(2~3개월 때)의 사회화가 중요하다고 생각할 수 있습니다.

고양이를 한 마리 더 키우려고 생각 중인데요. 어떤 종류라도 상관없을까요?

실제로는 어떤 품종이라도 상관없지만 주인이 어떤 목적을 가졌는지, 그리고 사육환경에 따라서도 달라진다고 생각합니다.

예를 들면 순종 새끼 고양이를 원한다면 동종인 고양이일 것이고, 털 관리를 할 수 없다면 단모종 고양이겠지요. 일반적으로 붙임성에 관한 것에 동종과 이종의 차이는 없습니다.

여러 마리를 키울 때 주의할 점은?

　이미 고양이를 키우고 있는 가정에서 새로운 고양이를 동거시키는 것에 관해서는 사육 환경에 따라서도 달라지지만 몇 가지 주의해야 할 점이 있습니다.

　일단 새로운 고양이와의 궁합에 대해서는 성별이나 연령에 따라 차이가 있다는 것이 경험적으로 알려져 있습니다. 성별로는 이성끼리인 편이 동성끼리 보다도 궁합이 잘 맞는다고 합니다. 만약 이미 암고양이를 키우고 있다면 새로운 고양이는 수고양이를 선택하는 게 좋다는 것처럼 말이지요. 연령적으로는 젊은 고양이일수록 다른 고양이를 받아들이기 쉽고, 반대로 고령이 될수록 다른 고양이와 친해지기 어려운 경향이 있습니다. 실제로 서로 성격이나 궁합에 크게 좌우되기 때문에 만약 궁합이 맞지 않으면 생활환경을 배려해 주는 것으로 대응할 수 있을지 모릅니다.

　새로운 고양이를 동거시키는 경우 가장 중요한 것은 이미 사육하고 있는 고양이를 포함한 고양이 건강 상태입니다. 건강한지 체크할 때는 특히 감염성 질환이 있는지가 중요하며 벼룩 등의 외부 기생충이나 회충 등의 소화관 기생충, 피부사상균증(백선) 등의 진균성 질환, 그리고 고양이 감기나 고양이 백혈병 바이러스, 고양이 후천성 면역부전 바이러스 등 바이러스성 질환에 걸려있지 않은지가 중요합니다. 한 눈에 건강해 보여도 검사를 통해 처음 확인되는 질환도 많기 때문에 동거시키기 전에 동물병원에서 자세히 건강검진을 받을 것을 추천합니다. 새로운 고양이의 건강상태에 문제가 없는 것을 확인할 때까지는 기본적으로 격리하여 기존 고양이와 접촉시키지 않도록 해 주세요.

만약 새롭게 키우려는 고양이에게 고양이 백혈병 바이러스나 고양이 후천성 면역부전 바이러스 등 완치가 어려운 감염증이 발견될 경우 다른 감염증을 예방하고 병의 상태를 악화시키지 않도록 주의가 필요합니다. 수의사에게 상담을 받아 볼 필요가 있습니다.

8살과 4살 수고양이가 자주 싸웁니다. 친하게 만들기 위해서 어떻게 해야 할까요?

한정된 장소에서 여러 마리의 수고양이를 수용할 경우에는 어떻게 해도 싸움이 일어납니다. 싸움이 없어지진 않겠지만 중성화 수술은 일반적으로 싸움의 격한 정도를 완화시키는 효과를 기대할 수 있습니다. 자택에서의 대처법으로는 두 마리의 수컷 각각이 안심하고 지낼 수 있는 공간을 확보해 주는 것이 좋겠지요. 당연히 식기나 화장실을 공유하지 않아도 좋도록, 또 떨어진 장소의 안심할 수 있는 잠자리도 필요합니다. 되도록 두 마리가 직접 얼굴을 마주치지 않고 생활할 수 있는 공간을 확보해 줍시다. 또한 당분간은 문 등으로 막힌 공간에서 완전히 두 마리를 격리해 두고 냄새나 분위기로 서로의 존재에 익숙해지게 하는 것이 좋겠지요. 어찌 되었든 간단히 단기간에 싸움을 없앨 수는 없습니다. 느긋하게 두 마리의 상태를 관찰하며, 두 마리에게 최적의 거리감이 확보될 수 있도록 궁리해 봅시다.

강아지 같은 성격인 고양이, 일명 개냥이가 있나요?

고양이의 종류에 따라 어느 정도 성격의 경향(독립심이 강한, 붙임성이 있는 등)은 있지만 개체 차이도 있어서 다양한 성격의 고양이가 존재합니다. 그렇기 때문에 강아지 같은 성격의 고양이도 있을지 모릅니다. 또한 주인이나 사육 방법에 의해서도 성격이 달라지겠지요.

고양이를 키우기 전에 준비해야 할 것은?

'물품'의 준비와 동시에 사육환경에 대해서도 생각해 두어야 합니다. 실내에서 사육할 경우에는 멋대로 밖에 나가지 않도록 문이나 창문에 대한 대책은 되어 있는지, 실내에서 새나 햄스터 등의 소동물은 없는지 고려야해야 합니다. 또한 고양이가 안심하고 자거나 배설할 수 있는 장소도 필요합니다. 고양이가 있는 생활의 다양한 장면을 상상해 보고 필요한 환경을 준비해 둡시다. 고양이를 맞이하기 전에 준비해 둘 것으로는 식기, 물그릇, 고양이용 화장실, 화장실 모래, 잠자리, 먹이 등이 있습니다. 먹이는 고양이의 연령에 따라 다르지만 생후 1개월 정도부터 이유식을 시작합니다. 생후 2개월이 넘어갈 때쯤에는 새끼 고양이용 먹이를 따뜻한 물에 조금 불려서 먹게 합니다. 그 외에는 빗이나 손톱깎이도 필요합니다.

고양이를 키우는 것의 기본이란?

　일단 키우기 전에 사육 환경을 준비해야 합니다. 저는 꼭 실내 사육하는 것을 추천합니다. 집 밖에는 교통사고를 비롯하여 약품(농약), 유독식물, 전염병, 기생충 등의 위험이 도사리고 있습니다. 실내에는 식기, 잠자리, 화장실, 스크래쳐 등을 준비해 둡니다. 또한 유독성 관엽식물, 살충제, 쥐덫(쥐약), 바늘이나 칼, 주인이 아끼는 물건 중 부서지기 쉬운 것 등은 배제합니다.

　새끼 고양이를 데리고 올 때, 2개월 정도까지는 부모 밑에서 있게 하는 게 좋습니다. 이후의 건강과 심리적 발달에 큰 영향을 줍니다.

　이름을 지어주고 상냥하게 불러 봅니다. 우연이라도 다가오면 쓰다듬으며 간식을 줍시다. 결코 이름을 부르며 혼내서는 안 됩니다. 혼낼 때는 '안 돼', '떼끼', '노' 등의 짧은 단어를 하나 정해서 확실히 말합니다.

　화장실은 조용하고 안정된 장소에 전용 모래를 넣어 둡니다. 자고 일어났을 때나 식후에 냄새를 맡으며 땅파기(마룻바닥을 긁는다)를 할 때는 슬며시 화장실로 데려갑시다. 잘 했을 때에는 간식을 주는 게 좋습니다. '여기서 해!'라고 혼내면 역효과가 납니다.

　특히 새끼 고양이의 경우는 장난치며 뛰어다니는 흥분상태일 때와 그 뒤에 느긋하게 진정된 상태일 때가 있습니다. 그 타이밍에 어미 고양이가 핥아 주듯이 몸을 쓰다듬으며 빗질이나 브러시질을 합니다. 처음에는 익숙해지도록 짧은 시간 동안 무리가 없도록 합시다.

　환경에 적응하고 생후 2~3개월경에 건강진단과 더불어 예방접종을 합니다. 실내 사육인 경우에도 공기로 전염되는 병의 예방주사는 필수로 맞아야 합니다. 또한 고양이도 심장사상충에 감염되는 경우가 있습니다. 심장사상충의 예방에 대해서도 상담을 받으면 좋습니다.

암고양이는 조숙한 경우에는 5개월 정도부터 발정이 시작됩니다. 수고양이도 7개월 정도부터 소변 스프레이를 합니다. 계획적인 번식을 희망하지 않는 한, 발정 행동이나 마킹은 사람에게 불편한 행동입니다. 빨리 동물병원에서 중성화 수술 상담을 받는 것을 강력히 추천합니다. 고양이들에게도 성적 스트레스, 많은 질병의 회피 등 많은 점에서 유익한 수술입니다.

마지막으로 중요한 것은 고양이와 함께 살아가는 것을 즐기는 것입니다. 고양이는 호랑이와 사자와 같은 사나운 육식동물의 동료지만 사람이 가축화한 긴 역사가 있습니다. 개처럼 큰 동작으로 표현하진 않지만 우리와 교류하는 것을 바라고 있습니다. 시간을 내서 다가가 봅시다.

식사와 운동에 대한 것은 가장 중요한 사항입니다. 구체적인 내용은 다른 Q&A에 설명해 두었기 때문에 참고해 주세요.

백신접종에 의해 어떤 질병의 예방이 가능한가요?

현재 국내에 백신이 있는 질병으로는 '고양이 바이러스성 비기관염', '고양이 칼리시 바이러스 감염증', '고양이 범백혈구감소증', '고양이 백혈병 바이러스 감염증', '클라미디아 감염증', '고양이 면역부전 바이러스 감염증(고양이 에이즈 바이러스 감염증)'이 있습니다. 제제로서 이전부터 오랜 기간 접종되었던 3종 혼합 백신은 '고양이 바이러스성 비기관염', '고양이 칼리시 바이러스 감염증', '고양이 범백혈구감소증'의 예방을 목적으로 한 것입니다. 이 3종 혼합 백신에 '고양이 백혈병 바이러스 감염증'을 더한 4종 혼합 백신, 4종 혼합 백신에 '클라미디아 감염증'을 더한 5종 혼합 백신 등이 있습니다. '고양이 백혈병 바이러스 감염증'과 '고양이 면역부전 바이러스 감염증'은 각각 단독 백신이 있습니다. 어떤 백신이 당신의 고양이와 어울릴지 주치의와의 상담을 통해 결정하는 것이 좋습니다.

새끼 고양이를 놀게 하고 싶은데요. 어떻게 하는 게 좋나요?

가장 좋은 것은 동갑내기(형제) 고양이가 있으면 그냥 두어도 좋은 놀이 상대가 됩니다. 하지만 보통 대부분은 외동(단독사육)이기 때문에 사람이 놀아 주는 것이 중요합니다. 고양이는 타고난 사냥꾼입니다. 그 성질에 따라 고양이 낚싯대 장난감을 쫓게 하거나 바삭바삭 소리를 내는 종이 공을 던져서 사냥과 비슷하게 놀아줍니다. 최근에는 고양이의 흥미를 끌기 위해 다양한 장난감이 판매되고 있으므로 그 중에서 안전한 것을 이용해도 좋을 것입니다. 그 밖에 몸을 숨기기를 좋아하는 고양이는 봉투 속에 들어가거나 박스 안에 들어가면 기뻐합니다. 또한 밖에서 소동물이나 벌레가 기어가는 듯이 바삭바삭 소리를 내면 기뻐하며 그 방향으로 달려듭니다. 그 밖에 운동 부족을 해소하기 위해서 나무 타기나 캣타워를 오르락내리락 하게 하는 것도 효과적입니다. 놀 때 주의해야 할 점은 놀이 도구로 사용되는 실이나 고무 등을 오음하거나 그것에 휘감기는 경우가 있습니다. 도구로 놀아주는 것은 사람이 보고 있을 때 합시다. 또한 사람의 손은 고양이에게는 부드럽고 따뜻하고 재밌게 움직이는, 깨물기에 딱 좋은 것입니다. 이런 점이 가끔 교상으로 이어지는 일도 있으므로 되도록 도구를 사용하여 놀게 하도록 합시다.

새끼 고양이도 유치가 빠지고 영구치가 나나요?

사람과 마찬가지로 유치가 빠진 뒤 영구치가 자랍니다. 유치는 생후 2~3주째부터 자라기 시작하여 5주째에 다 납니다. 영구치로 바뀌는 것은 3개월 반부터 4개월 정도에 시작하여 6개월에는 완료됩니다. 영구치는 치주염이나 외상으로 손상되면 다시 새롭게 나지 않습니다.

소변을 본 후에 발톱 갈이를 하는 이유는 뭔가요?

아직 제대로 알려지지는 않았지만, 몇 가지 고찰해 보겠습니다. 첫째는 배뇨하는 것에 맞춰서 자신의 존재를 알리기 위해 마킹을 한다고 생각합니다. 둘째는 배설을 끝낸 도구인 발톱을 갈고 사냥을 위한 준비를 하는 것은 아닐까 생각합니다. 셋째는 야생 상태에서 배뇨 중에는 적에게 무방비 상태가 됩니다. 무사히 배뇨를 끝내서 그 불안한 상태로부터 벗어나 안심한다는 마음의 표현으로 발톱 갈이를 하는 것은 아닐까요?

새벽이 되면 활기가 최고조에 이릅니다. 어째서인가요?

　원래 고양이는 야행성으로 밤중에 사냥을 하여 식사를 합니다. 그 중에서도 새벽은 소동물이 굴로 돌아오거나 작은 새 등이 움직이기 시작하는 시간으로, 고양이에게는 절호의 기회가 됩니다. 이 같은 야생 습성이 집 고양이에게도 많이 이어져 있습니다. 그렇지만 긴 세월 주인과 함께 살면 야행성인 고양이도 주인이 수면 중에는 함께 자고, 주인보다 조금 더 일찍 일어나 식사를 독촉합니다.

밖에서 사냥감을 잡아와도 먹지 않고 가지고 놀기만 하는데요. 배가 고프지 않아서 인가요?

　이것에 대해서는 몇 가지 원인을 고려할 수 있습니다. 첫 번째는 고양이의 습성으로 생후 6개월간 먹은 것을 먹이로 강하게 인식하는 경향이 있으며, 수렵본능에 의해 잡은 사냥물을 먹이로 인식하지 않았을 경우를 생각할 수 있습니다. 두 번째는 사냥물을 주인이 있는 곳에 가지고 오는 경우입니다. 아이 양육 중인 어미 고양이는 새끼 고양이에게 사냥물을 보여주며 사냥하는 연습을 시키고, 바로 먹지 않습니다. 마찬가지로 주인을 사냥을 할 수 없는 새끼 고양이와 같은 레벨로 보고 있다고 생각할 수 있습니다. 그리고 마지막으로 사냥 실패입니다. 잡아서 절명시키고 먹는 순서가, 절명 시키는 부분에서 잘 이루어지지 않아 계속 움직이니까 건드리는 것이라고 생각할 수 있습니다.

고양이는 물에 닿는 것을 싫어하는데, 왜 그런 것이죠?

흠뻑 젖은 개는 본 적이 있어도, 흠뻑 젖은 고양이를 본적은 아마도 없을 것이라고 생각합니다. 이처럼 고양이는 개에 비해서 물을 매우 싫어하는 동물이라고 할 수 있습니다. 이것은 고양이의 털이 물을 튕겨내지 않기 때문에 몸이 젖으면 체온저하를 유발하므로, 체온저하를 매우 싫어하는 고양이는 물에 닿는 것을 싫어하는 것이라고 생각합니다.

고양이의 조상은 아랍 지역이 발상지로, 거기에서 중국으로 건너오고 또 일본으로 건너 왔다고 합니다. 아랍 지방은 거의 강수가 없기 때문에 긴 세월에 걸쳐 생리적으로 물을 싫어하는 유전자가 전해져 오고 있는 지도 모릅니다.

더럽혀진 채로 쇠약해진 새끼 고양이 등을 보호한 경우, 목욕을 시킬 때는 특별히 주의가 필요합니다. 최악의 경우 목욕 후에 사망하는 경우도 있습니다. 이 같은 때는 목욕 시간을 짧게 하고, 체온 저하를 방지하기 위해 목욕 후에는 잘 말려주는 것이 중요합니다.

고양이가 자고 있을 때 몸을 실룩거리는 것은 꿈을 꾸기 때문인가요?

고양이가 잘 때 몸을 실룩거리는 것은 수의학적으로는 증명되지 않았지만, 저의 사육 경험으로 보면 아마도 꿈을 보고 있는 것이라고 생각합니다. 이것은 정상적인 일이므로 걱정할 필요 없습니다.

아주 드물게 이 실룩거림이 진행할 경우 틱(간대성경련)이라고 부르며, 더 진행하여 전신에 미칠 경우는 경련 모양 발작이 되며 방치하면 사망에 이르기도 합니다.

고양이가 안심하고 잘 수 있는 장소는 어떤 곳인가요?

고양이는 잘 자는 동물이라서 하루의 3분의 2는 수면을 취한다고 합니다. 그래서 잠자리를 고를 때 일단 안전한 곳을 선택합니다. 계속 사람이나 다른 고양이와 함께 있는 것을 싫어하여 집 안에서는 항상 보이지 않는, 숨을 수 있는 공간을 확보해 주도록 해야 합니다. 또한 따뜻하고 습도가 적으며 통기성이 좋은 곳을 선호합니다. 선반 위나 전자제품, 스토브와 가까운 코타츠 안이나 무릎 위 등도 좋아합니다. 높은 곳을 선호하는 것은 적으로부터의 공격을 막으려는 유전자가 이어져 왔기 때문일지도 모릅니다.

벌러덩 누워 배를 보이며 자는 이유는 무엇인가요?

야생 고양이는 둥글게 몸을 말고 잡니다. 이것은 예로부터 적에게 몸을 보호하려는 방어 행동 중 하나라고 합니다. 그러나 반려동물이 된 고양이가 배를 내놓고 자는 자세는 일단 지금 자신이 있는 곳에서 위험성이 없고 경계할 필요가 없다고 판단했을 때, 배를 내놓고 잔다고 생각할 수 있습니다. 즉 가장 편안한 상태라고 보아도 좋은 것이지요. 고양이는 하루 중 3분의 2는 자면서 보내는 동물이므로 이 같은 때는 가만히 내버려 두세요.

또한 실내 온도가 24도를 넘으면 배를 내놓고 자기도 합니다.

자다가 일어나면 꼭 크게 하품을 합니다. 이유가 뭔가요?

　사람은 하품을 할 때는 졸리다는 징조이지만 고양이의 하품은 졸리다는 의미라고만은 할 수 없습니다. 수면을 취할 때는 호흡수가 감소하고 체내에 들어가는 산소량이 감소합니다. 그래서 기상 후에 고양이는 원래 적에게 공격을 가하기 위해 순발력을 다른 동물 보다 필요로 해서 파워를 최대치로 끌어올려야만 합니다. 그러기 위해 하품을 하고 기지개를 켜서 뇌와 근육에 대량의 산소를 보충하는 것입니다. 큰 하품을 하는 것은 대량의 산소를 공급하여 다음 행동을 취하기 위한 생리적 현상이라고 할 수 있습니다.

고양이가 얼굴을 씻으면 비가 온다는 것이 사실인가요?

　고양이는 자신의 침을 앞발에 묻혀 얼굴을 비비고, 앞발에 묻은 오염을 핥아서 얼굴을 비비는 것을 몇 번이나 반복하는 경우가 있습니다. 이 습성을 가리켜 '고양이가 얼굴을 씻는다'고 말합니다. 그렇다면, 왜 고양이가 얼굴을 씻는 것일까요? 입 주위에 묻은 음식물 냄새나 오염을 없애기 위해서입니다. 센서 역할을 하는 수염을 항상 청결하게 유지하여 바짝 뻗쳐 두기 위해서이기도 합니다. 또한 불결한 기분이나 강한 스트레스를 완화시키기 위해서 등의 이유도 있습니다.
 강우가 다가와 습기가 많아지면 고양이는 불쾌한 기분을 느껴 그 기분을 진정시키기 위해 얼굴을 씻습니다. 또 습기 때문에 소중한 수염에 탄력이 없어지기 때문에 수염을 정돈하기 위해 정성들여 얼굴을 씻는 것입니다. 개체차이는 있지만 확실히 습도가 높은 날이나 저기압이 가까워질 때 고양이는 귀 뒤까지 몇 번이나 앞발로 비비면서 얼굴을 씻어 기분을 조절합니다. 단, 고양이가 얼굴을 씻는다고 반드시 비가 내리는 것은 아닙니다.

자신의 젖을 빨 때가 있는데요. 왜 그런 건가요?

 실내 사육을 하는 고양이 중에는 자신의 젖을 빠는, 사람이 보면 기묘한 행동을 하는 고양이가 있습니다. 이 행동의 대부분을 대략적으로 말하면 '심심함'입니다. 실내에서만 키워져서 자극이 적은 생활을 하는 경우, 고양이는 심심함을 해소하기 위해 자신의 젖을 빠는 경우가 있습니다. 또한 이사 등으로 환경이 바뀌거나 주인의 가족 구성원의 변화 등으로 스트레스를 받을 때도 이런 행동의 계기가 되기도 합니다.

먹이를 묻는 몸짓을 하는 이유가 무엇인가요?

 반려 고양이가 먹이를 넣은 그릇 주변을 두드리거나, 긁는 경우가 있습니다. 마치 화장실을 본 뒤 모래를 덮는 듯 한 몸짓 같아서 먹이의 맛이나 냄새가 마음에 들지 않는 것인지 생각하게 되지요. 사실 먹이를 남겨두고 싶다는 '음식물 저장'이라는 야생 고양이 시절부터의 본능으로, 먹이를 땅에 묻으려는 행동이 일어나는 것이라고 생각할 수 있습니다. 먹이를 먹은 후의 모래 덮는 행동은 저장의 의미를 가지며, 말하자면 '배불러!'라는 것이겠지요. 반대로 먹이를 먹기 전에 모래를 덮는 행동을 하는 것은 역시 먹이의 맛이나 냄새가 마음에 안 든다는 의미도 있습니다.

입에 먹이를 물고 다른 장소로 가는 이유는 무엇인가요?

입에 들어가지 않는 큰 먹이를 주어도 그 자리에서 먹지 않고 입에 문 채 방구석 등으로 이동하여 먹기도 합니다. 이것은 사냥감의 숨통을 끊을 때 다른 동물에게 습격당할 걱정이 없는 장소에서 안심하며 사냥물을 먹는 야생 시절의 습성이 남은 것이라고 합니다. 또한 고양이 사료 등의 작은 알이라도 그릇 밖으로 꺼내 먹는 경우는 사료를 넣는 그릇에 센서 기능을 가진 수염이 닿는 것이 싫기 때문입니다.

멀리까지 나갔던 고양이가 며칠이나 걸려 돌아오는 이유는 무엇인가요?

여행갈 때 고양이를 동반했다가 실수로 잃어버렸는데, 며칠 후에 무사히 집까지 돌아왔다거나 며칠이나 행방이 묘연했던 고양이가 느닷없이 돌아왔다는 이야기를 가끔씩 듣습니다. 고양이의 이 놀랄만한 귀소본능은 생리적인 시간 감각인 체내시계와 관계한다고 합니다. 같은 장소에서 생활하는 동물의 몸에는 체내시계라고 불리는 시간감각이 생겨납니다. 미아가 된 장소의 태양 위치와 체내시계로 기억하는 태양 위치(즉 항상 생활하던 장소의 태양 위치)와의 어긋남을 없애기 위해 이동하면 자신의 집 방향으로 갈 수 있다고 생각할 수 있는 것이지요.

고양이가 죽을 때 모습을 감추는 이유는 무엇인가요?

교통사고 등이 아닌 이상 실외의 눈에 띄는 곳에서 고양이의 유해를 본 적은 아마도 없을 것입니다. 고양이의 유해는 툇마루 밑이나 헛간 등 사람의 눈이 잘 닿지 않는 장소에서 발견되는 것이 대부분입니다. 그래서 '고양이는 죽을 때 모습을 감춘다'고 말하는 것입니다. 하지만 이것은 죽을 때를 깨달은 고양이가 죽기 위한 장소를 구해 이동하는 것은 아닙니다. 고양이는 몸 상태가 안 좋아지면 어둡고 조용한 장소에 몸을 두려고 하는 본능이 작용하기 때문에 사람 눈에 닿지 않는 툇마루 밑이나 헛간 등으로 이동합니다. 결과적으로 그곳에서 최후를 맞이하게 되는 것이지요.

고양이는 자신의 아이를 죽인다고 들었습니다. 정말인가요?

어미 고양이는 원래 새끼 고양이를 지키려고 하지만, 때때로 자신의 아이를 죽이는 경우가 있습니다. 대부분은 출산이나 양육 중에 다른 동물이나 사람이 접근해서 위험을 느낀 경우 패닉 상태가 되어 이런 사태가 발생합니다.

고양이의 후각은 민감한가요?

고양이의 후각은 냄새를 감지하는 세포 수가 사람의 2배, 냄새로 구분하는 능력은 1만~10만 배라고 합니다. 구분하는 능력에 폭이 있는 것은 맡는 대상에 따라 다르기 때문입니다. 특히 뛰어난 것은 역시 먹이의 냄새를 맡을 때입니다. 냄새를 맡는 능력이 1만 배라는 것은 사람보다도 1만 배 강하게 냄새를 맡는다는 의미가 아닙니다. 공기 중의 냄새 물질의 농도가 사람이 감지할 수 있는 최저 농도의 1만 분의 1 ~ 10만 분의 1이라도 감지할 수 있다는 의미입니다. 고양이는 주로 육안이나 날카로운 청각에 의해 사냥감을 발견하여 수렵을 합니다. 그래서 고양이는 사냥감을 발견하기 위해 후각을 사용하지 않고 눈앞의 대상물이 먹을 것인지를 최종 확인하거나 영역 확인을 위해 사용하는 일이 많습니다. 먹을 것인지를 냄새로 판단하기 때문에 코 질환 등으로 냄새를 분간할 수 없게 되면 먹이라고 판단하지 못하여 입을 대지 못합니다. 그렇기 때문에 코가 안 좋아진다는 것은 고양이에게는 생명이 걸린 중대사인 것입니다.

고양이 눈의 동공이 커지는 이유는?

놀랐을 때 등, 놀라면 교감신경이 흥분하여 그 영향으로 동공이 커집니다. 또한 어두운 곳에서는 확실히 보기 위해 동공을 크게 하여 빛이 들어오는 양을 늘립니다. 이것은 개도 마찬가지입니다. 하지만 개의 동공은 까만 부분이 많아서 동공이 열린 것을 알기 힘든 것이지요. 진료대에 올라간 개의 대부분은 동공이 크게 열려 있습니다.

고양이의 눈이 빛나는 이유는?

야행성 동물에게는 타페텀(tapetum)이라는 반사판이 망막 뒤에 있습니다. 망막의 시세포는 반사해 오는 빛도 이용하기 때문에 어두워도 잘 보이는 것입니다. 밤에 라이트 빛이 고양이에게 닿으면 놀라서 빛이 오는 방향을 봅니다. 어두워서 동공이 열리고 고양이와 눈이 마주치게 됩니다. 라이트의 빛이 고양이 눈에 들어가 타페텀으로 반사하여 돌아온 빛을 보게 되어서 눈이 빛나는 것처럼 보이는 것입니다.

고양이는 색을 식별할 수 있나요?

고양이의 망막에는 색을 식별할 수 있는 추체세포가 두 종류가 있으며, 녹색과 청색 그리고 그 혼합 색을 본다고 합니다. 단, 사람에게는 황색, 녹색, 청색에 대응하는 3종류 추체세포가 있습니다.

고양이의 청각은 어느 정도인가요?

사람의 귀는 16~20000헤르츠, 개는 65~50000헤르츠, 고양이는 25~75000헤르츠 정도의 음역을 느낄 수 있습니다. 고양이는 사람이나 개가 느끼지 못하는 고음까지 들을 수 있습니다. 이 같은 고음은 사냥감인 쥐 등이 일으키는 고음의 음역과 겹칩니다. 게다가 귀를 파라볼라 안테나처럼 움직여서 소리를 모아서 들을 수 있습니다.

여성의 목소리에 반응하는 이유는 무엇인가요?

고양이의 귀는 주파수가 높은 소리에 민감합니다. 일설에 의하면 제4옥타브의 '미' 음에 고양이는 매우 흥분한다고 합니다. 마찬가지로 사람의 목소리에 대해서도 고양이는 남성의 낮은 목소리보다 여성의 높은 목소리에 더욱 반응합니다. 여성의 부드럽고 높은 목소리는 어미 고양이의 울음소리를 생각하게 할지도 모릅니다. 또한 고양이의 사냥감이 되기 쉬운 쥐 등의 설치류가 내는 주파수가 여성의 음역과 가깝기 때문일 수도 있습니다.

수염에도 역할이 있는 건가요?

고양이의 쫙 뻗친 수염은 전신을 덮고 있는 부드러운 털과는 달리 매우 딱딱하고 견고합니다. 고양이의 수염은 사람의 수염과 다르게 '촉모'라고 불리는 매우 민감한 털입니다. 촉모의 근원에는 많은 신경세포가 모여 있어서 아주 작은 자극에도 민감하게 느낄 수 있습니다. 고양이는 장애물과의 거리를 체크하기 위해 수염을 이용합니다. 소리를 내지 않고 사냥감에게 살며시 다가가기 위해 주위의 장애물과의 거리를 잘 파악할 필요가 있기 때문입니다. 또한 좁은 곳을 통과할 때도 자신이 통과할 수 있는 폭인지를 판단하기 위해 좌우로 뻗은 수염을 사용합니다. 그런 의미에서 고양이 수염은 감도 좋은 센서로, 실용적인 레이더 역할을 한다고 할 수 있습니다.

꼬리로 감정을 표현하는 것인가요?

고양이는 꼬리를 움직여서 말하는 것과 마찬가지로 명확히 그 때의 감정을 표현하고 있습니다. 꼬리를 곧게 세워 주인의 발 가까이에 올 때는 어리광 모드입니다. 주인에게 상대해 달라고 하는 것이지요. '배고파' 등의 조르는 마음일 때도 꼬리를 세우고 주인 뒤를 쫓아다닙니다. 이것과는 대조적으로 자신이 혼자 있고 싶을 때에 주인이 쓰다듬으면 기분이 좋지 않아서 꼬리를 좌우로 팍팍 흔들며 '만지지마. 그럴 기분 아니야'라는 의사표현을 합니다. 이런 때는 고양이가 불쾌모드로 돌입했다는 증거이기 때문에 고양이를 가만히 두도록 합시다. 또한 릴랙스한 상태로 누워 있을 때 고양이의 이름을 부르면 꼬리를 톡톡 작게 흔들기도 합니다. 이것은 고양이의 응답입니다. 자신을 불렀지만 일어나기는 귀찮으니 '듣고 있어'라고 꼬리로 응답하는 것입니다. 이외에도 두려움에 떨 때는 꼬리를 가랑이 사이에 끼우며, 놀라거나 갑자기 기분이 나빠졌을 때는 꼬리를 갑자기 크게 부풀립니다. 그리고 꼬리가 역 U자로 호를 그리면 이것은 이미 전투태세라는 것입니다. 이처럼 고양이의 꼬리는 감정표현이 풍부합니다.

울음소리에는 어떤 의미가 있는 건가요?

밖에서 들리는 '야옹'이라는 날카롭고 새된 고양이의 울음소리는 파트너를 찾는 울음소리입니다. 때때로는 관심을 보이는 파트너와 싸우거나 격한 '캬악', '구웅', '샤악' 등의 위협하는 울음소리로 응수하는 경우도 있습니다. 그 외에 일상에서도 고양이는 울음소리로 다양한 것을 말합니다. 짧게 '냐' 하고 우는 것은 고양이의 인사입니다. 조금 더 길고 강하게 울 때는 '먹을 걸 줘', '밖에 나갈래' 등의 요청의 의미가 담겨있습니다. 고양이의 모든 울음소리에 그 때의 기분이나 감정이 표현되어 있는 것입니다. 그렇지만 비슷한 울음소리라도 그 때 고양이가 놓인 상황에 따라 전하고 싶은 감정이 다를 때도 있습니다. 예를 들어 목을 그르르 울리며 '냐'하는 경우 그저 릴랙스하고 있을 뿐일 때도 있지면 어리광 모드로 주인에게 관심 받고 싶다는 표현일 때도 있습니다. 그때 고양이가 놓인 상황이나 꼬리의 움직임 등 다른 신호를 고려하여 그 울음소리에 어떤 의미가 있는지 보다 확실히 알 수 있습니다.

고양이는 표정이나 몸짓으로 희로애락을 표현하는 건가요?

고양이의 얼굴에는 표정이 별로 없어서 도도하다고 느끼는 사람도 많을 것입니다. 하지만 그렇지 않습니다. 안정을 취하고 있을 때, 어리광 부릴 때, 무서울 때, 화났을 때 등 그리고 뭔가 득의양양한 표정 등 실로 여러 가지입니다. 표정을 바꾸는 중요한 파트는 눈과 귀입니다. 안정을 취하고 있으면 졸린 것처럼 눈을 가늘게 뜨고 아주 느긋한 느낌입니다. 무서울 때는 귀를 뒤로 젖히고 눈도 동요하여 동공이 열립니다. '지지 않겠어'라고 자신만만하고 기세등등할 때는 귀가 앞을 향하고 동공이 작아지며 눈매가 날카로워 보입니다. 그리고 화나서 공격적인 기분일 때는 귀를 곧게 세우거나 뒤로 젖히고 동공은 흥분하여 동그랗게 됩니다. 그러나 무언가가 두려워서 나약해졌을 때는 눈의 동공이 열리고 귀가 뒤로 누워 있습니다. 그 외에도 복잡한 감정을 표정으로 나타낼 수 있습니다.

거울에 비친 자신을 인식할 수 있나요?

　처음에는 거울에 비친 자신의 모습에 조금 흥분하지만 조금 시간이 지나면 흥분이 사라지고 모르는 척 하는 경우가 많습니다. 고양이에 따라서는 잠시 거울에 비친 자신의 모습에 '샤악'하는 울음소리를 내거나, 등을 둥글게 하고 위협하는 경우도 있습니다. 그렇지만 공격하려고 거울을 앞발로 때려도 실체하지 않는 것이기 때문에 머지않아 흥분을 잃습니다. 종이에 그려진 등신대 고양이 그림을 보여주면 고양이는 그림에 다가와 코를 대고 냄새를 맡으려고 합니다. 이런 점에서 고양이는 서로를 인식하는 데에 후각을 실마리로 사용하지만 시각으로도 인식한다는 것을 알 수 있습니다. 결국 그림에 그려진 고양이도 거울에 비친 자신의 모습도 시각으로 인식하고 일단 흥미를 가져도 실체가 없기 때문에 살아있는 것이 아니라고 생각하는 것이겠지요.

　그런 의미에서 고양이가 거울에 비친 자신의 모습을 인식한다고 까지는 말 할 수 없습니다.

사람의 나이로 환산하는 방법은?

　고양이는 생후 1년을 넘기면 어엿한 성묘가 되며, 머지않아 주인의 나이를 앞지릅니다. 고양이의 나이를 사람의 나이로 환산하는 것 자체에 조금 무리가 있지만 고양이의 생물학적 성성숙을 1살 전후, 한계 연령을 20살 정도로 가정하면 대략적인 해당 연령을 추정할 수 있습니다. 그것을 나타내는 것이 연령 환산표입니다. 추정이기 때문에 고양이와 사람의 연령 환산표에는 불규칙적인 부분이 있지만 연령 환산표의 일례를 나타내는 것이므로 참고해 주세요.

고양이	사람	고양이	사람	고양이	사람	고양이	사람
1개월	1살	2년	23살	9년	52살		81살
2개월	3살		26살		54살	17년	84살
3개월	5살	3년	28살	10년	56살		86살
6개월	9살	4년	32살	11년	60살	18년	88살
	12살		33살	12년	64살	19년	92살
9개월	13살	5년	36살	13년	68살	20년	96살
1년	17살	6년	40살	14년	72살		
	19살	7년	44살	15년	76살		
1년 반	20살	8년	48살	16년	80살		

자신의 영역에 어떤 표시를 해두는 것이죠?

고양이의 이마 양쪽, 입술 양쪽, 턱 밑, 육구(발바닥 젤리), 생식기에서 페로몬이라고 불리는 물질이 분비됩니다. 고양이는 그것을 물건이나 상대에게 묻혀서 사회적 지위나 안심, 경계, 성적행동 등의 정보를 서로 교환합니다. 고양이 사이의 커뮤니케이션으로 쓰인다고 생각할 수 있습니다. 페로몬은 소변에도 있어서 소변을 누는 장소에는 이 메시지가 남아 있습니다. 즉 자신의 영역을 주장하는 것에도 이어지는 것이지요.

고양이에게도 보스가 있는 것인가요?

고양이는 기본적으로 단독생활을 합니다. 하지만 그 행동 범위의 일부가 복수의 고양이로 겹쳐져 있고, 그곳에서 사회생활도 합니다. 따라서 그러한 사회생활의 부분에서는 균형을 유지하기 위해 서열관계가 발생합니다. 단, 무리로 생활하는 개와는 달리 고양이에서의 서열관계는 애매해서 때나 상황에 따라 어떤 고양이가 우위에 섰다가, 다시 열위가 되었다가 하며 각각의 관계를 교대하는 유동적인 것입니다.

고양이들의 싸움이 시작하면 이기고 지고는 어떻게 정해지나요?

고양이는 싸움에 이겨도, 져도 부상을 입을 가능성이 크기 때문에 사이가 나쁜 고양이와 만나도 서로 눈을 마주치지 않으며 싸움을 피하려고 합니다. 그러나 운 나쁘게 눈이 마주치면 바로 투쟁 준비 태세로 돌입합니다. 이런 경우도 되도록 싸움을 피하고 싶기 때문에 일단은 털을 곤두세우며 몸을 크게 보여 상대를 위협합니다. 이것으로 상대가 도망쳐 주면 좋겠지만, 그렇지 않은 경우에는 한발 한발 다가서다 싸움이 시작됩니다. 싸움은 도중 휴식을 포함하여 몇 번이나 맞붙지만 이길 것 같지 않다고 인정한 고양이는 귀를 뒤로 바짝 붙여 웅크리고 그 이상 저항을 하지 않게 됩니다. 상대가 그렇게 되면 이긴 고양이는 그 이상으로 공격하지 않습니다.

고양이의 뿌리는 어디에 있나요?

고양이의 뿌리는 중동이나 북아프리카에 서식하는 리비아 고양이라고 합니다. 이집트의 피라미드에서 다수의 리비아 고양이 미라가 발견된 점으로 미루어 보아 9천년~1만 년 전부터 사람과 함께 살았다고 추측하고 있습니다. 애교가 있고 쥐도 잡아 주는 고양이는 사람의 마음을 사로잡았을 것입니다.

일본 고양이는 어디에서 온 것인가요?

고양이는 중국에서 불교와 함께 전래해 왔다고 추측되고 있습니다. 헤이안시대 초기 우다 일왕 때에 중국에서 온 검은 당나라 고양이를 키웠던 것이 기록되어 있습니다.

이른바 일본 고양이라고 불리는 꼬리가 짧고 땅딸막한 체형의 고양이는 에도시대 중기부터 일반적으로 키우게 되었다고 추측하고 있습니다. 일본 고양이를 기원으로 하나의 품종으로서 인정받게 된 재패니즈 밥테일은 일본 고양이보다는 약간 스마트한 체형인 것이 많습니다.

고양이의 순혈종은 언제부터 만들어진 것인가요?

고양이의 순혈종이 만들어진 것은 18세기가 되고부터입니다. 개처럼 다양한 사역에 응하여 개선되어 온 것이 아니라 각 지역에 특징적인 고양이를 골라 교배하고 이상적인 용모로 고정된 결과 만들어졌습니다. 그래서 개와 비교하여 순혈종 간에 별로 차이가 없음을 알 수 있습니다.

장모종, 단모종의 성격 특징은?

장모종인 페르시안 고양이와 히말라얀은 일반적으로 순종적이고 얌전하며 움직임도 느긋합니다. 메인쿤은 독립심이 왕성합니다. 소말리 고양이는 장모종이지만 아비시니안에서 개량된 탓인지 매우 활발히 움직입니다.

단모종인 아비시니안은 활동적이고 사람을 잘 따르며 응석을 잘 부립니다. 러시안 블루도 활발하며 매우 순종적입니다. 아메리칸 숏헤어는 독립심이 강합니다.

단, 같은 품종이라도 고양이에 따라 성격이 다릅니다. 여기에는 부모 고양이나 형제로부터 떨어진 시기나 유소년 시의 주인이 어떻게 다루었는지 등이 영향을 끼칩니다.

삼색 고양이는 수컷이 없는 이유가 무엇인가요?

동물의 성별은 성염색체 상의 유전자에 따라 결정됩니다. 성염색체가 XX인 것이 암컷이 되고 XY인 것이 수컷이 됩니다. 또한 모색이 검은색이나 갈색의 유색 유전자는 성염색체 X에 실려 있습니다. Y에는 없습니다. 따라서 하얀 바탕에 검은색과 갈색 두 가지 유색을 가진 고양이는 성염색체가 검은색 X와 갈색 X의 조합인 것입니다. 즉 XX인 암컷이 되는 것이지요. 그러나 드물게 수컷 삼색 고양이도 있으며 매우 귀중이 여겨지지만, 확실한 것은 밝혀지지 않았습니다.

고양이의 발톱은 왜 날카로운 것인가요?

고양이는 움직임이 빠른 동물에게 뛰어들어 확실하게 포획해야 할 필요가 있습니다. 이것에는 날카로운 발톱이 필요합니다. 그리고 고양이는 이 날카로운 발톱이 닳아서 줄어들지 않도록 걷거나, 뛸 때에 발톱을 움츠려 지면에 닿지 않도록 할 수 있습니다. 또한 발톱이 닳으면 발톱 갈이 때에 발톱 전체가 껍질이 벗겨지는 것처럼 떨어지며, 그 아래에는 새로운 발톱이 준비되어 있습니다. 잘 되어 있지요.

고양이는 왜 봉투에 얼굴을 파고드는 것을 좋아하나요?

자연계에서 살았을 때의 습성이 남은 것이라고 추측됩니다. 고양이의 선조는 적에게 습격당할 걱정이 없는 나무 위나 나무 구멍에 거처를 확보했습니다. 그렇기 때문에 숨어 들어갈 수 있는 것을 보면 파고들어가는 습성이 있습니다. 또한 고양이는 호기심이 왕성하여 봉투 같이 만지면 모양이 바뀌거나 바람으로 움직이는 것을 본능적으로 쫓아갑니다.

등에서 떨어져도 잘 착지 하는데요. 어떻게 가능한 것이지요?

고양이의 균형 감각이 아주 뛰어나기 때문입니다. 내이라는 귀의 안쪽에는 전정기관이라는 곳이 있습니다. 여기에는 진동을 캐치하는 유모세포가 있으며 그 세포의 털의 움직임에 의해 몸의 움직임을 순간적으로 감지하여 전정신경을 거쳐 뇌로 전해집니다. 고양이는 이 전정기관이 아주 발달한 것입니다. 그러나 높은 곳에서 떨어지는 것에도 한계가 있으며, 3~4층 정도의 높이까지라면 착지할 수 있다고 합니다.

어떻게 발소리를 내지 않고 걸을 수 있나요?

고양이의 발 뒤에 있는 육구라는 발톱 구조에 비밀이 있습니다. 고양이의 육구는 부드럽고 탄력이 있어서 쿠션 같은 역할을 맡고 있습니다. 그리고 고양이의 발톱은 지골과 힘줄로 이어져 있으며 발가락을 펼쳐서 힘을 넣으면 힘줄이 늘어나 발톱이 나오고 힘을 빼면 힘줄이 느슨해져서 발톱이 들어가는 구조로 되어 있습니다. 이것에 의해 고양이는 상황에 따라 발톱을 내밀거나 들어가는 것이 가능합니다. 평소에는 발톱을 숨기고 있으므로 발톱이 바닥에 닿지 않아서 발소리를 내지 않고 걸을 수 있는 것입니다.

그루밍은 왜 하는 것인가요?

피모를 청결히 유지하는 것 외에 체온을 조절하는 작용이 있기 때문입니다. 먼지나 오염을 없애고 뭉친 털을 풀어서 털 결을 정리합니다. 그렇게 해서 몸에 묻은 냄새를 없애고 자신의 존재를 눈치 채기 어렵게 만듭니다. 또한 체온조절에 있어서는, 고양이의 몸에는 땀을 흘리는 기능이 없어서 더울 때에는 체모에 침을 묻혀 그것이 증발할 때의 기화열로 몸을 식힙니다. 추울 때는 털과 털 사이에 따뜻한 공기가 고이도록 뭉친 털을 공들여 푸는 것입니다. 그리고 그루밍은 피부 마사지도 되어 안정감을 얻는 효과도 있습니다.

소변이나 대변을 본 후에 모래를 덮는 이유는 무엇인가요?

고양이가 소변이나 대변에 모래를 덮는 것은 자신의 존재를 숨기기 위한 것이라고 추측되고 있습니다. 고양이의 소변 냄새는 꽤 심해서 외부의 적으로부터 몸을 보호하기 위해 이런 습성이 생긴 것이지요.

고양이와 재미있게 놀아 주려면 어떻게 하는 게 좋을까요?

고양이의 습성에 따라 다르지만 원래 고양이는 작은 동물을 잡는 사냥꾼이라서 움직임이 빠른 것에 흥미를 갖습니다. TV 화면에서 움직이는 새나 곤충 등을 흥미진진하게 쫓아다니거나 방에 들어간 벌레를 쫓아다니거나 거울에 반사된 빛이나 레이저 포인트의 빛을 쫓아다니는 데에 열중하는 것을 경험합니다(레이저는 눈에 안 좋으므로 주의). 집 안에 캣타워를 만들어 놀게 하는 분도 있지요. 고양이는 기본적으로 단독 생활을 좋아하는 동물이라서 멋대로 무언가를 발견하여 즐겁게 노는 일이 많기 때문에 놀아준다는 감각은 그렇게 까지 필요하지 않습니다.

외출하는 고양이의 질병이나 부상이 걱정됩니다. 어떻게 하면 좋을까요?

도시도, 시골도 고양이를 자유롭게 바깥으로 내놓는 것은 아주 위험하다는 것을 많은 분들이 알고 계실 것이라고 생각합니다. 그것을 알고 계시다는 가정 하의 질문이라고 이해하고 대답하겠습니다. 가능한 한 예방주사를 실시하고(감염에 대비한 예방접종), 중성화 수술을 실시하여 조금이라도 고양이끼리의 문제를 회피할 수단을 강구해 주세요. 리드를 묶고 사람의 눈에 닿는 범위에서 외출을 하는 것이라면 위험을 회피할 수 있습니다.

한 마리와 두 마리 이상 키우는 것 중 어떤 것이 좋은가요?

고양이는 기본적으로 보통 때는 단독으로 행동하는 것을 좋아하는 동물이므로 고양이만을 생각했을 경우는 한 마리만 사육하는 편이 바람직하다고 생각합니다. 그러나 고양이를 사육하는 경우에 고양이의 행복만을 생각하는 사람은 거의 없으므로 고양이도 사람도 행복해 질 것을 생각하면 어느 정도 타협이 필요하다고 생각합니다. 집이 비교적 넓고 방의 개수도 많은 경우에는 고양이에게 스트레스가 없을 정도로 여러 마리를 키우는 것은 가능하다고 생각합니다. 그런 경우에도 성향이 맞지 않는 고양이가 있으므로 새로운 고양이를 도입할 경우에는 원래 살던 고양이의 성격을 숙고한 뒤에 결정해야 합니다.

장기간 집을 비울 경우 함께 데려가는 편이 좋은가요?

일본에서는 예로부터 '개는 사람을 따르고 고양이는 집을 따른다'는 말이 있습니다. 이번 질문은 고양이이므로 데려가지 않는 편이 낫다는 것이 되지만, 현재의 고양이와 사람의 관계는 옛날과 아주 달라졌으며 다양합니다. 맞지 않는 부분이 많은 것도 사실이지요. 고양이의 성격과 주인과의 관계에 따라 케이스 바이 케이스로 생각하는 것이 정답이라고 생각합니다. 나이가 많은 고양이나 만성 질환을 가진 고양이에게는 환경 변화는 큰 스트레스가 됩니다. 그 고양이에 대해 잘 알고 있는 사람에게 부탁하여 집에 두고 가는 것이 스트레스가 적어지는 경우도 있습니다. 환경 변화에 비교적 적응성이 높은 젊은 고양이에게는 어느 쪽이든 좋다고 생각합니다.

종류에 따라 질병에도 차이가 있나요?

고양이는 개에 비해서 종류가 많지 않지만 품종에 따라 다발하는 질병은 있습니다. 예를 들어 메인쿤 종의 한 계통에서 다발하는 비대형심근증, 스코티쉬 폴트 종의 골연골형성부전증, 페르시안 고양이 및 그 근친에서 보이는 다발성낭포신이 그렇습니다. 단, 여기에서 말한 비대형심근증이나 다발성낭포신 등은 다른 품종에서도 나타납니다.

3살인 고양이가 차로 귀성하던 중 설사와 구토 등을 하며 컨디션이 나빠졌습니다. 컨디션이 망가지지 않도록 이동할 수 있는 방법이 있나요?

고양이는 개보다 멀미가 적다고는 하지만 전혀 없다고는 할 수 없습니다. 증상은 침을 흘리거나 변의를 보이거나 구토, 불안을 나타내기도 합니다. 즉 대부분은 소화기계로 증상이 나타납니다.

컨디션이 망가지지 않고 이동한다는 것은 어렵기 때문에 예방책으로서 이동하기 반나절 전 정도에는 식사를 끝내서 구토물이 적어지게 해 주세요. 또한 되도록 좁은 이동 가방에서 가능한 한 얼굴을 보여주며 불안을 감소시키도록 해 주세요.

이동 중에 케이지 안에서 날뛰거나 울거나 하는 고양이에게는 진정제가 효과가 있으므로 동물병원에서 상담을 받아 보세요.

몸을 핥아서 깨끗이 한다고 들었습니다. 목욕을 시켜줘도 괜찮은 건가요?

고양이의 대부분은 물을 싫어합니다. 그런 고양이에게 목욕을 시킬 필요성은 주로 사람과의 공존 생활에 있어서, 반려동물로서 외견상 오염이나 냄새가 없는 편이 좋기 때문입니다. 대부분의 경우 고양이 자신이 실시하는 그루밍에 의해 피모의 청결감이 거의 유지되기 때문에 목욕을 필요로 하지 않는 경우가 많습니다. 그러나 장모종은 셀프 그루밍으로 닿지 않는 곳이 있기 때문에 가끔 목욕이 필요합니다.

중성화 수술을 하지 않은 고양이의 경우 번식기에 이성을 유인하고자 소변을 주변에 뿌리는 행동, 즉 스프레이 행위를 합니다. 그 소변은 평소의 소변과 비교도 못 할 만큼 냄새가 지독한 소변입니다. 동시에 항문 주변의 피모에서 냄새가 나기 때문에 목욕이 필요한 경우도 있습니다.

처음으로 털이 긴 고양이를 키우게 되었는데요. 브러시질을 하지 않으면 털이 뭉치나요?

장모종은 피모에 정전기 등이 일어나 피모가 엉켜서 뭉치기 쉬워집니다. 너무 심하게 뭉친 털은 고양이에게 가려움이나 통증 등의 불쾌감을 느끼게 합니다. 털 뭉치가 있다는 것은 피부나 피모가 오염된 상태로, 그 부분의 혈액순환도 나빠져서 몸 표면의 신진대사 또한 함께 저하됩니다. 그러므로 외견상 보기 좋지 않은 것만이 아니라 추울 때는 보온 효과가 충분치 못하고 더울 때에는 화끈거리고 땀이 차는 것의 원인이 되어 고양이의 건강에 좋지 않습니다. 매일 단시간이라도 필요에 따라 동물용 정전기 방지 그루밍용 스프레이를 뿌리고 피모에 브러시질 등의 손질을 습관화 합시다. 아주 적은 털 뭉치라도 그것을 잘 풀어 준 후 목욕을 해야 털이 심하게 뭉치는 것을 방지할 수 있습니다.

귀 속이 지저분해져 있는데요. 깨끗이 하려면 어떻게 해야 할까요?

귀 속이 지저분해진 경우에는 외이염일 가능성이 많습니다. 고양이의 귀 속에 있는 귀지를 면봉 등으로 제거하는 것은 이도가 좁기 때문에 곤란합니다. 오히려 귀지를 귀 속에 집어넣게 되어 악화시킬 수 있으므로 신속히 동물병원에서 처치를 받아야 합니다.

일상에서 할 수 있는 귀 청소 방법은 일단 고양이의 귀 속이 너무 많이 지저분해져 있다면 새끼손가락에 티슈를 감아서 귀 입구 부근을 가볍게 닦아 냅니다. 무리하게 귀 속까지 청소하는 것은 피해주세요.

고양이의 경우 뒷다리의 날카로운 발톱으로 귀를 너무 긁거나 또는 고양이들끼리의 싸움으로 귀 연골에 상처가 나 화농이 생겨 완치가 지연되는 경우가 흔히 있습니다. 또한 검은 귀지의 경우에는 귀 옴이 의심되므로 동물병원에서 진료를 받아 봅시다.

목욕은 얼마나 자주 해야 하나요?

목욕의 빈도는 케이스 바이 케이스이지만 일반적으로 단모종은 연 2번 정도, 장모종은 1~3개월에 한 번 정도라고 생각해 주세요. 또한 임신 중이나 질병, 수술 후의 목욕은 삼가 주세요. 하지만 브러시질은 매일 해 주는 것이 좋습니다.

발톱을 깎아 줄 필요가 있나요?

고양이의 발톱은 자신의 몸을 지키고, 공격 할 때의 소중한 무기가 됩니다. 또한 나무에 오르거나 가파른 비탈을 오를 때나 갑자기 브레이크가 필요할 때에는 날카로운 발톱을 내밀어 정지장치 역할을 맡는 중요한 역할을 가졌습니다. 즉 고양이의 발톱은 중요한 운동 보조가 되기 때문에 원래는 발톱을 자르지 않는 편이 고양이를 위해서 좋다고 할 수 있지요. 그러나 반려동물로서 사람과 살아가는 경우에는 묘조병 등의 감염병 예방을 위해 발톱을 자를 필요가 있습니다.

고양이의 발톱을 자를 때에는 고양이를 안정시키면서 무릎 위에 올려놓고, 싫어할 경우에는 절대 무리 하지 않는 선에서 고양이가 편안해 졌을 때 발톱을 자르도록 합니다. 고양이에게 발톱 깎기를 보이면 무서워하는 경우가 있기 때문에 발톱 깎기가 보이지 않도록 고양이 눈을 가리거나 얼굴을 딴 데로 돌리게 합니다.

고양이의 발톱은 육구에 가려져 있으므로 육구를 가볍게 눌러 발톱을 내밀게 해서 무리하지 않으면서 발톱의 날카로운 끝부터 2~3mm 정도 부분을 자릅니다. 익숙해졌다면 발톱을 빛에 비추면 빨간 혈관을 볼 수 있으므로 그 혈관의 아슬아슬한 곳이 아닌 조금 앞쪽에서 자르도록 합시다.

고양이 사육법에 대해서

이를 닦을 때 잇몸에서 피가 납니다. 너무 세게 닦이는 건가요?

이를 닦을 때는 털끝이 부드러운 칫솔에 반드시 치약이나 물, 따뜻한 물을 묻혀 치아의 표면에 가볍게 닿도록 닦는 것이 이상적입니다. 잇몸에서 출혈이 나는 것은 강하게 닦았을 가능성도 있습니다. 보통 치아 표면의 치구와 치석에 의해 잇몸이 염증을 일으켜 치주질환이 되는 경우가 있습니다. 또는 치아가 녹는 흡수병소가 있거나 치은구내염이나 종양 등이 있는 경우에도 출혈이 나기 쉽습니다. 한번 동물병원에서 진료를 받아 보세요.

브러시를 보면 난폭해집니다. 좋은 방법이 있을까요?

대부분의 고양이는 브러시질을 해 주는 것을 좋아합니다. 털 뭉침을 무리하게 빗는 등으로 풀려고 하면 아프기 때문에 그 통증이 트라우마가 되어 브러시를 보면 난폭하게 위협하는 것이라고 생각합니다. 가능하다면 새끼 때부터 익숙해지게 하며 브러시질을 하는 습관을 들여주세요. 어떻게 해도 싫어하는 고양이에게는 안정시키면서 조금씩 브러시로 훑습니다. 고양이가 아프지 않도록 살살 쓰다듬듯이 브러시질을 합니다. 너무 세게 하면 피부에 상처가 생겨 출혈을 일으킬 가능성도 있습니다. 고양이의 피모는 일정방향으로 자라있으므로 반대방향으로 빗지 않도록 주의해 주세요. 고양이가 비교적 싫어하지 않는 곳은 목 부근이나 머리 뒤, 목덜미 주변입니다. 그런 곳부터 서서히 등을 향해 브러시질을 합니다. 한 번에 전신의 뭉친 털을 푸는 게 아니라 부분적으로 조금씩 익숙해지게 하는 것이 중요합니다.

　감당할 수 없을 만한 털 뭉치가 있는 경우에는 동물병원에서 진정제나 마취 처치를 받고 털 뭉치를 풀거나 피모를 짧게 자릅시다. 그리고 설명한대로 브러시질의 기본을 지키며 매일 끈기 있게 길들여 갑시다.

미아가 되면 어떻게 찾아야 할까요?

　일단 가까운 파출소와 보건소에 연락을 합니다. 또한 가까운 동물병원에 문의해보거나 근처에 사는 사람에게도 정보제공에 대해 협력을 부탁하는 것도 추천합니다. 공공시설 등에 허가를 받고 포스터를 붙이고 신문광고를 내는 것도 효과가 있을 수 있습니다.

중성화 수술은 하는 편이 나은가요?

수고양이가 성성숙했을 때의 문제행동으로는 발정기에 큰 소리를 내거나 소변을 뿌리는 스프레이 행동을 하는 것 등을 들 수 있습니다. 이 같은 문제행동이 중성화 수술로 개선되기도 합니다. 그 밖에 성 호르몬 유래의 질병을 예방할 수 있으므로 중성화 수술을 하는 편이 좋다고 생각합니다. 단, 전신마취를 해야 하는 위험성이나, 수술 후에 살이 찌거나 요석증 등의 비뇨기 질환에 걸리기 쉬워지는 등의 단점도 있습니다. 장점과 단점을 생각한 뒤 정하면 좋다고 생각합니다.

중성화 수술을 해도 밖에 나가고 싶어 합니다. 좋을 대로 하게 둬도 괜찮은가요?

중성화 수술을 하면 임신을 시키거나 할 가능성은 없지만, 밖에 나가서 부상이나 사고를 당할 위험성이 높아집니다. 또한 벼룩이나 진드기의 기생이나 다른 고양이로부터 전염병 등을 얻을 가능성도 있습니다. 가능하다면 실내 사육을 하는 편이 좋겠지요.

고양이의 번식기는?

고양이는 일반적으로 생후 6~9개월까지는 발정기를 맞이합니다. 단, 10~12개월 이전인 암고양이는 아직 성장 단계에 있으며 난소 발육도 불완전하여 발정주기의 불규칙적인 상태가 지속됩니다. 하지만 12개월을 넘으면 안정된 발정 주기를 가집니다. 고양이는 계절적으로 다발정을 하며 발정 주기는 일조시간과 세기가 발정기를 결정짓는 주요인자이기 때문에 북반구에서는 봄, 여름, 가을에 발정기가 나타납니다. 또한 고령이 되면 발정주기는 불규칙적으로 됩니다.

몇 살까지 번식 능력이 있나요?

고양이는 꽤 고령까지도 번식능력이 있으며 10살에도 출산을 했다는 보고가 있습니다. 그러나 고령에 임신한 경우는 태아가 정상적으로 성장하지 못하며, 기형이나 사산의 발생률이 증가합니다. 또한 출산해도 새끼 고양이가 순조롭게 발육하기가 어렵고 어미고양이도 임신에 의한 합병증(자궁축농증이나 종양)의 위험성도 증가합니다. 그러므로 어미와 아이가 함께 정상적인 출산을 할 수 있는 연령은 6살 정도까지라고 생각할 수 있습니다.

구애하는 방법은?

발정기의 고양이는 밤낮을 가리지 않고 울음소리를 내며 굴러다니거나 엎드린 자세로 꼬리를 좌우로 움직이는 등 행동적인 특징이 나타납니다. 이런 특징이 있는 시기가 교배 적정기로, 가장 임신하기 쉬워집니다. 발정행동은 평균 7~9일간 지속되며, 배란의 유발이 가능해져서 교미자극으로 배란이 일어납니다.

출산 준비는 어떻게 하면 되나요?

고양이의 임신기간은 일반적으로 63~65일간입니다. 발정행동이 종료된 후 약 2개월이 임신 기간이 되며, 출산 예정일이 추정됩니다. 또한 임신하면 체중이 출산까지 직선적으로 증가하기 때문에 임신 여부를 추정할 수 있습니다. 어미고양이는 출산이 가까워지면 신경질적이 되어서 환경을 정리해 줄 필요가 있습니다. 방을 조금 어둡고 조용한 환경으로 하고, 어미고양이가 편하게 들어갈 수 있을 정도의 상자를 준비하고 청결한 수건을 깐 뒤 고양이를 넣어줍니다. 진통은 주기적으로 힘을 주는 것으로 관찰됩니다. 그리고 외음부를 빈번히 핥는 행위를 합니다. 출산할 때에 어미고양이가 태반, 탯줄 등을 처리하지만 초산 혹은 난산으로 어미고양이가 스스로 처리할 수 없는 경우에는 주인이 양막을 찢고 탯줄을 끊어 줍니다. 출산 후에는 새끼 고양이를 마른 수건으로 잘 닦아 주세요.

막 태어난 새끼 고양이에 대해 주의해야 할 점이 무엇인가요?

출산 시의 새끼 고양이의 체중은 85~120g으로 평균 100g 정도입니다. 체중이 75g 이하인 새끼 고양이는 사망률이 매우 높아 생존시키기 위해서 특별한 케어가 필요합니다. 출산 시의 건강한 새끼 고양이의 체온은 약 36도로 1주 정도까지 37.5도로 상승합니다. 또한 출생 후 4주간은 새끼 고양이의 체온이 불안정한 상태가 되기 때문에 어미 고양이가 육아를 하지 않으면 곧 저체온증이 되어 위험한 상태가 됩니다. 어미 고양이가 새끼 고양이를 수유 시키고 있는지 새끼 고양이가 수유하고 있는지 주의해서 관찰해야 합니다. 어미 고양이가 항상 새끼에게 수유시키고 있다면 저체온증은 걱정할 필요 없습니다.

새끼 고양이들은 싸움을 하지 않고도 어미 고양이의 젖을 빨 수 있나요?

일반적으로 고양이는 4~5마리의 새끼 고양이를 출산하지만 체중에는 다소 차이가 있습니다. 동물은 태어났을 때부터 생존경쟁을 시작하며 유방 쟁탈전을 시작합니다. 힘이 세고 큰 새끼 고양이가 항상 먼저 수유하고, 작은 고양이는 항상 두 번째를 감수해야 합니다. 그 결과 점점 크기에 차이가 나타납니다. 또한 출산 후에는 신속히 수유 시킬 필요가 있으며 충분히 수유하고 있는 새끼 고양이는 배가 **빵빵**해져서 수유 후에는 얌전해집니다. 그러나 공복이나 불쾌한 상태인 새끼 고양이는 연속적으로 울며 체온이 내려가는 경우가 많이 나타납니다. 그러므로 수유가 평등하게 이루어지는지 주의를 기울여야 합니다.

어미 고양이는 어떻게 어린 고양이를 보호하는 것인가요?

가정에서 키워진 고양이는 주인과의 사이에 신뢰 관계가 있으며 출산 후의 고양이가 신경질적인 시기에 있어도 안심하고 새끼 고양이를 주인에게 맡깁니다. 단, 다른 고양이나 동거하는 고양이가 새끼 고양이에게 다가갈 때나 혹은 다른 고양이의 냄새가 묻은 옷 등으로 접촉하면 흥분하여 공격적이 됩니다. 그런 경우 낮게 울리는 소리를 내며 위협하거나 전신의 털을 곤두세우고 등을 둥글게 하여 덤벼들 태세를 취합니다. 그리고 평소라면 도망갈 것 같은 큰 동물에게도 망설임 없이 다가갑니다.

어미 고양이가 새끼 고양이의 대변을 먹는데요. 이유가 무엇인가요?

식분은 생후 30일 이하의 새끼 고양이를 가진 어미 고양이에게는 정상적인 행동입니다. 어미 고양이는 새끼 고양이의 생식기를 자극시켜 배뇨, 배변을 촉진시킨 뒤 배설물을 섭식합니다. 이 행동으로 새끼 고양이의 위생 상태가 유지되며 사육 상자나 집에서 나는 냄새가 감소합니다. 냄새는 외부 적에게 사육 상자나 집의 존재를 알리게 됩니다.

그래서 냄새를 없애는 식분 행동은 외부의 적으로부터 새끼 고양이를 보호하는 큰 역할을 합니다.

고양이의 육아는 부부 공동인가요?

고양잇과 동물은 아프리카 사자 이외에는 단독 혹은 부모, 자식이 함께 행동합니다. 그래서 번식기를 빼고 암컷은 수컷을 피하며 행동합니다. 반려 고양이도 예외가 아니며 번식기 이외는 수고양이를 피합니다. 육아도 어미가 혼자서 합니다. 어미 고양이는 서식지나 사육 상자에서 출산하고 식사 이외에는 거의 수유에 몰두합니다. 출산 후 3~4주면 이유하는데, 그 시기가 되면 어미 고양이는 수유를 싫어하게 됩니다. 그러면 새끼 고양이는 고형물을 먹기 시작하여 이유를 합니다.

어미 고양이는 어떻게 사냥을 가르치나요?

반려 고양이는 고양이 사료가 주식이지만 원래 고양이는 육식동물이어서 쥐나 작은 동물을 포식합니다. 어미 고양이는 작은 동물을 포획

하는 행동을 새끼에게 견학시키거나 포획한 작은 동물을 새끼가 있는 곳에 가지고 와서 놀이로서 포획행동을 학습시킵니다. 그러나 대대로 실내 사육으로 큰 어미 고양이는 사냥을 한 경험이 없습니다. 그래서 어미 고양이나 형제 고양이와의 놀이나 움직이는 것을 향한 잡기놀이로 본래 고양이가 가진 본능을 자극하여 학습하는 것이라고 생각할 수 있습니다.

주인인 제가 출산했더니 고양이의 태도가 약간 바뀌었습니다. 왜 그런 건가요?

두 가지 이유를 생각해 볼 수 있습니다. ①호르몬의 영향 · 주인의 출산과 반려고양이의 발정 주기가 겹쳐서 동성으로 라이벌이라고 인식할 가능성이 있습니다. 임신 혹은 가임신에 난소에서 황체호르몬(프로게스테론)이 분비됩니다. 이 호르몬은 임신유지와 관계가 있는데, 임신 후기가 되어 출산이 가까워지면 저하됩니다. 그 시기가 되면 고양이는 신경질적이 되어 식욕도 저하됩니다. 같은 시기에 주인이 출산한 경우 냄새 등에 의해 어미 고양이의 정신 상태가 불안정해집니다. ②스트레스 반응 · 자신에게로의 흥미가 새로운 가족에게 몰리는 경우 가족 이외의 새로운 가족(아기)이나 가족의 생활 패턴의 변화 등에 의해 강한 스트레스를 받습니다. 그래서 진정하지 못한 상태가 지속되지만, 점차 진정되어 원래의 상태로 돌아갑니다.

고양이도 개처럼 '앉아', '이리와'가 가능한가요?

'고양이'는 야성미가 강하고 개처럼 재주를 익히지 못한다고 말합니다.
그러나 개체차이도 있어서 먹이나 상을 줄 때에 '앉아', '이리와'를 가르치는 시도를 할 수 있습니다. 즉 상의 대가로서 어떤 행동을 조건적으로 부여해 주는 것은 가능하다고 생각할 수 있습니다.

손님의 짐이나 옷에 소변을 누는 경우가 있습니다. 하지 않게 할 방법이 있나요?

방문객의 존재에 스트레스(환경의 변화)를 느끼고 있는지도 모릅니다. 혹은 주인의 주의를 끌려고(요구행동) 하는지도 모릅니다. 기본적으로는 손님이 올 때는 동석시키지 않는 것이 좋습니다. 하지만 공간적으로 어렵다면 고양이가 배설할 수 없는 장소에 짐을 두는 등의 대책이 필요하겠지요.

아플 정도로 깨뭅니다. 하지 않게 할 방법이 있나요?

고양이는 본능적으로 사냥을 하는 동물입니다. 사냥감과 닮은 듯한 움직임에 대해 공격해 오는 것은 그 때문입니다. 작은 아이가 더 잘 물리거나 하진 않나요? 새끼 고양이 때는 특히 치아 갈이의 시기에 그런 행동이 심해집니다. 이것은 성묘가 되면 어느 정도 진정됩니다.

새끼 고양이끼리 오래 지낸 고양이는 자연스럽게 사회화가 가능해지며 나이를 먹어가면서 깨무는 것을 익혀갑니다. 그러나 그런 시기가 결여된 개체는 가끔 무심결에 깨물 때가 있습니다. '무심결에 깨무는 것은 안 되는 것'이라고 가르치는 것이 좋다고 생각합니다. 구체적으로는 큰 소리로 같은 단어를 사용하여 깨문 순간에 외치거나, 똑같이 깨물어 주는 등이 효과적입니다. 또한 흥분하면 무자비하게 깨무는 개체도 있으므로 흥분시키지 않도록 하는 것도 좋습니다.

화장실 훈련은 어떻게 하면 좋은가요?

옛날에는 '고양이가 배설한 대변을 고양이 화장실에 섞으면 다음부터는 그곳에서 본다'는 등의 말이 있었지만 화장실 장소나 형상, 모래의 소재에 따라서도 선호도가 각기 달라집니다. 고양이가 안정된 상태에서 배설할 수 있는 환경을 마련해 주는 것이 좋겠지요.

단, 컨디션 관리를 위해 매일(가능하면 배설시 마다) 화장실을 관리해 주세요. 비위생적으로 방치하면 화장실 이외의 곳에서 용변을 볼 수 있습니다.

> 고양이용 모래는 경제성, 편리성, 안정성, 위생적인 면에서 봤을 때 어떤 것을 고르는 것이 좋은가요?

　고양이는 자신의 배설물을 모래에 파묻어 감추는 습성이 있습니다. 이 습성은 단순히 몸 주변의 환경을 위생적으로 유지하려는 목적만이 아니라 자신의 영역 안에서 배설물의 냄새가, 특히 고양이가 수렵 목적으로 하는 쥐나 토끼 등의 다른 생물에게 알려지지 않도록 하기 위한 습성입니다. 즉 모래는 고양이의 생활습관에서 중요한 것입니다.

　고양이 모래의 각 항목에 대해서 평가해 보겠습니다.

- **경제성에 대해서**　광물로 만든 고양이 모래는 소변이 잘 굳는 타입의 고양이 모래로, 청소하기 쉽고 가격도 저렴하며 선호하는 고양이도 많아 사용하기 쉬운 모래입니다. 굳은 모래의 수나 크기로 소변의 양과 횟수를 간단하게 파악할 수 있으므로 건강관리에 편리합니다. 단, 고양이가 모래를 파헤치는 행위에 의해 분말 형태가 된 모래가 흩어지고, 육구에 묻은 모래나 가루에 의해 방이 더러워진다는 결점도 있습니다.

- **편리성에 대해서**　종이 재질이나 나무로 된 고양이 모래는 종류도 풍부하고 소변이 굳기 쉽고, 가볍게 들어 옮길 수 있어서 편리합니다. 또한 변기에 흘려보낼 수 있고 일반 쓰레기로 내놓을 수 있어서 뒤처리가 편리합니다.

- **안정성에 대해서**　비지 등 곡물로 된 고양이 모래는 원재료가 식물이기 때문에 고양이가 잘못해서 입에 넣어도 괜찮다는 안심감이 있습니다. 그러나 냄새의 원인이 되는 잡균의 번식을 방지하기 위해 방미 가공제나 방부제 등이 첨가되었을 가능성이 있습니다. 물론 방부제

가 들어가지 않은 모래도 있으므로 패키지의 표기를 체크해 주세요.
- **위생적인 면에 대해서** 어떤 고양이 모래도 부지런히 교환하여 청결히 유지하는 것이 제일입니다. 그러나 고양이는 모래를 파헤치는 습성이 있으므로 튕겨져 나가는 모래에도 냄새의 원인이 되는 잡균이 섞여 있어서 위생적으로 좋지 않습니다. 튕겨 나가는 것을 최소한으로 방지하기 위해서 입구 이외를 덮어 가리도록 만들어진 편리한 고양이용 화장실도 시판되고 있습니다.

자주 울면서 다가오곤 하는데요. 이유가 무엇인가요?

고양이가 울면서 따라 다니는 이유는 '배고파. 밥 줘'나 '관심 가져 줘' 등의 신호를 내는 것이라고 생각할 수 있습니다. 주인이 바빠서 고양이를 신경 쓰지 못 할수록 정도가 강해집니다. 특별히 문제가 없다면 요구에 응해 주는 것이 좋겠지요.

고양이를 6마리 키우고 있으며 화장실을 8개 준비해 두었습니다. 그런데 몇 마리는 화장실 외의 곳에서 일을 봅니다. 고칠 방법이 있나요?

화장실 관리는 충분히 하고 계신가요? 한 마리만 키울 때에도 화장실 관리에 소홀해지면 다른 곳에서 배설하는 경우가 있습니다. 원래는 화장실에서 배설했던 고양이들이 화장실 이외에서 하기 시작했다면 일단 화장실 청소가 충분한지 확인해 보세요. 또한 화장실의 설치

장소나 형태에 따라서도 기호가 있습니다. 다소 시간과 돈이 들겠지만 여러 가지를 시도해 보면 좋겠지요.

고양이를 여러 마리 키우고 있습니다. 발톱 갈기를 하기에 적당한 장소는 어디인가요?

여러 마리를 키우고 있다면 같은 방 안에 동시에 발톱 갈기가 가능하도록 설치해 주는 편이 좋습니다. 한 곳에 여러 개를 줄지어 두어도 사용하지 않는 개체도 있겠지요.

눈에 띄는 장소나 세워 둔 형태를 좋아하는 개체도 있으므로 상황을 보면서 소재를 바꾸거나 장소를 이동해 보거나 설치 방법을 바꿔보는 것도 좋습니다. 또한 낡은 스크래쳐는 사용하지 않게 되므로 새로운 것으로 바꿔주도록 하세요.

가구에 발톱을 세우는 것을 하지 않게 할 방법이 있나요?

스크래쳐는 준비해 두셨나요? 마음에 드는 스크래쳐가 있다면 가구 등에 발톱을 가는 행동은 줄어들 것이라고 생각합니다. 다양한 스크래쳐가 시판되고 있으므로 고양이가 좋아하는 것을 줘보도록 하면 어떨까요.

가구 주변에 고양이가 발톱을 갈지 못하도록 물건을 배치하는 것도 효과적인 방법입니다. 또는 발톱에 캡을 씌우는 방법도 있습니다. 담당 수의사에게 상담을 받아 보세요.

건강관리에 대해서

차에 태우면 입에 거품을 무는데요. 괜찮은 건가요?

고양이는 차에 약하다고 알려져 있습니다. 건강한 고양이라도 차에 태우면 패닉 상태가 되어 거품을 물거나 구토를 하는 일이 때때로 있습니다. 평소에 차에 타는 것이 익숙한 고양이에게 갑자기 그런 증상이 나타난다면 어떤 질병의 신호일지도 모릅니다.

질병을 조기에 발견할 수 있는 방법이 있나요?
또한 질병의 신호 같은 것이 있나요?

일단은 활기, 식욕, 대변과 소변을 주의해서 관찰해 주세요. 고양이가 식욕이 없어졌을 때는 질병의 신호일지도 모릅니다. 또는 물을 마시는 양은 종종 질병과 관련해서 변화를 나타냅니다. 당뇨병이나 만성 신장병에 있어서 음수량의 증가는 질병의 발견으로 이어지는 중요한 신호입니다. 대변과 소변의 관찰은 화장실의 양식에 따라 확인하기 어려운 경우도 있습니다. 대변의 색이나 형태, 소변의 색이나 냄새, 횟수 등의 변화도 질병의 신호가 될 수 있습니다. 그 밖에 그루밍을 하지 않게 됐다든지, 숨결이 거칠어졌다든지, 평소와 조금이라도 변화가 있을 때에는 어떤 질병의 신호일지도 모릅니다. 또한 동물병원에서 정기적으로 건강진단을 받는 것도 중요합니다. 특히 침묵의 장기에 대한 이상을 조기에 발견하기 위해서는 혈액 검사 등도 필요합니다. 신경이 쓰이는 신호가 있는 경우나 정기적인 검사의 필요성에 대해서는 담당 수의사와 상담해 주세요.

체중·체온·맥박은 어떻게 알아볼 수 있나요?

동물병원에는 진료대에 체중계가 설치되어 있어서 진료대에 놓는 것만으로도 간단히 체중을 측정할 수 있습니다. 자택에서는 아기용 체중계나 고양이를 올릴 수 있는 저울에 직접 고양이를 올려 놓고 측정합니다. 또는 고양이를 안고 체중계에 올라서 측정한 뒤 자신의 체중을 빼면 계산할 수 있습니다. 체온은 전자체온계를 항문을 통해 직장 내에 삽입하여 측정합니다. 전자체온계는 동물용이 사용하기 쉽지만 사람용도 상관없습니다. 단, 사용 후에는 세정과 소독이 필요하므로 방수기능은 필수입니다. 맥박은 다양한 곳에서 측정할 수 있습니다. 그중에서 뒷다리 안쪽 허벅다리의 넙다리 동맥(대퇴동맥)이 가장 확인하기 쉽습니다. 맥박 수는 1분간의 맥박 수를 나타내는데, 10초~20초간 센 횟수에 3~6배를 곱하여 1분당 맥박 수를 계산하는 것이 일반적입니다.

마룻바닥인 방에서 키우고 있는데요. 주의해야 할 점이 있나요?

마룻바닥은 미끄러지기 쉽기 때문에 고양이의 사지, 특히 무릎에 큰 부담이 갑니다. 왜냐하면 고양이는 뛰어나가는 순간이나 방향 전환을 할 때 등 발톱을 내밀고 그 발톱을 지면에 걸쳐 순발력을 높입니다. 스파이크 슈즈를 신은 것 같은 느낌이지요. 마룻바닥이라면 무의식적으로 본능인 스파이크 효과를 발휘하려다 발이 미끄러져 무릎이나 고관절을 다치고, 심하면 탈구나 골절이 되기도 합니다. 고양이를 위해서는 쿠션이 있는 마룻바닥을 설치하거나 카펫을 깔아 주세요.

형제 고양이에게 벼룩 구제약을 사용하고 싶은데요. 서로 핥아주곤 해서 걱정입니다. 좋은 방법이 있을까요?

고양이의 벼룩 구제나 예방약으로 현재 스팟 타입이 주류가 되어 있습니다. 스팟 타입인 벼룩 구제·예방약은 고양이에 대한 안정성이 높으므로 도포 직후가 아니라면 고양이끼리 핥아도 전혀 문제없습니다. 그러나 약을 직접적으로 핥는 것은 문제가 되기 때문에 도포한 직후 잠시 동안은 다른 고양이가 약제를 핥지 않도록 케이지 등에 넣어 두는 것이 좋겠지요. 이런 약제는 목덜미에 도포하도록 지시되고 있습니다. 고양이가 스스로 핥을 수 없는 곳이기 때문이지요. 만약 도포 직후에 핥아버린 경우에는 활기나 식욕, 혹은 구토가 없는 지 등을 관찰하여 이상이 보이면 수의사에게 상담을 받아 주세요.

잇몸이 부어서 구취가 심합니다. 어떻게 하면 좋을까요?

이런 경우에는 보통 치아의 표면에 붙은 치구, 치석 속의 세균에 의해 잇몸에 염증이 일어난 결과 구취를 보이는 경우가 많습니다. 이런 경우 동물병원에서 진료를 받고 전신마취를 한 뒤 치구와 치석을 제거합니다. 염증이 심한 경우에는 발치를 하기도 합니다. 그 뒤에 주인이 칫솔을 이용해 덴탈 케어를 실시합니다.

하품 횟수가 많은데요. 뭔가 문제가 있는 건가요?

하품은 뇌의 산소 부족이나 혈중 산소 부족 등 질병과 관련되는 부분도 알려져 있지만, 고양이에게 하품이 질병과 관계되는 경우는 거의 없습니다. 고양이의 하품은 안정을 취하고 싶을 때 볼 수 있는 경우가 두드러집니다. 그래서 긴장을 풀고 싶을 때에 횟수가 증가한다고 합니다. 또한 자고 일어난 뒤의 하품은 큰 호흡을 하여 산소를 다량 거두어 들여 뇌와 몸을 활성화 시키는 작용을 합니다. 활기나 식욕에 문제가 없다면 걱정하지 않아도 괜찮습니다.

수의사에게 진료 받을 때 어떤 점에 주의하면 좋을까요?

고양이는 평소와 다른 환경에 쥐약입니다. 평소에 타는 데에 익숙하지 않은 자동차나 전철 등에 태울 때는 더욱 그렇습니다. 또한 동물병원 대합실에서 낯선 사람이나 개와 만나는 경우가 많으므로 도중에 도망치거나 난폭해지는 경우가 있습니다. 그래서 병원에 데려갈 때는 캐리어 케이스에 넣거나 고양이 가방에 넣거나 필요에 따라서는 리드줄을 연결하여 갑니다. 또한 성질이 난폭한 아이나 신경질적인 아이는 자택에서 발톱을 짧게 잘라 두면 진료하기 쉽습니다. 그리고 진료 중에는 진료에 방해가 되지 않을 정도로 말을 걸어주거나 쓰다듬어 주면 고양이가 안정을 취할 수 있도록 해주세요.

고양이의 경우, 밖으로 내보낼 일이 없다면 예방주사는 필요 없다는 말을 들었는데요. 정말인가요?

그것은 틀린 이야기입니다. 이유는 간단합니다. 우리 사람들이 밖에서 병원체를 가지고 오거나 고양이 감기처럼 공기로 감염되는 바이러스 병도 있습니다. 그리고 펫 호텔에 맡기거나 애완미용실에 갈 때에도 그렇고, 다른 병으로 동물병원에 가면 다양한 전염병의 병원체에 노출될 위험성도 있기 때문입니다. 또한 예방주사를 맞지 않은 고양이는 펫 호텔의 이용이나 동물병원에서의 입원을 거절당하는 경우도 종종 있습니다. 실내 사육을 하는 고양이라도 적절한 예방주사는 필요하므로 수의사의 지시에 따라 접종을 받아 주세요.

치아의 맞물림이나 배열이 나쁜 것은 유적적인 것인가요? 치료할 수 있나요?

고양이의 부정교합이나 나쁜 치아 배열은 일반적으로 유전이라고 추측되고 있습니다. 하지만 치주질환으로 이를 받치고 있는 뼈가 녹아서 이가 기울어져서 그렇게 보이는 경우도 드물게 있습니다. 고양이의 이 교정은 곤란하므로 보통 부정교합이나 나쁜 배열로 입의 점막이나 입술에 상처를 입거나 이가 닿아 있는 경우는 그 원인이 되는 이를 뽑거나 갈게 됩니다.

다이어트는 어떻게 하면 좋을까요?

일단 적정 체중을 잘 파악하는 것이 중요합니다. 그리고 하루 섭취 칼로리에 맞춘 급여량을 줍니다. 그러나 섭취 칼로리를 제한하면 필요한 영양소를 섭취할 수 없게 되는 경우도 있으므로 경우에 따라서는 감량용 식사를 추천합니다. 감량용 식사는 필요한 단백질이나 비타민, 미네랄 등을 충분히 섭취할 수 있도록 조정되어 있습니다. 그리고 포만감을 지속시키기 위한 식물섬유가 배합되어 있는 것도 있습니다.

10kg인 고양이를 키우는데요. 다이어트 시킬 방법이 있을까요?

종류나 개체차이로 체중에 편차가 있지만 대부분의 고양이는 3~5kg 정도입니다. 10kg은 과도한 비만이므로 하루라도 빨리 다이어트에 돌입합시다. 단, 너무 급격한 다이어트는 간 지질증(lipidosis)이나 당뇨병의 발증 위험을 높입니다. 1주일 동안 1% 감량을 기준으로 1개월 후의 목표 체중을 설정하여 그 체중에 맞는 양의 사료를 하루에 3번 이상으로 나누어 주세요. 과도한 비만인 경우는 되도록 감량용 전문 사료를 사용하고, 정기적인 혈액검사로 이상치가 없는 것을 확인하는 것이 바람직합니다.

살이 쪘는지, 말랐는지를 판단하는 방법이 있나요?

고양이를 옆이나 위에서 눈으로 관찰하여 피하지방이 붙은 쪽을 만져서 판단하는 방법이 있습니다.

이상 체형에서는 갈비뼈는 약간의 피하지방을 거쳐서 맞질 수 있고 적당한 잘록함을 관찰할 수 있습니다. 체중 부족일 경우에는 피하지방이 거의 없이 쉽게 갈비뼈가 만져지며, 골격이 드러나 있으며 잘록함도 꽤 깊게 나 있습니다. 비만 경향인 경우 갈비뼈가 잘 안 만져지고 잘록함도 없으며 배는 밑으로 쳐져 있습니다. 비만일 때는 요석증이나 당뇨병 등의 질병에 대한 위험성도 증가합니다. 정기적인 체중 측정을 포함한 건강검진이 중요합니다. 이것은 질병의 조기발견으로 이어집니다.

음식으로 건강이나 수명에 차이가 나타나나요?

성장 단계에 맞춰 식사를 주는 것은 중요합니다. 유묘기에는 성장기에 맞춰 칼로리 함량을 조절합니다. 고령기에는 관절이나 신장의 건강유지를 배려한 것도 있습니다. 각각의 적합한 식사를 주는 것은 건강 유지로 이어집니다. 또한 각각의 질병에 맞춘 처방식도 있습니다. 처방식에 관해서는 질병에 따라 적합한 식사가 달라지므로 반드시 수의사와 상담을 해 주세요.

장수시키는 비법은?

일단 키우는 방법이 있습니다. 감염증에 걸리거나 사고를 당하지 않도록 밖에 내놓지 않고, 식사는 연령에 맞춰서 급여합니다. 그리고 화장실 등을 청결히 유지하며 매일 관찰하는 것이 필요합니다. 건강적인 부분에서는 정기적인 백신접종을 겸한 동물병원에서의 진료, 특히 고령에서 많이 나타나는 만성신부전의 조기 진단을 위해 정기적인 혈액검사를 받으며 건강상태를 알아보는 것이 중요합니다.

질병·부상에 대해서

> 수고양이가 밖에 나와 다른 고양이들과 싸우고 외상을 입어 돌아왔습니다. 질병 감염의 염려가 있을까요?

고양이끼리의 싸움은 영역 다툼 등을 원인으로 하여 종종 일어납니다. 외상을 입은 경우 일단 상처로의 세균감염이 문제가 됩니다. 고양이가 싸움으로 물리거나 할퀴어지거나 하여 입은 상처는 사람의 아이가 넘어져서 생긴 상처처럼 수돗물로 씻어 소독해 둔다고 되는 것이 아닙니다. 고양이의 구강 내나 발톱에는 세균을 비롯하여 다양한 병원체가 있어서 고양이의 어금니나 발톱에 의한 상처는 보기보다도 꽤 깊은 상처인 경우가 대부분입니다. 그런데 고양이의 피부는 고무 같은 구조인 탓에 그 아래의 근육 등이 잘게 찢어져 손상을 입거나 출혈이 나도 피부에는 바늘구멍 정도의 작고 가벼운 상처밖에 보이지 않습니다. 그래서 상처의 세정이나 표면에서 하는 소독만으로는 충분한 효과를 얻을 수 없습니다. 상처를 입은 직후는 별일 없는 듯 보여도 그 뒤에 창구(상처입구)가 점점 부풀거나 내부에 다량의 농이 차는 농양을 일으켜 때때로는 패혈증에 의해 사망에 이르기도 합니다. 고양이가 싸움으로 외상을 입은 것이 틀림없다면 빨리 동물병원에서 진료를 받고 항생제의 주사나 내복약을 처방 받아서 화농하는 것을 방지할 수 있습니다.

고양이끼리의 싸움으로 옮을 가능성이 있는 질병으로 가장 무서운 것은 몇몇의 바이러스 감염입니다. 그 중 가장 대표적인 것이 고양이 백혈병 바이러스와 고양이 후천성 면역부전 바이러스(고양이 에이즈 바이러스)입니다. 이런 바이러스 질환은 고양이 특유의 질환이며 어느 것이든 만성경과를 취하기 때문에 싸움 상대가 그 바이러스에 감염되어 있는지는 외관만으로는 판단할 수 없습니다. 그러므로 동물병원에서 혈액검사를 받는 것이 중요합니다. 그러나 검사에서 양성을 나타내는 데는 감염 후 수 주가 걸립니다. 그렇기 때문에 상처를 입은 직후의 검사가 음성을 나타냈다고 해도 안심할 수 없기 때문에 주의가 필요합니다.

수고양이는 행동 범위가 넓고 특히 중성화하지 않은 경우에는 밖에서 싸움에 엮이는 일이 매우 많아서 고양이 백혈병 바이러스나 고양이 후천성 면역부전 바이러스에 감염될 확률이 높습니다. 이런 질병은 바로 발병하지 않습니다. 발병하면 불치병이 되어 다양한 면역부전의 증상 혹은 종양을 일으키기 쉬워집니다. 이런 바이러스 질환에 대해서 효과가 있는 백신도 있지만 그 효과가 100%라고 할 수 없습니다. 이런 바이러스의 감염을 예방하기 위해서는 실내 사육을 하고, 바이러스 검사를 받지 않은 고양이와의 접촉을 피하는 것이 가장 간단하고 확실한 예방법입니다. 어떻게 해도 실내 사육이 어려운 경우에는 반드시 중성화 수술을 시키고 백신접종을 실시해 두는 것이 중요합니다.

수고양이가 화장실에 가도 소변이 나오지 않는 것 같습니다. 무슨 병에라도 걸린 걸까요?

수고양이에게 많은 하부요로질환이 의심됩니다. 빈번히 화장실에 가는 것 같다면 소변이 나오지 않거나, 잔뇨감 때문인 것으로 추측됩니다. 원인은 요도결석이나 방광염, 요도염일 것입니다. 이런 증상이 보인다면 빨리 동물병원에서 진료를 받아 보세요. 화장실에서 열심히 힘을 주거나 생식기를 신경 쓰며 핥거나 혹은 구토가 있으며 식욕이 없는 상태라면 요도폐색을 일으켜 위중한 신장 질환을 합병했을 가능성이 있습니다. 시급히 동물병원에 찾아가 보세요.

자주 화장실에 들어가는데 배뇨와 배변은 보이지 않습니다. 병에 걸린 걸까요?

자주 화장실에 가는데도 소변이 전혀 나와 있지 않다면 요도폐색일 가능성을 고려할 수 있습니다. 수고양이에게는 비교적 많은 질병인데, 소변 속 결석 등이 요도를 막아버려서 배뇨곤란, 신부전 등의 상태를 유발하며, 경우에 따라서는 죽음에 이르기도 하는 질병입니다. 목숨과 관계있는 상황이므로 긴급히 동물병원에서 진료를 받아 보세요. 상태에 따라서 다르지만 입원치료, 경우에 따라서는 수술이 필요할 수 있습니다. 또한 회복 후에도 식사 관리 등이 필요합니다. 방심하면 재발할 수 있는 병입니다.

그리고 배변이 없는 경우에는 단순한 변비일 경우도 있지만 거대결장증 같은 장관 자체에 문제가 있어서 배변곤란이 되는 경우도 있습니다. 이것 또한 복부 엑스레이 검사나 직장검사 등으로 판단해야 합니다. 동물병원에서 진료를 받아 보세요.

바로 지쳐버리곤 하는데요. 어딘가 안 좋은 것일까요?

평소에는 활기가 있는데도 장난치거나 운동하는 것으로 지치는 경우에는 심장이 나쁠 가능성이 가장 큽니다. 고양이의 심장병은 확실한 증상이 보이지 않는 경우가 많은데, 비대형심근증, 선천성심장질환, 부정맥, 심장사상충증 등으로 이런 증상이 나타나는 경우가 있습니다. 또한 심장의 이상이 아닌 호흡기, 간, 췌장, 신경·근육, 부신, 갑상선 질병이나 감염증, 암 초기에도 이런 증상이 보일 수 있습니다. 어느 쪽이든 질병에 걸렸을 가능성이 높으므로 평소에는 활기 있고 식욕이 있어도 동물병원에서 진료를 받아 볼 것을 추천합니다.

사람용 모기 퇴치 매트를 사용하고 있습니다. 문제없을까요?

사람용 모기 퇴치 매트는 피레스로이드라고 불리는 살충성분을 전기 열로 휘발시키는 것입니다. 이 피레스로이드는 고양이가 중독을 일으킬 수 있습니다. 고양이의 벼룩 퇴치 목줄로 사용되는 경우가 있어서 이것에 의한 중독이 문제시 되었습니다. 모기 퇴치 매트를 제조·판매하는 모 유명 메이커는 고양이가 있는 환경에서 모기 매트를 사용 가능하다고 하지만, 사용 후에는 환기를 하는 것을 추천하고 있습니다. 또한 휘발한 성분으로는 영향이 적어도 직접섭취하면 중독을 일으킬 가능성이 높아지므로 사용할 경우에는 고양이가 접촉하지 못하도록 주의할 필요가 있습니다. 만약 중독을 일으킨 경우에는 침을 흘리거나 토하는 등의 증상이 보이기 때문에 사용할 때 이런 증상이 보이는지 주의해서 볼 필요가 있습니다.

갑자기 죽은 것처럼 될 때가 있는데, 괜찮은 건가요?

이른바 '실신'을 일으켰을 가능성이 있습니다. 실신의 원인은 고양이의 경우라면 심장의 문제(비대형심근증, 부정맥)일 경우가 많습니다. 하지만 심장 이외의 문제(뇌 이상, 저산소, 저혈당, 자율신경계 이상 등)로도 일어날 수 있습니다. 어떤 원인이라도 몸에 이상이 일어나고 있다는 것을 고려할 수 있으며 그 중에는 죽음에 이를 가능성이 있는 질병도 있으므로 동물병원에서 진료를 받아 보세요. 만약 그 증상과 마주친 경우에는 여유가 있다면 디지털 카메라나 휴대폰으로 동영상을 촬영해 두면 좋습니다. 그 동영상을 수의사에게 보여주면 조기에 병의 원인을 찾을 수도 있습니다.

부상을 당하진 않았는데요. 육구가 부어서 다리를 끌며 걸어 다닙니다. 왜 그런 것이지요?

혈전증일 가능성이 있습니다. 혈전증이란 굳은 혈액이 동맥에 쌓인 것(혈전)으로 그곳에서 앞의 혈액 흐름이 차단되어 혈액이 흐르지 않게 된 신체 부분의 세포가 기능하지 않게 되거나 죽습니다. 특히 사지에 혈액을 공급하는 동맥에서 일어나기 쉬우며 증상으로는 혈전이 막힌 다리의 끝 쪽 혈색이 안 좋아지고 붓거나 마비를 일으킵니다. 이런 경우에는 양 뒷다리의 대퇴동맥을 촉지해 보면 환부 측의 맥은 허약하거나 느껴지지 않는 경우가 많습니다. 이 병의 원인은 다양하지만, 고양이의 경우에는 비대형심근증이나 구속형심근증 등의 심장병에 의한 경우가 많으며 특히 페르시안 고양이는 비대형심근증에 걸리기 쉽다고 합니다. 이 질병은 그대로 두면 다리가 마비되는 것에 그치지 않고 괴사하여 썩어버리거나 신장 등의 생명 유지에 중요한 장기에도 혈전이 생기기도 합니다. 그리고 파괴된 세포에서 심장에 악영향을 주는 물질이 나와 죽음에 이릅니다. 그러므로 이 증상은 긴급성이 있는 질병일 가능성이 높으므로 신속히 병원에 데려갈 것을 추천합니다. 다른 원인으로도 육구가 붓기도 하지만 어느 쪽이라도 빨리 수의사의 진료를 받아볼 필요가 있습니다.

식욕이 전혀 없습니다. 게다가 입안이 빨갛게 되어 있습니다. 어떤 가능성을 생각할 수 있을까요?

입안이 빨갛고 식욕이 전혀 없다면 구내염일 가능성이 높다고 생각합니다. 구내염의 통증에 의해 식사를 할 수 없게 된 것이지요. 고양이의 구내염은 원인이 다양합니다. 일단은 동물병원에서 기저질환의 유무나 구강 내를 확인해 보는 것을 추천합니다. 치료는 통증이나 염증을 진정시키는 내과적 치료 외에 발치라고 하여 치아를 뽑는 외과적 치료가 필요할 경우도 있습니다.

서서히 체중이 감소하는데도 복부가 커지고 설사 끼가 보이고 활기도 없습니다. 무엇을 고려할 수 있을까요?

체중이 서서히 줄어드는데도 복부가 커진다면 어떤 질환으로 인해 복수가 차거나 고양이 특유의 고양이 전염성복염이나 경우에 따라서는 복강 내에 종양이 생겼을 가능성이 있습니다. 원인은 다양하므로 동물병원에서 복부 화상진단이나 혈액검사 등을 받을 필요가 있습니다.

눈을 감고 있으며 눈물이 많아졌고 아파합니다. 눈꺼풀을 들춰 보니 눈 정 가운데 부근이 하얗게 되었습니다. 어떻게 대처해야 하나요?

외상 등에 의해 각막에 손상을 입었을 가능성이 있습니다. 각막에 손상을 입었을 경우에는 급속히 악화되기 때문에 바로 동물병원에서 진료를 받고 각막 상처의 유무나 안구 상태를 확인해야 합니다. 가벼운 정도라면 점안약 등을 사용하여 치료할 수 있습니다.

조금 전보다 코와 입이 지저분해져 있고, 서서히 식욕도 떨어집니다. 어떻게 하면 좋을까요?

구강이나 비강의 감염증 등에 걸리면 코나 입이 지저분해지는 증상이 많이 나타납니다. 일단은 동물병원에서 진료를 받고 원인이 되는 질병의 치료를 합시다. 고양이는 냄새로 식욕이 나타나므로 코와 입을 닦아서 청결히 하는 것이 중요합니다. 또한 먹이를 불리거나 캔 등의 부드러운 식사를 주거나 먹이를 데워서 냄새를 강하게 한 뒤 주는 등의 방법을 시도해보면 좋습니다.

**어린 고양이가 항상 설사 기미를 보입니다.
가끔은 물 같은 혈변을 봅니다. 어떻게 하면 좋을까요?**

일단은 동물병원에서 대변 검사를 받아 보세요. 기생충이나 나쁜 균이 작용하여 설사나 혈변이 되는 경우가 있습니다. 또한 음식 알러지 등이 있어서 사료가 맞지 않는 경우도 있습니다. 전신상태나 대변검사 결과 등으로 종합적인 판단을 할 필요가 있습니다. 어린 고양이의 경우 설사에 의해 쇠약해져 죽는 경우도 있으므로 신속히 진료를 받아 볼 것을 추천합니다.

가끔 풀을 먹는 경우가 있습니다. 채소가 부족한 것일까요?

고양이는 육식동물이지만 야생의 육식 짐승은 사냥물의 고기를 먹는 것만이 아니라 초식동물의 음식물이 포함된 내장을 먹는 것도 선호하며, 그것에 의해 충분한 영양을 취합니다. 고양이도 고기 섭취만으로는 살아갈 수 없습니다. 종합영양식인 고양이 사료에는 필요한 영양소가 균형 있게 배합되어 있으므로 양질의 고양이 사료를 필요량 주고 있다면 특별히 채소를 먹을 필요는 없습니다. 그렇다면 왜 고양이가 풀을 먹는 것일까요? 그 이유 중에는 위에 쌓인 털 뭉치를 토해내기 위해서라는 설이 있습니다. 고양이가 좋아하는 풀은 잎이 가늘고 길며 끝이 뾰족한 볏과의 식물로, 이것을 먹으면 위가 자극되어 구토를 유발시킵니다. 그러나 구토를 일으키는 것에 의해 컨디션이 나빠지는 고양이도 있으므로 털 뭉치가 걱정이라면 털 뭉치 방지용 보조제나 털 뭉치 방지용 성분을 함유한 사료를 주는 편이 좋습니다.

채소를 줄 필요가 있나요?

　기본적으로는 고양이는 개보다도 순수한 육식동물입니다. 영양적으로는 채소를 먹지 않아도 문제없습니다. 그러나 야생 고양잇과 동물이 포식하는 것을 보면, 초식동물의 내장을 맨 먼저 먹는 것을 볼 수 있습니다. 잘게 자른 채소를 조금 주거나 볏과 식물의 새싹 등을 주어도 좋다고 생각합니다.

편식을 하는데요. 고양이는 맛에 민감한가요?

　미각 센서인 미뢰는 사람의 경우 혀에 약 1만개, 개의 경우 약 2000개가 있습니다. 고양이의 경우에는 1000개 이하 밖에 없어서 고양이의 미각은 사람만큼 섬세하지 않습니다. 사람은 ①단맛, ②매운맛, ③짠맛, ④쓴맛, ⑤신맛, ⑥감칠맛을 세세하기 느끼는 것이 가능합니다. 하지만 고양이가 맛 볼 수 있는 것은 고작 ③짠맛, ④쓴맛, ⑤신맛 정도입니다. 그러므로 고양이는 음식이 맛있는지를 맛만이 아니라 냄새나 식감, 온도 등을 종합하여 판단합니다. 또한 고양이는 어렸을 적에 안심하고 먹은 것을 계속해서 좋아하는 경향이 있습니다. 더욱이 그 때의 기분과 식사를 잘 연결 짓고, 질병에 걸렸을 때 무리하게 먹인 것은 싫어하게 됩니다. 그리고 먹었을 때 주인이 칭찬해 준 것을 좋아하게 되기도 합니다.

준비해 준 물은 마시지 않고 일부러 다른 장소에 있는 물을 마시러 갑니다. 무슨 문제가 있는 걸까요?

고양이는 신선하고 깨끗한 물을 좋아합니다. 그러나 수돗물에는 소독을 위한 염소(석회)가 들어 있어서 그 냄새를 싫어하는 고양이도 있습니다. 그런 탓에 수도꼭지에서 막 따른 물보다 전부터 놓여 있어서 석회가 빠진 물을 선택하는 경우가 있습니다. 또한 차가운 물보다 따뜻한 물을 더 좋아하거나 접시에 따른 물보다 흐르는 물을 좋아하는 아이도 있습니다. 고양이는 선조가 물이 없는 사막에서 생활했던 탓인지 물 그 자체로 수분을 섭취하는 습성이 결핍되어 있어서 건식 사료를 주는 아이는 탈수를 일으키기 쉽습니다. 고양이는 섭취하는 음식과 함께 물의 선호도 확실한 아이가 많으므로 그 아이가 가장 좋아하는 것을 찾아서 충분히 수분을 섭취할 수 있도록 해 주세요.

사람이 먹는 것과 같은 것을 먹여도 되나요?

고양이도 사람과 체중 당 영양필요량을 비교해 보면 고양이는 사람보다 단백질은 약 5배(특히 단백질을 구성하는 아미노산인 타우린과 알긴산은 사람의 경우 체내에서 다른 아미노산으로부터 만들 수 있지만 고양이는 체내에서 만들 수 없으므로 외부에서 얻을 필요가 있습니다), 지방은 약 2배(특히 지방산 중 하나인 아라키돈산은 사람의 경우 체내에서 다른 지방산으로 만들 수 있지만 고양이는 체내에서 만들 수 없으므로 외부에서 얻어야 합니다) 필요하고, 비타민이나 미네랄의 필요량도 달라서 고양이를 사람과 똑같은 식사를 주며 건강하게 키울 수 없습니다. 또한 사람이 맛있게 먹는 것도 고양이에게 주면 유해한 것이 있으므로 주의할 필요가 있습니다. 특히 파 종류(혈액 속의 적혈구가 파괴된다), 초콜릿(경련 등을 일으킨다), 전복(귀가 괴사된다), 청어(청색 지방증이라는 질병에 걸린다. 단, 충분한 비타민 E와 함께 먹는다면 괜찮다)는 주어선 안 됩니다.

전복을 먹으면 귀가 떨어진다는 말을 들었습니다. 정말인가요?

전복의 간, 정식 명칭으로는 중장선에 포함된 피노페로포르바이드 a(pyropheophorbide a)는 특히 봄철 전복의 먹이인 해조에서 유래한 엽록소가 분해되어 생산됩니다. 중독 증상은 광과민증이 나타나며, 자외선에 의해 피부가 얇아지고 자외선을 쬐기 쉬운 귀에 강한 반응이 나타납니다. 고양이만이 아니라 사람도 드물지만 섭취하고 하루 정도 후에 안면, 손, 손가락의 부기나 동통 등이 일어나는 중독 예가 보고되고 있습니다.

사료를 밥그릇에 넣은 채로 놔두었는데요. 정해진 시간에 주는 것이 좋은가요?

개와 같이 집단으로 사냥을 하여 사냥물을 취하는 동물의 경우 일주일에 한 번 밖에 식사를 할 수 없기 때문에 먹을 수 있을 때 먹을 수 있을 만큼 먹어 두는 경향이 있습니다. 한편, 고양이처럼 단독으로 사냥을 하는 동물의 경우 필요한 때 필요한 만큼만 먹기 때문에 사료를 그냥 놔두어도 과식하여 살이 찌는 경우는 적습니다. 그런 급여법도 괜찮다고 쓰여 있는 책도 있습니다. 그러나 사료를 넣어 둔 채로 놔두면 남은 먹이가 부패하거나 산화됩니다. 그리고 실제로 얼마나 먹었는지 알 수 없고 식욕 저하 등의 증상 발견이 늦어질 가능성도 있습니다. 그러므로 항상 정해진 시간에 일정량의 사료를 주는 편이 좋다고 생각합니다.

요구르트를 줘도 괜찮은가요?

요구르트는 유당의 대부분이 분해되어 있지만, 일반적으로 우유 등의 유제품에는 개와 고양이용 우유에 비해 유당이 많이 함유되어 있습니다. 이 유당을 소화하는 데는 락타아제라는 소화효소가 필요한데, 개와 고양이는 이유 후에 이 효소가 없어지는 아이가 많은 탓에 유제품을 주면 설사를 하는 경우가 많습니다. 그러므로 설사만 하지 않는다면 주어도 상관없습니다. 하지만 기준을 통과한 고양이 사료는 영양소의 밸런스가 좋기 때문에 사료 이외의 것을 주면 그 밸런스를 무너뜨릴 수 있습니다. 그래서 굳이 줄 필요는 없다고 생각합니다.

새끼 고양이들이 새끼 고양이용 건식 사료를 자연스럽게 먹기 시작했습니다. 이유식이 아니어도 괜찮나요?

새끼 고양이들의 위는 작지만 성장을 위해서는 성묘 이상의 충분한 영양을 취할 필요가 있습니다. 이런 경우 건식 사료를 많이 먹고 그 뒤에 물을 마시면 위 안에서 건식 사료가 불어서 위확장을 일으킬 수 있습니다. 또한 수분이 많은 사료가 위에서 배출시간이 빠르고 소화성이 좋습니다. 그러므로 새끼 고양이에게는 우유에서 바로 건식 사료를 주기 보다는 새끼 고양이용 사료로, 그 중에서도 수분이 많은 이유식을 주는 것이 바람직합니다. 어떻게 해도 건식 사료밖에 준비할 수 없다면 처음에는 새끼 고양이용 건사료를 미지근한 물로 충분히 불려서 주는 것이 좋습니다.

고양이 사료만 주면 영양의 치우침이 없나요?

고양이 사료도 종류가 많고 다양해서 선택하는 데에 망설이게 됩니다. 그래서 선택의 지표로서 반려동물 사료의 포장을 보면 '반려동물 종합영양식으로서 반려동물사료 공정취인협의 검사에 의해 정해진 기준을…'이라는 문구가 기입되어 있는 것 중에서 고르는 것이 좋습니다. 또는 'AAFCO(미국사료검사기관협회)'가 기재되어 있는 것도 지표 중의 하나가 됩니다. 또한 라이프 스테이지나 환경에 맞는 것, 질병에 맞는 처방식 등이 판매되고 있으므로 수의사에게 상담을 받아 보는 것도 하나의 방법입니다.

칼슘제(보조제)를 주어도 괜찮은가요?

예전에는 고양이 사료에 함유된 칼슘이나 다량의 비타민 D 등에 의해 피해를 입은 고양이가 많았습니다. 최근에는 신뢰할 수 있는 사료의 보급에 의해 많이 감소했습니다. 보조제라도 과도하게 투여하는 것은 위험합니다. 수의사에게 상담을 받아 주세요(개 파트의 항목을 참조해 주세요).

고양이 사료 이외에 줘도 되는 것이 있나요?

기본적으로는 사료 등의 종합영양식이라면 그것만 줘도 문제없습니다. 그 이외에는 고양이용 간식 등을 주어도 좋지만 영양의 치우침이 발생하지 않도록 해 주세요. 또한 급여량을 지키고 과도한 칼로리 섭취가 없도록 주의합시다.

관엽식물을 먹었는데요. 괜찮은 건가요?

고양이는 영양적으로 필요가 없는데도 식물의 이파리를 잘 먹고, 토해냅니다. 이 구토를 계기로 컨디션이 망가지는 아이도 있으므로 먹지 않도록 해 주세요. 특히 백합은 먹으면 신부전증을 일으켜 사망에 이르는 경우가 있습니다. 관엽식물로는 아이비, 헤데라헤릭스, 디펜바키아, 필로덴드론, 포인세티아, 몬스테라, 붓순나무 등이 먹으면 중독을 일으키는 것으로 알려져 있습니다. 그 밖에도 다수의 관엽식물이 중독을 일으킬 가능성이 있으므로 절대 먹게 해서는 안 됩니다.

주면 안 되는 것은?

백합과의 식물, 생 오징어, 파 종류는 아주 위험한 것입니다. 음식은 아니지만 자동차나 자택의 난방기기에 쓰이는 부동액을 잘못 마시는 것도 생명과 관련된 위험한 것입니다. 고양이에 한하지 않고 개도 주의해야 하는 포도나 초콜릿 등도 안전을 위해 먹지 않도록 주의해 주세요. 고양이가 좋아하는 기름 종류도 다량 섭취에 의해 췌장염 등의 생명을 위협하는 질환에 이를 수 있으므로 주방이나 식탁에서의 배려도 필요합니다.

오징어는 왜 주면 안 되는 건가요?

생 오징어의 내장에는 티아미나아제라는 비타민 B1을 분해하는 효소가 많이 함유되어 있어서 사람의 각기와 마찬가지로 비타민 B1 결핍증을 일으킬 수 있습니다. 고양이에게 비타민 B1은 개의 5배나 필요하며 결핍되면 식욕부진, 구토, 더욱 진행되면 동공이 열리고 탈수 증상을 더해 비틀비틀 거리는 증상이 나올 수 있습니다. 오징어 외에 조개 등의 일부 어패류도 비타민 B1 분해효소를 함유하고 있기 때문에 고양이의 체내에서 비타민 B1을 분해하므로 주의가 필요합니다. 단, 가열·조리하면 비타민 B1 분해 효소의 영향은 없어진다고는 하지만 너무 많이 먹으면 위험합니다.

고양이 식사에 대해서

노령 반려동물에 대해서

고양이도 노령이 되면 인지저하증에 걸리나요?

일단 동물의 인지기능부전증후군(인지저하증)이란 '노화에 관련된 증후군이며 인지력의 이상, 자극에의 반응성 저하, 학습·기억의 결손 등에 이른다'는 것이라고 생각할 수 있습니다. 개만큼 증상도 적고 눈에 잘 띄지 않는 동물이지만 고양이도 인지저하증에 걸릴 수 있습니다.

노화 현상은 어떤 것인가요?

순발력이 쇠퇴하여 활동량이 감소하고 자는 시간이 길어집니다. 그루밍도 안 하게 되며 털의 결이 나빠지고 흰 털이 나오며 말라 갑니다. 또한 식사를 잘 먹지 않게 되며 활발함도 저하됩니다. 추위에 약해지고 화장실 이외의 장소에서 용변을 보는 등도 노화의 신호입니다.

노령묘를 키울 때 주의해야 할 점이 있나요?

면역 기능이 저하되어 바이러스에 감염되기 쉬워집니다. 피부 질환, 내장 질환, 특히 신부전에 걸리기 쉬워서 정기적으로 병원에서 건강진단을 받도록 해야 합니다. 매일 식사와 음수량, 그리고 정기적인 체중 관리에 주의하고 행동의 변화에 주의합시다.

고양이 노령 반려동물에 대해서

그 밖에

고양이가 죽었을 때 필요한 절차는?

사육하던 고양이가 사망했을 때의 절차에서 법적으로 필요한 것은 없습니다. 담당 동물병원이나 애완미용실, 또는 보험회사(반려동물 보험에 가입되어 있는 경우) 등에 소식을 전하면 좋을 것입니다. 진료기록카드 등에 사망을 기재하고 정보 메일 등의 발송을 중지해 둡니다.

RABBIT
토끼

사육법에 대해서

토끼를 키우기 위해 준비해 둘 용품이 있나요?

사육 용품으로는 토끼전용 사육케이지, 토끼용 화장실, 물그릇(그릇 혹은 보틀 타입), 밥그릇, 토끼 사료, 티모시 목초 등입니다. 사육장소는 바람이 잘 통하는 곳이 좋으며, 극단적인 온도 차는 몸 상태에 영향을 주기 때문에 되도록 에어컨으로 관리할 수 있는 실내 사육을 합시다.

토끼의 예방접종과 사육신고가 필요한가요?

일본에서는 반려동물로서 사육되는 토끼의 백신은 없습니다. 사육을 하는 것도 행정기관에 신고할 필요가 없습니다.

토끼를 안는 방법은?

토끼는 초식동물이므로 포획되는 것을 매우 싫어합니다. 그래서 무리하게 안아 올리거나 하지 않는 편이 좋습니다. 얌전한 토끼는 안은 사람의 겨드랑이에 얼굴을 파묻게 하면 안아도 난폭해지지 않는 경우가 많습니다. 그러나 무리하게 제압하거나 떨어뜨리면 요추나 사지의 골절을 입을 수 있으므로 무리하지 않아야 합니다.

키울 때, 생후 2개월을 넘긴 토끼를 키우는 게 좋은 이유는 무엇인가요?

토끼는 포유류입니다. 부모에게서 완전한 이유는 8주 이후입니다. 그러므로 사람이 토끼를 사육하는 것은 완전 이유가 된 2개월 이후가 좋습니다.

토끼를 사러 갈 때 저녁에 가는 것이 좋다고 하는데요. 이유가 무엇인가요?

원래 토끼는 야행성 동물이므로 새벽과 밤에 가장 활발히 활동합니다. 토끼의 식욕이나 건강 등 건강상태를 관찰하기 위해서는 저녁이 좋다고 생각합니다.

알러지가 있는데요. 키울 수 있을까요?

주인이나 그 가족이 토끼 털 등에 대해 알러지가 있으면 무리하게 키우지 않는 편이 좋다고 생각합니다. 알러지를 일으키지 않는 다른 동물을 키우는 것이 어떨까요?

학교에서 토끼를 키울 경우 어떤 종류가 좋을까요?

어떤 종류가 좋다는 것은 없습니다. 단, 살찌기 쉬운 미니 롭이나 대형 품종은 토끼 중에서도 더위에 약하기 때문에 에어컨이 없는 시설에서 사육은 어렵습니다. 일반적으로 학교에서 사육하는 소형 교잡종이라면 문제없습니다.

같은 케이지에서 키울 수 있는 토끼 종류는?

같은 케이지에서 키울 수 있는 토끼는 없습니다. 싸움을 해서 코나 귀, 그리고 수컷끼리인 경우에는 정소를 물어뜯는 경우가 있습니다. 일반적으로 판매되는 토끼용 사육케이지에는 하나의 케이지에 토끼 한 마리를 키울 것을 꼭 지켜주세요.

토끼를 '마리(羽; 일본에서 보통 새를 셀 때 쓰는 용어)' 라고 세는 이유가 무엇인가요?

토끼만을 1마리(羽), 2마리(羽)라고 새처럼 세는 습관에 대해서는 여러 가지 설이 있는데, 크고 긴 귀가 날개처럼 보여서 새와 마찬가지로 세는 것 같습니다. 일본에서 짐승의 고기를 먹는 습관이 없었던 시대에 예외적으로 먹기 위해 새와 함께 취급되었다는 설도 있습니다. 덧붙여서 동물병원에서는 '1두(頭), 2두' 혹은 '1필(匹), 2필'이라고 세는 것이 일반적입니다.

개·고양이와 함께 키우고 싶은데요. 가능할까요?

토끼와 개·고양이를 같은 방에서 키울 경우에는 성향이 맞는지 확인하는 것이 중요합니다. 얌전한 개·고양이의 경우라도 처음에는 반드시 주인이 토끼를 옆에 데리고 개·고양이가 토끼를 공격하려고 하지 않는지, 토끼가 무서워하지는 않는지를 잘 관찰한 뒤 판단해 주세요. 성향이 잘 맞는다고 판단한 경우에도 개·고양이는 본능적으로 토끼를 공격할 가능성이 있기 때문에 토끼와 개·고양이만을 방치하는 것은 피해 주세요. 토끼와 개·고양이를 다른 방에서 키울 경우에는 서로 스트레스를 받는 요인이 없다면 큰 문제없습니다.

닭을 함께 키울 수 있나요?

토끼만이라도 너무 많은 마릿수를 키우게 되면 토끼에게 큰 스트레스가 됩니다. 그러므로 닭과 함께 사육하지 않는 편이 좋다고 생각합니다.

토끼 사육법의 기본은?

일단 토끼가 건강하고 쾌적하게 지낼 수 있는 환경을 조성해 주세요. 토끼는 개별 사육이 기본이므로 한 마리당 한 개의 케이지를 준비해 주세요. 케이지는 춥고 따뜻함의 차가 적고 직사광선이 닿지 않는 조용한 장소에 두세요. 케이지 내에는 언제나 먹을 수 있도록 목초를 넣어 두고 급수기, 발판, 화장실을 설치해 주세요. 펠렛 사료는 하루에 정해진 양을 급여해 주세요. 신선한 채소와 과일을 소량 주어도 좋습니다. 케이지 안의 청소는 부지런히 해 주며, 하루에 한 번 정해진 시간에 케이지 바깥으로 꺼내 운동도 시킵니다. 환경이 갖추어 졌다면 다음은 토끼의 습성을 잘 이해한 뒤 애정을 가지고 다정하게 대하는 것이 중요합니다.

토끼를 키울 경우 케이지의 크기는 어느 정도가 좋은가요?

케이지에서 꺼내 운동시킬 수 있는 경우에는 물이나 식사를 둘 장소와 전신을 펴고 잘 수 있는 넓이가 필요합니다. 케이지에서 꺼내 운동시킬 수 없는 경우에는 토끼가 점프하는 거리 이상의 길이와 높이가 필요합니다. 최근에는 토끼전용 케이지도 시판되고 있으므로 그런 것을 이용해 보아도 좋겠지요.

토끼를 길들이려면 어떻게 해야 하나요?

개체나 계통에 따라 차이가 있습니다. 일반적으로 토끼는 겁이 많은 동물이어서 잡혀서 자유를 뺏기는 행위에 대한 공포심을 가지고 있는 경우가 있습니다. 그렇기 때문에 갑자기 안는 행동은 하지 말고 시간을 들여 천천히 접하는 것이 중요합니다. 일단은 손으로 좋아하는 것을 주는 것부터 시작합니다. 손으로 먹는 것에 익숙해지면 말을 걸면서 등을 조금씩 쓰다듬어 봅니다. 갑자기 만져서 놀라게 하지 마세요. 시간을 들여 천천히 신뢰관계를 구축하는 것에 열중해야 합니다.

새끼 토끼를 받았는데요. 따뜻하게 해 줄 필요가 있나요?

태어난 시기에 따라 다르지만 태어나고 8주 이내는 부모 토끼로부터 완전 이유가 불가능한 기간이므로 그 기간은 따뜻한 장소에서 사육할 필요가 있습니다. 원래는 완전 이유를 한 8주 이후의 새끼 토끼를 양도 받아야 하며 8주에 도달했다면 사람이 생활하는 데에 불편이 없는 실온에서 사육할 수 있습니다.

풀어 놓고 키우는 것과 상자에 넣어서 키우는 것 중 어느 쪽이 좋은가요?

기본적으로 토끼는 전용케이지에서 사육하고 주인이 관찰할 수 있는 시간대를 이용하여 볼 수 있는 범위에서 풀어놓는 시간을 가지는 것이 좋습니다.

토끼집의 소독 방법은?

경우에 따라서는 소독이 필요할 수도 있겠지만 기본적으로는 주 1~2회 가정용 세제를 이용하여 물로 씻는 것으로 충분합니다. 토끼를 다른 장소에 이동시키고 식기용 세제와 스펀지 등으로 오염을 닦아낸 뒤 잘 씻습니다. 젖은 부분은 잘 닦고 건조시켜서 사용해 주세요. 토끼의 소변이 굳어서 떨어지지 않을 때는 전용 세정액도 판매하고 있으므로 펫샵에서 확인해 주세요.

브러시질을 하는 편이 좋은가요? 또 브러시질을 잘 할 수 있는 방법이 있나요?

토끼 중에도 특히 장모인 토끼는 브러시질을 하지 않으면 털이 뭉쳐서 건강한 피부 상태를 유지할 수 없게 됩니다. 브러시질을 싫어하는 토끼가 많은 것도 사실입니다. 브러시질이 필요한 장모종에게는 새끼 토끼 때부터 먹이나 상을 주면서 브러시질을 실시하는 등 싫은 인상을 주지 않도록 하면 좋겠지요.

발톱이나 이는 자르는 편이 좋은가요?

반려동물로서 사용되는 토끼는 굴토끼라는 종류로 원래는 땅 속에 터널을 파고 살아가는 토끼입니다. 터널을 팔 수 없는 가정 사육 환경에서는 반드시 발톱이 길어지게 됩니다. 긴 발톱을 방치하면 부러져 출혈을 일으키는 등 사고의 원인이 됩니다. 그러므로 정기적으로 잘라 줄 필요가 있습니다. 가정에서 자르는 것이 어렵다면 동물병원에서 상담을 받아 보세요.

한편, 이는 제대로 초목을 먹고 맞물림도 정상적이라면 자연스럽게 마모되기 때문에 손질할 필요가 없습니다. 이가 길어지는 경우에는 어떤 이상이 있을 수 있습니다. 동물병원에서 진료를 받아보세요.

번식에 대해서

중성화 수술이 필요한가요?

　　토끼는 중성화를 하지 않아서 생기는 질병에 대해서는 별로 알려진 게 없습니다. 드물게 정소 종양 등에 걸릴 가능성은 있습니다. 중성화 수술을 하지 않은 수컷 토끼를 동거시키면 싸움이 끊이지 않으며, 외상의 원인이 됩니다. 또한 한 마리만 키워도 마킹 행동을 하는 아이나 공격적인 아이도 있습니다. 성호르몬이 모든 원인이라고는 할 수 없지만 중성화를 하여 개선되는 예도 있습니다. 그런 경우에는 중성화를 검토해 보아도 좋겠지요.

토끼의 임신과 출산이란?

　　암컷 토끼는 생후 4~5개월이면 성성숙에 도달하여 임신이 가능해집니다. 토끼에게는 확실한 발정기가 없지만 수컷 토끼를 허용하는 시기가 주기적으로 옵니다. 교미를 하여 임신하면 암컷 토끼는 자신의 털을 뽑아서 깔아 두는 등 둥지를 만드는 행동을 합니다. 임신기간은 30~32일 정도로 둥지에서 4~12마리의 새끼 토끼를 출산합니다. 새끼 토끼는 털도 안 나있고, 다른 동물과 비교해서 미숙한 상태로 태어납니다.

토끼의 육아방치는 어떻게 해야 하나요?

어미 토끼는 하루에 한 번만 새끼 토끼에게 영양가 높은 젖을 주고 그 외의 시간은 거의 새끼를 돌보지 않습니다. 그래서 주인은 어미 토끼가 육아방치를 하고 있다고 생각하는 경우가 많습니다. 어미 토끼가 둥지를 나오는 시간에 새끼 토끼들을 살짝 관찰해 보면 배가 과도하게 움푹 들어가서 탈수 증상을 보인다면 육아방치일 가능성이 있습니다. 단, 확인할 때에 어미 토끼에게 스트레스를 주면 육아방치의 계기가 될 가능성이 있으므로 주의가 필요합니다. 48시간에 걸쳐 어미 토끼가 젖을 주지 않는 경우 육아를 방치했다고 보고 인공보육을 실시할 필요가 있습니다. 젖을 먹지 못한 새끼 토끼는 배가 푹 꺼져 탈수 증상을 보입니다.

새끼 토끼의 인공 보육은 어떻게 하는 건가요?

어미 토끼가 정말로 육아 방폐를 한 경우 인공 보육이 필요합니다. 동물병원이나 펫샵에서 상담을 받고 소동물용 분유와 빠는 곳이 작은 새끼 고양이용 포유병을 준비합니다. 인공 보육을 할 때에는 하루에 4~6번 정도 나눠서 분유를 줍니다. 하루 2cc를 투여량의 기준으로 하여 증가시켜 갑니다. 3주 정도가 되면 소량의 초목을 먹기 시작합니다.

이때 당황해서 펠렛을 먹이면 치명적인 설사를 초래할 수 있으므로 주의해야 합니다. 또한 이 시기에 다 큰 토끼의 맹장변을 채취하여 먹이는 것도 추천하는 의견이 있습니다. 대체로 5주 정도면 이유시킵니다.

토끼는 몇 살 정도부터 아이를 만들 수 있게 되나요?

토끼의 성성숙은 암컷이라면 4~5개월 정도이며, 수컷은 5~8개월 정도라고 합니다. 이 시기부터 교미, 임신, 출산이 가능해집니다. 최근 유행하는 소형 토끼는 비교적 조숙한 경향이 있는 듯합니다. 성성숙은 교미나 임신, 출산이 가능해진 시기인 것과 동시에 성호르몬과 관련된 다양한 행동이 나타나는 시기이기도 합니다. 암컷 토끼는 영역 의식이 강해집니다. 수컷 토끼는 수컷끼리 격렬한 싸움을 하게 되는 경우가 있습니다.

발정하면 어떻게 되나요?

가정에서 사육하는 토끼는 명확한 발정기를 가지지 않고 일 년 내내 번식이 가능한 동물입니다. 성성숙(사춘기)을 맞이한 뒤는 개와 고양이 같은 특정 발정기를 나타내지는 않습니다. 사춘기를 맞이한 수컷 토끼는 마운팅이나 스프레이 행위를 하기도 합니다. 또한 다른 수컷이 자신의 영역에 들어오는 것을 허용할 수 없게 됩니다. 암컷 토끼는 가임신이 되어 자신의 털을 뽑아 둥지를 만들기도 해서 발정기의 행동과 오해되기도 합니다.

훈련에 대해서

화장실 훈련은 어떻게 하는 게 좋을까요?

토끼는 야생에서도 일정 장소에 배설하는 습성이 있어서 화장실 훈련이 비교적 쉬운 동물입니다. 키우기 시작할 때에는 토끼가 배설하는 장소를 관찰하고 그 장소에 화장실을 둡니다. 화장실 안에 소량의 대변이나 소변을 넣어 두면 효과적인 경우가 있습니다. 다 큰 토끼가 실내의 다양한 장소에서 배뇨하는 경우는 성호르몬의 작용에 의해 마킹을 하고 있을 가능성이 있으며 그것에 대해서는 중성화 수술이 효과적일 수도 있습니다. 동물병원에서 상담을 받아 주세요.

건강관리에 대해서

설사변이라는 것은 어느 정도의 상태를 말하는 것인가요?

항상 나오는 동그란 변이 조금 작아 졌거나 냄새가 나고 수분이 많이 포함된 변만 나오는 경우는 설사변일 가능성이 높습니다. 동그랗고 정상적인 변이 많이 나오는 상황에서 보이는 점성 있는 무른 변은 정상적인 맹장변일 가능성도 있습니다. 설사변이 의심되는 경우에는 동물병원에서 대변검사를 받아 보도록 하세요.

비만 토끼에게 주는 식사는 어떤 것이 좋은가요?

비만의 원인은 대부분의 경우가 펠렛을 너무 많이 먹었기 때문으로, 하루에 주는 펠렛의 양을 제한하는 것이 중요합니다. 목초는 항상 필요한 만큼 먹을 수 있도록 충분한 양을 주어도 좋습니다. 채소는 초목을 먹는 양이 줄지 않는 정도면 괜찮습니다. 그리고 펠렛을 중심으로 한 식사에서 초목을 중심으로 한 식사로 바꿔 주세요. 단, 토끼는 급격한 변화에 대응하기 힘든 동물이므로 식사의 교체는 시간을 들여 조금씩 천천히 해 주세요.

토끼가 건강한 지를 어디를 보고 판단하는 것이죠?

평소와 상태가 조금이라도 다른 경우에는 어떤 질병이 발병했을 가능성이 있습니다. 신속히 동물병원에서 진료를 받아 주세요. 또한 토끼의 건강을 유지할 수 있는 적절한 사육이 이루어지고 있는지 걱정된다면 동물병원에서 상담을 받아 주세요.

장수시킬 수 있는 요령이 있나요?

장수할 지에 대해서는 개체마다의 생명력을 고려해야 합니다. 일반적으로 적절한 실온에서 온도 관리, 청결한 환경, 양질의 티모시 목초, 적절한 급여량의 토끼 사료, 스트레스를 주지 않는 범위에서 주인과의 커뮤니케이션 등 매일의 사육에 충실하도록 노력해야 합니다.

다이어트는 어떻게 하면 좋은가요?

급격한 식사 제한은 토끼에게 스트레스가 되므로 다이어트는 되도록 시간을 들여서 실시하는 것이 좋습니다. 처음부터 체중이 줄지 않는다고 초조해 하면 안 됩니다. 일주일 동안 2% 미만의 감소를 지속하도록 주의해 주세요. 또한 다이어트 중에는 정확한 체중을 잴 필요가 있어서 체중계를 준비해야 합니다. 다이어트를 시작하면 1주일에

1회 체중을 측정하고, 식사량을 조정해 주세요. 하루에 주는 펠렛의 양은 체중의 1.5% 이하(노령 토끼는 0.5~1%)가 될 때까지 서서히 줄이도록 합니다. 그리고 하루에 먹을 양을 2회 이상으로 나눠서 주세요. 목초는 자유롭게 줘도 괜찮습니다. 그 이외의 먹을 것은 되도록 삼가 주세요.

살이 쪘는지 말랐는지를 판단하는 방법이 있나요?

토끼는 어느 품종에서도 개체차이가 크기 때문에 살이 쪘는지 말랐는지의 판단은 체중이 아닌 피하지방의 양을 확인해야 합니다. 피하지방의 양을 판정하는 최적의 장소는 갈비뼈 주변입니다. 등에서 가슴 부근에 살며시 양손을 대고, 갈비뼈가 만져지는 지 확인해 주세요. 갈비뼈가 만져지지 않는 경우는 살이 쪘다고 판단하며, 갈비뼈가 울퉁불퉁하게 만져지는 경우에는 말랐다고 판정합니다.

토끼는 수명이 짧다고 하는데요. 조금이라도 장수하게 하려면 어떻게 하는 게 좋을까요?

토끼는 청결한 것을 좋아합니다. 일단 청결히 사육해 주세요. 예를 들어 용기를 깨끗이 유지하고, 신선한 물을 언제나 먹을 수 있도록, 그리고 발 뒤쪽이 깨끗한 지, 대변 등이 묻진 않았는지, 마루가 축축하진 않는지 등에 주의를 해 주세요. 또한 환경면에서는 더위와 추위의 대책 등에 힘써주세요. 건강면에서는 매일 식욕과 대변 상태 등의 관찰이 중요합니다. 잘 관찰하고, 좋은 환경에서 사육하는 것이 장수의 비결입니다.

음식으로 건강이나 수명에 차이가 생길까요?

초식인 토끼는 섬유소가 부족하면 위장의 움직임이 나빠져서 뭉친 털이 쌓이거나 설사를 하게 됩니다. 또한 토끼의 치아는 평생 동안 자라기 때문에 목초를 먹어서 이를 올바르게 마모시키지 않으면 치아의 맞물림이 안 좋아져서 음식을 먹을 수 없게 됩니다. 이런 것 외에도 과식에 의한 비만은 심장병, 간질환(지방간) 등 다양한 질병을 유발하는 원인이 됩니다. 섬유소가 풍부한 목초를 중심으로 한 식사를 주며, 적정 체중을 유지하여 이런 질병을 예방한다면 장수로 이어질 것이라고 생각합니다.

균형을 못 잡고 바로 뒤집어지는 데요. 병에 걸린 걸까요?

질병일 경우 전정장애나 뇌신경계 질환 혹은 관절 등의 문제로 뒤집어 지는 경우가 있습니다. 또한 영양장애여도 몸에 힘이 들어가지 않아서 뒤집어 지는 경우가 있을 수 있습니다. 동물병원에서 상담 받아 주세요.

콕시듐이 발견되면 어떻게 대처해야 하나요?

콕시듐은 토끼의 소화관에서 흔히 보이는 기생충이며 질병의 원인이 됩니다. 토끼에게 기생하는 장 콕시듐은 11종류가 있다고 합니다. 병원성의 정도는 콕시듐의 종류나 토끼마다의 질병이나 스트레스에 따라 다릅니다. 병원성이 낮은 것은 무증상이지만, 어떤 원인에 의해 장염이 발생하기도 합니다. 간에 기생하는 콕시듐도 있습니다. 이것은 새끼 토끼에서의 발병률과 사망률이 높고, 같은 배에서 태어난 새끼들에게 발병합니다. 간 콕시듐증은 식욕저하, 마름, 황달, 간장종대복수, 복위팽만 등의 증상이 나타납니다. 치료는 장 콕시듐증과 같습니다.

병원에서 콕시듐증이라고 진단을 받은 경우에는 제대로 약을 투여하여 치료합시다. 같은 환경에서 사육된 토끼가 있다면 동시에 치료를 하는 편이 안심할 수 있습니다. 동시에 사육환경의 개선도 해야 합니다. 주치의에게 상담을 받아보도록 하세요.

콕시듐으로 진단된 새끼 토끼가 설사나 식욕저하 등의 증상을 동반한다면 장독소혈증이나 탈수 등에 의해 목숨을 잃을 수 있습니다. 유동식의 강제급여나 수액 등의 극진한 케어와 적극적인 치료를 실시해야 합니다.

사람용 모기 퇴치 매트를 사용하고 있는데요. 문제없나요?

동물 종류에 따라 사용하면 안 되는 약제 등이 달라지는 경우도 있습니다. 모기 퇴치 매트에 관해서는 평상시 사용하는 정도라면 문제없을 것입니다. 실내에서 적당히 사용한다면 괜찮지만, 실외에서의 사용은 변수가 많아서, 풍향에 의해 별로 효과가 없을지도 모릅니다. 무엇이 되었든 효능 외의 사용이기 때문에 주인의 책임으로 판단해 주세요.

질병·부상에 대해서

몸의 뒤쪽 반이 움직이지 않는 것 같은데요. 어떻게 대처하면 좋을까요?

빨리 동물병원에 가서 상담을 받아 주세요. 토끼의 하반신 마비는 척추골절, 뇌신경계 감염, 영양실조 등에 의한 것이 있으며, 긴급성을 요하는 경우가 많습니다.

알러지를 알아보기 위해서는 어디에 가는 것이 좋나요?

사람이 토끼에 대한 알러지가 있는지를 알아보기 위해서는 사람의 알러지 진료과에서 상담을 받아보는 게 좋습니다. 먹이인 목초 알러지 등도 흔히 있으므로 알러지 진료과의 의사에게 상담을 받아 주세요.

토끼의 열사병은 어떤 때 일어나나요?

토끼도 개도 고양이도 사람도 마찬가지입니다. 몸에 열이 쌓이면 열사병을 일으킵니다. 직사광선을 쬐어서 더운 때뿐만 아니라 그늘에서도 환경의 습도와 온도가 높으면 발병합니다. 긴급한 체온상승(40도 이상) 때문에 침을 대량으로 흘리고, 탈수나 일시적으로 휘청거리며 쓰러지는 경우도 있습니다. 그리고 눈이나 구강점액의 출혈(붉은 벽돌색, 약간 어두운 적색)이 일어납니다. 더욱 진행하면 허탈이나 실신, 근육 떨림이 나타나거나 의식이 혼탁해지고 자극에 반응을 하지 않게 됩니다. 그리고는 완전히 의식이 없어지거나 전신성 경련 발작을 일으키는 경우도 있습니다. 증상이 꽤 진행되면 하혈(혈변), 혈뇨 같은 출혈증상이 나타납니다. 산소를 잘 들이마시지 못하고 청색증이 나타나거나 최악의 경우에는 혈액응고부전이나 쇼크 증상, 다장기부전을 유발하여 죽음에 이르는 경우도 있습니다.

초여름에도 차로 이동하거나, 통풍이 잘 안 되는 케이지 내에 두거나, 더운 여름에 집을 비울 때는 주의해 주세요. 고온이 되지 않도록 에어컨 등을 사용하는 것도 고려할 수 있습니다.

설사, 무른 변이 지속되며 야위어 갑니다. 어떻게 하면 좋을까요?

기생충감염증, 세균감염증 등 원인은 다양합니다. 원인에 따라 치료법도 달라지므로 신속히 동물병원에서 진료를 받아 주세요. 체력이 없는 토끼나 새끼 토끼는 눈 깜짝할 새에 죽기도 합니다. 진료 받을 때는 신선한 변을 가지고 가서 대변 검사도 받아 보도록 합시다.

목이 치우쳐져 있는 것 같아요. 병에 걸린 걸까요?

목이 치우친 것은 사경(斜徑)이나 염전(捻転)사경이라고 합니다. 전정 장애가 원인으로 파스튜렐라증 등의 세균감염, 원충의 감염에 의한 뇌 회백증, 또 고실 등 귀의 장애를 고려할 수 있습니다.

재채기, 콧물, 앞다리의 안쪽이 지저분하고 활기가 없습니다. 어떻게 대처하면 좋을까요?

상부기도질환(스너플)이 의심됩니다. 상부기도질환은 주로 스너플 러라는 세균감염이 원인이 되며, 백색부터 황색의 농성 혹은 점액성 콧물을 동반하는 비염부비강염을 일으킵니다. 콧물이 콧구멍 주변의 피모에 묻어서 이것을 토끼가 앞발로 건드리기 때문에 앞발 중간 부분의 피모가 지저분해진 것입니다.

비염이 경도, 혹은 급성증상이 낫는 경우는 감염이 소실될 때입니다. 하지만 만성증상으로 이행될 경우에는 자연 치유는 거의 일어나지 않습니다.

항생제로 치료해야 하므로 신속히 동물병원에 데리고 가 주세요.

귀를 가려워하며 앞발로 긁어서 피가 났습니다. 활기도 없어요. 아픈 걸까요?

피가 나올 정도로 긁을 정도에, 가려움이 심해서 플레이크 모양의 귀지가 많다면 귀 진드기의 기생이 의심됩니다. 단순한 외이염일 경우도 있지만 어느 쪽이든 동물병원에서 구충제 혹은 항생제의 투여나 귀 케어도 필요할 가능성이 높습니다. 동물병원에 데리고 가 주세요.

침이 나와서 턱이나 발의 털이 빠져 있습니다. 원래대로 털이 날 수 있을까요?

턱이나 발의 털은 침이 나와서 피부가 습해진 것에 의해 일어나는 피부염이 원인이라고 생각할 수 있습니다. 침이 나오는 원인이 고쳐지면 다시 털이 자랄 수 있을 것입니다. 오히려 탈모의 걱정보다 침이 나오는 쪽이 더 걱정입니다. 침이 나오는 원인에는 여러 가지가 있는데, 부정교합이나 치근농양처럼 구강 내 질환이 의심됩니다. 부정교합이 있는 경우는 이를 가지런히 잘라 줄 필요가 있습니다. 치근농양이 있는 경우는 이의 처치나 항생제의 전신 투여 등도 필요할 수 있습니다.

먹이를 먹지 않고 침을 흘립니다. 어디가 아픈 걸까요?

토끼가 식욕부진이 되어 침을 흘릴 경우에 압도적으로 많은 원인이 치아 문제입니다. 토끼는 다른 일반적인 동물과 달리 딱딱한 풀을 저작하기 위해 어금니가 평생 계속 자라도록 진화했습니다. 그러나 펠렛이나 간식만을 주거나 유전적으로 치아 배열이 나쁘면 어금니가 부자연스럽게 깎입니다. 그 결과, 가시가 형성되어 혀나 뺨이 상처를 입어서 먹이를 먹을 수 없게 됩니다. 토끼의 식욕부진은 긴급 상황이므로 되도록 빨리 동물병원에 방문하여 상담을 받아 주세요.

발 뒤의 털이 빠져서 빨갛게 됐습니다. 어딘가 안 좋은 걸까요?

족저피부염일 가능성이 있습니다. 족저피부염은 궤양성족피부염, 비절진미란이라고도 합니다. 정상 범위의 탈모와 굳은살은 거의 모든 토끼에게 보입니다. 하지만 정상 범위와 경증의 족저피부염과의 경계는 불명확합니다.

이 질환에 걸리기 쉬운 요인으로 딱딱한 바닥재(콘크리트, 플로링, 철망 등)를 들 수 있습니다. 토끼 자체의 요인으로는 비만, 발 뒤의 피모가 얇은 것, 스탬핑벽 등을 고려할 수 있습니다. 그 중에서는 패혈증을 일으키거나 다리 절단을 해야 하는 심한 예도 있으므로 이상이 있다면 신속히 진료를 받아 주세요.

치료로는 항생제를 환부에 도포하거나 전신 투여를 실시합니다. 청결하고 딱딱하지 않은 마룻바닥을 유지하는 것으로 예방합니다. 푹신한 바닥재에 관해서는 베어 먹거나 삼키지 않는 것이어야 하는 점도 중요하며 만일 먹어도 안전한 것을 사용하는 편이 좋습니다.

바닥재의 예로는, 케이지 사육의 경우 바닥의 트레이 위에 스펀지를 깔고 그 위에 주방 바닥재 등으로 사용하는 방수성인 동시에 쿠션성인 바닥재를 사용합니다. 또한 코르크판 등을 사용해도 좋습니다. 바닥의 습기나 더러움도 크게 관여하므로 청결히 유지하도록 항상 신경 써 주세요.

소변이 빨갛습니다. 병에 걸린 걸까요?

질병일 경우와 질병이 아닐 경우가 있습니다. 질병일 경우는 혈뇨나, 암컷이라면 자궁에서 출혈이 일어났을 가능성이 있습니다. 어린 토끼의 자궁에서 출혈이 일어날 경우 긴급 질환일 경우가 많기 때문에 신속히 동물병원에서 상담을 받아 주세요. 질병이 아닐 경우는 녹황색 채소를 많이 먹은 것에 의한 포르피린뇨입니다. 어느 하나에 편중해서 주는 채소가 있다면 며칠은 주지 말고 소변 색을 확인해 보세요.

소변이 평소보다 진하고, 자주 소변을 보며 혈뇨일 때도 있습니다. 어떻게 하면 좋은가요?

요석증이나 방광염 등의 비뇨기 질환, 혹은 중성화 수술을 하지 않은 암컷이라면 자궁 등의 생식기 질환일 가능성을 고려할 수 있습니다. 혈뇨가 나오는 것에 대해서, 토끼의 경우 식사 내용이나 대사에 의해 질병이 아니어도 '빨간 소변'이 나올 수 있습니다. 출혈인지 아닌지를 소변 검사를 통해 판단할 수 있습니다. 동물병원에서 소변 검사, 엑스레이 검사와 초음파 화상 진단, 혈액검사 등을 받는 것이 바람직합니다.

먹이를 어느 정도 주면 좋을까요?

토끼는 다른 동물이 이용할 수 없는 딱딱한 풀이나 나무껍질 등을 소화, 흡수하기 위해 독자적으로 진화한 동물입니다. 완전한 초식동물로, 고섬유질이며 저영양인 먹이를 하루 종일 계속해서 먹는 것이 원래의 식생활입니다. 양질의 초목을 하루 종일 먹을 수 있도록 해 두며 펠렛은 그때그때 다 먹을 수 있는 양을 하루에 2번 정도로 나눠 주는 것이 좋습니다. 펠렛의 봉지에 표시되어 있는 급여량은 너무 많은 경우도 있으므로 주의해 주세요. 채소는 양질인 목초와 적절한 양의 펠렛을 준다면 필수적인 것은 아닙니다. 그러므로 포상이나 즐거움을 위해서, 혹은 토끼와의 커뮤니케이션을 위해서 당근 조각을 손으로 주면 좋겠지요.

'펠렛과 채소의 밸런스' 라는 말을 자주 듣는데요. 어떤 것을 말하는 건가요?

'펠렛과 채소의 밸런스' 보다도 '펠렛과 목초의 밸런스'라고 생각해야 합니다. 신선한 채소는 무게나 보이는 양에 비해 영양소나 섬유질을 별로 함유하고 있지 않습니다. 사람이 먹기 좋게 개량된 채소는 토끼 본래의 먹이라고는 말할 수 없습니다. 토끼와 커뮤니케이션을 하기 위해 당근 조각을 손으로 직접 먹이는 것은 좋은 방법입니다. 하지만 채소는 어디까지나 보조적인 먹이라고 생각해야 합니다. 채소와 목초를 나란히 두면 채소를 선호하며 먹는 토끼가 대부분입니다. 채소를 대량으로 주면 목초를 먹는 양이 줄어들기 때문에 주의해야 합니다.

대변을 먹는 것 같습니다. 먹이가 부족한 것일까요?

토끼의 변에는 딱딱하고 동그란 분(경변)과 맹장변이라고 불리는 부드럽게 뭉쳐진 변 두 가지가 있습니다. 맹장변을 먹는 것은 정상적인 행동입니다. 토끼의 맹장에는 소장에서 흡수되지 않은 식물성분을 이용하여 장내 세균에 의해 발효되어 비타민이나 단백질 등의 중요한 영양소가 만들어집니다. 이 영양소를 소장에서 흡수시키기 위해 한 번 변의 형태로 배설되고 나서 먹는 행동을 하는 것입니다. 맹장변은 하루에 한 번밖에 배설되지 않으며 엉덩이에서 직접 먹는 경우가 많아서 그 행동을 알지 못하는 경우도 있습니다. 변을 먹는 이유에 대해서는 지금으로선 명확히 밝혀지지 않았습니다.

펫샵에서 먹던 펠렛과 같은 것을 주는 편이 좋다고 들었는데, 사실인가요?

펫샵에서 집으로 온 직후의 토끼는 환경의 변화에 의해 강한 스트레스를 받습니다. 이 시기에 식사 내용마저 갑자기 바뀌면 컨디션을 망칠 수 있는 기회가 될지도 모릅니다. 펠렛의 종류를 바꾸고 싶을 때는, 일주일 정도는 펫샵에서 먹던 펠렛을 주고 특별히 문제가 없다면 자신이 준비한 펠렛을 비율을 올리면서 섞어 줍니다. 일주일 정도 시간을 들여 천천히 바꿔나가는 것이 좋겠지요.

펠렛을 고르는 데 주의해야 할 점이 있나요?

토끼에게 칼슘이 많이 함유된 펠렛을 주면 칼슘 요석증이 생깁니다. 이전에는 일부러 칼슘을 첨가한 펠렛까지 시판되었지만 최근에는 시판 펠렛의 품질도 향상되어서 요결석의 발생 빈도도 감소하고 있습니다. 구입할 때는 칼슘 함유량이 다른 펠렛에 비해 높지 않은지 주의해 주세요. 어느 정도의 가격대인 펠렛을 고르면 아마도 큰 문제는 없을 것입니다. 오히려 목초의 품질이 직접적으로 건강 상태에 영향을 준다고 생각합니다.

왜 목초를 주는 것이 중요한가요?

우리가 토끼를 위해 준비해 줄 수 있는 먹이 중에서 목초가 가장 토끼에게 필요한 요소를 충족하고 있기 때문입니다. 토끼의 장수를 위해서는 이나 위장의 문제가 일어나지 않도록 하는 것이 중요합니다. 양질의 목초를 충분히 주면 이 두 가지에 좋은 효과가 있습니다. 펠렛 중심의 식생활로는 이가 나빠지거나 섬유질 부족으로 토끼의 건강 바로미터라고 할 수 있는 대변의 크기가 작아집니다. 또한 시판되고 있는 목초는 품질에 차이가 있으므로 잘 골라서 주는 것이 중요합니다.

주면 안 되는 채소 종류가 있나요? 또 그 이유는 무엇인가요?

초식동물인 토끼에게 채소(사람이 먹는 채소)를 주는 것은 바람직한 것이 아닙니다. 건초를 먹는 양이나 기회가 적어지기 때문입니다. 그것을 인지한 후에 준다는 가정 하에, 주어선 안 되는 채소는 파 종류(양파, 대파, 부추), 아스파라거스 등이 있습니다. 그 외에는 소화관 내에 가스를 생성할 가능성이 있는 옥수수(곰팡이에도 주의)나 감자류(고구마, 감자의 싹이나 껍질)를 어느 정도 이상 주는 것도 위험합니다. 요로계(신장, 방광 등)에서 결석의 주성분인 옥살산칼슘의 원재료가 될 수 있는 식재료도 피해야 합니다. 대표적인 것으로는 시금치가 있으며 다른 채소와 함께 먹어도 걱정스러운 채소입니다. 그 외에도 수분 함량이 높은 채소를 많이 주는 것은 앞에서 말했듯이 밸런스가 좋은 식생활로서 부적절한 것을 잊지 마세요. 꼭 채소를 주고 싶다면 변의 상태를 보면서 양을 적게 해서 주어도 좋다고 오랫동안 말해 온 채소, 예를 들어 당근(잎), 무의 잎, 순무(잎), 샐러리, 소송채(코마츠나), 파슬리 등을 소량 주는 것이 안전합니다.

먹으면 안 되는 관엽식물과 들풀에는 어떤 것들이 있나요?

유채과의 모란채라면 먹을 수 있을지 모릅니다. 그러나 기본적으로 관엽식물 중에 안전히 먹을 수 있는 것은 없다고 생각하는 편이 좋습니다. 저는 개인적으로 들풀에 흥미가 있어서 근처에 있는 들풀 이름은 거의 알고 있습니다. 보통 사람들은 민들레와 서양금혼초를 구별할 수 없습니다. 자생하는 것을 줄 경우 들풀에 대한 공부가 필요합니다. 흔히 눈에 띄는 들풀로는 민들레, 클로버(토끼풀), 냉이, 수영, 조릿대 잎, 질경이 등은 어디에서도 발견할 수 있고 알기 쉬운 들풀입니다. 살충제를 뿌린 직후일 수도 있기 때문에 채취할 때 충분히 주의를 기울여야 합니다.

PARAKEET
잉꼬

사육법에 대해서

잉꼬를 키우기 위해 갖춰야 하는 것이 무엇인가요?

잉꼬의 사육 환경을 갖춰 주는 것이 건강하게 지내게 하는 가장 중요한 과제입니다. 최소한 필요한 것을 적어 두겠습니다.

케이지(1식), 발육 단계에 맞는 먹이(펠렛, 씨앗), 보온용 기구, 온도계.

어떤 재질의 케이지가 좋은가요?

여러 종류의 재질이 판매되고 있습니다. 예산만 허락한다면 스테인리스인 매쉬 케이지를 추천합니다.

이유는 녹슬지 않고 튼튼해서 언제나 미관을 해치지 않기 때문입니다. 또한 도금의 경우에는 시간이 지나며 상태가 나빠집니다. 또한 도금의 소재에 따라 건강상의 문제가 발생할 가능성이 있습니다.

수컷과 암컷 중 어느 쪽이 더 말을 잘 익히나요?

말을 잘 익히는 것은 기본적으로 수컷입니다. 잉꼬는 암수 모두 혀와 목의 구조가 여러 가지 종류의 목소리를 낼 수 있는 구조로 되어 있습니다. 수컷은 구애 행동으로 암컷의 관심을 끌기 위해 우는 방법을 다양하게 보이며 자신을 과시한다고 합니다. 최근 연구에서 수컷은 암컷이 우는 소리를 따라하는 것에 의해 한 쌍의 유대가 강해진다는 것이 밝혀졌습니다. 즉 수컷은 흉내를 낼 필요성이 있어서 필연적으로 암컷보다 말을 잘 익히게 된 것이지요.

사육 방법의 기본은?

잉꼬 중에는 체중이 1kg이나 되는 대형 종인 금강무부터 새벽앵무 같은 중형 잉꼬, 그리고 수십 그램의 사랑앵무까지 다양한 종류가 있습니다. 각각의 사육 방법이 다르지만, 여기에서는 널리 일반적으로 많이 키우는 사랑앵무에 대해서 설명하겠습니다.

사육하는 공간은 시판되고 있는 30cm 정도의 새장이 편리합니다. 가능하다면 큰 사이즈인 것을 이용해도 좋겠지요. 손에 올라 앉는다면 실내에 풀어 두고 운동시키는 것도 추천합니다. 먹이는 예전부터 많이 먹이던 혼합사(껍질 있는 것을 좋아함)나 장기적인 영양 밸런스를 고려한다면 소형 잉꼬용 펠렛 푸드를 추천합니다. 펠렛은 새가 어릴 때부터 익숙해지도록 해 놓으면 먹지만, 다 크고 나서부터 변경하는 것은 조금 끈기가 필요한 경우도 있습니다. 이 외에 적당한 미네랄이나 비타민 원으로서 보레 가루나 신선한 푸른 채소, 조이삭 등도 주면 좋습니다. 계절에 맞는 관리도 필요합니다. 호주가 원산지인 사랑앵무는 추위에 약하므로 겨울철의 온도 저하에 주의해야 합니다. 연 1~2회 깃털이 다시 자라나는데(환우), 그 시기는 영양을 필요로 하기 때문에 부족하지 않도록 주의를 기울여야 합니다. 사랑앵무의 건강은 먹이가 어떻게 줄어드는지, 수분 섭취량, 분변의 수, 외견상의 활기 등으로 대략적으로 짐작할 수 있습니다. 뭔가 이상하다는 생각이 든다면 동물병원에서 상담을 받아 주세요.

큰 케이지에 여러 마리의 새를 함께 키울 수 있나요?

새들끼리 성향이 맞는다면 여러 마리의 새를 키울 수는 있지만 별로 추천하진 않습니다.

그 이유는 각각의 새의 건강 상태를 파악하는 것이 곤란하기 때문입니다. 새의 건강 상태의 기본적인 지침은 분변의 수와 상태입니다. 같은 케이지에서 여러 마리의 새를 키우면 그것을 확인하기가 힘듭니다.

실내에 있는 물건 중에서 잉꼬에게 위험한 물건은 어떤 것인가요?

위험한 것은 아주 많습니다. 실내에 풀어둔 잉꼬는 비상, 착지, 배회, 호기심으로 인한 다양한 행동(좁은 장소에 들어가거나 여러 가지

것을 쪼아 본다)을 합니다. 비상할 때에 위험한 것으로는 선풍기, 환기구, 청소기 등 빨려 들어갈 수 있는 것, 몸의 일부가 걸려서 휘감겨 골절의 원인이 되는 망 모양의 물건, 늘어진 줄도 위험합니다. 착지할 때는 뚜껑이 없는 것에 착지하여 낙하 사고가 많이 일어나고, 요리 중의 뜨거운 물, 튀김 기름, 휘발성·독성물질, 상처를 입을 수 있는 칼 같은 것이나 예리한 것 등도 위험합니다. 예상 가능한 사고로 이어지는 것은 전부 위험물로 봐야하고, 정리해 둘 필요가 있습니다. 또한 쪼는 것에 의해 감전을 당할 위험이 있는 전기 코드, 쪼아서 섭취하면 위험한 중독성 물질도 전부 위험합니다. 그리고 잉꼬를 덮치는 동물도 위험합니다. 위험한 물건은 아니지만 위험한 상황으로는 좁은 장소에 들어가는 사고(전자제품 뒤쪽, 사람이 알아채지 못하는 틈이나 미세하게 열린 서랍 등 : 발견하지 못한 채 너무 늦게 알아채는 경우도 있음), 주인 자신이 원인이 되어서 일어나는 사고로는 풀어 둔 잉꼬가 있는지 모르고 위에 앉거나 밟거나, 새가 문에 끼이거나…. 이처럼 위험물·위험상황은 한없이 많습니다. 실내에서 새를 풀어두고 즐겁게 지내기 위해서는 반드시 환경을 정리하고 주의 깊게 관찰하며 실시하는 것이 중요합니다.

알을 빼내도 새장 안에서 계속 알을 품고 있는데요. 괜찮은 건가요?

암컷이 스스로 식사를 하지 않아도 수컷이 급여하여 체중 감소가 없다면 괜찮습니다. 하지만 만약 식사를 하지 않고 둥지에 틀어 박혀 있다면 아주 위험한 상황입니다. 신속히 둥지인 새장을 제거해 주세요.

엉덩이가 크고 볼품없어 졌습니다. 질병 때문일까요?

질병이라고 생각할 수 있습니다. 그 원인으로 고려할 수 있는 것을 다음에 적어 두겠습니다. 비만, 황색지방종, 종양, 사상충, 난색(卵塞), 총배설강 탈장 등.
빨리 진료를 받아 볼 것을 추천합니다.

잉꼬끼리 싸움만 합니다. 어떻게 하면 좋을까요?

잉꼬끼리의 싸움은, 외상과 스트레스에 방치되면 사망에 이르기도 합니다. 케이지를 분리해서 키워야 할 필요가 있습니다.

수컷 잉꼬가 없는데 알을 낳습니다. 왜 그런 건가요?

닭이 수컷이 없는데도 산란하는 것과 마찬가지입니다. 산란은 포유류로 말하면 배란에 해당합니다. 그래서 수컷이 없어도 알을 낳을 수 있습니다. 단, 무정란이므로 아무리 품고 있어도 새끼가 나오지 않습니다. 알을 품으면 체력을 소모시키는 것뿐이므로 되도록 빨리 빼내 주세요.

잉꼬의 발톱은 잘라주는 편이 좋은가요?

길게 긴 발톱은 여러 곳에 걸리거나 발톱 손상, 골절 등의 중대한 사고를 일으킬 우려가 있습니다. 적절한 길이로 자를 필요가 있습니다.

발톱을 자르는 경우는 발톱 속의 혈관을 확인하고 혈관에 상처를 입히지 않도록 충분히 주의를 기울여야 합니다.

사랑앵무는 훈련시키는 것이 가능한가요?

기본적으로 어렵습니다.
끈기 있게 반복해서 훈련하면 효과가 있는 경우도 있지만 별로 기대하지 않는 편이 현명합니다.

잉꼬의 무는 습관을 고칠 수 있나요?

아주 어렵습니다.
원래 잉꼬는 딱딱한 것을 무는 습성이 있습니다. 개에서와 같이 물면 외로워지도록 상대를 하지 않는 방법도 있지만 효과는 별로 기대할 수 없습니다.

건강관리에 대해서

추울 때 방한을 하는 방법이 있나요?

여러 종류의 방한기구가 있습니다.

온도를 자유롭게 컨트롤 할 수 있고 이산화탄소를 배출하지 않는 것을 선택해 주세요.

예 : 에어컨, 원적외선 전기스토브(히터), 전기 코타츠, 강제 배기형 가스 또는 석유스토브 등

단, 바람이 나오는 것은 직접 바람이 닿지 않는 곳에 케이지를 설치해 주세요. 바람이 직접 닿으면 새가 안정을 취하지 못합니다.

일광욕을 시키는 편이 좋은가요?

성조에게는 특별히 필요 없습니다.

어린 새(1~3개월)에게는 하루 30분 정도 일광욕을 시켜서 영양성 각약증을 예방할 수 있습니다. 또한 발병한 경우에도 일광욕은 치료에 도움이 됩니다.

비만인 잉꼬에게 주는 식사는 어떤 것이 좋을까요?

사랑앵무의 비만은 식사 관리가 제대로 안 되어서 생기는 경우가 대부분입니다. 피와 조 등을 다양한 비율로 섞은 사랑앵무용 사료가 시판되고 있습니다. 그 비율에 따라서 칼로리가 달라집니다. 비만 잉꼬에 적합한 배합사료를 구해서 주면 좋겠지요. 또한 비만이 된 잉꼬는 배합된 먹이 속에서 좋아하는 것만 골라 먹는 경향이 있습니다. 그런 경우는 영양 밸런스가 잘 갖춰진 펠렛으로 변경을 시도해 보아도 좋을 것입니다.

살이 쪘는지, 말랐는지를 판단하는 방법이 있나요?

잉꼬를 한 손으로 살살 들고 가슴의 전면에 세로로 있는 흉골을 만져 봅시다. 적절한 체중인 새라면 가슴의 근육 사이에 아주 조금 흉골이 만져집니다. 마른 잉꼬라면 흉골이 거칠게 만져집니다. 반대로 살찐 잉꼬는 근육에 파묻혀서 흉골을 만질 수 없습니다. 체중은 건강의 중요한 바로미터입니다. 주방용 저울을 이용하여 체중을 정기적으로 측정하면 좋겠지요.

다이어트는 어떻게 하는 게 좋은가요?

사랑앵무를 다이어트 시킬 때는 식사 내용을 수정할 필요가 있습니다. 보리나 해바라기 씨 등의 칼로리가 높은 먹이가 포함된 배합사료는 비만의 원인이 됩니다. 비만 잉꼬에게 주기 위해 배합된 사료나 영양 밸런스가 갖춰진 펠렛 등을 이용하면 좋겠지요. 단, 먹이를 변경할 때에 기호가 맞지 않으면 전혀 먹지 않는 경우도 있습니다. 절식을 하게 되면 위험하므로 하루 중에 시간대에 따라 새로운 먹이를 주거나 원래 먹던 먹이를 주거나 하는 등을 고안해 보면 좋겠지요.

장수하게 할 수 있는 요령이 있나요?

적절한 식사와 사육환경을 유지하는 것이 요령입니다. 또한 평소와 다르다고 느끼면 신속히 진료를 받는 것입니다.

사랑앵무에 한정하여 답변하겠습니다.

잉꼬의 기본적인 식사 연령에 맞는 씨앗 또는 펠렛에 추가하여 녹황색 채소를 주는 것입니다. 칼슘 보급을 목적으로 굴 껍질이나 오징어의 갑도 필요합니다.

씨앗의 경우 껍데기가 붙은 것을 여러 종류 섞은 것으로 발아 시험을 실시하고 80% 이상이 싹이 나는 씨앗을 주는 것입니다. 싹이 나지 않는 씨앗은 상태가 나빠진 것이므로 주지 말아야 합니다. 발아 시험은 구입할 때마다 실시해 주세요. 씨앗은 조금씩 주며 하루에 1~2

회 교체해도 낭비하지 않을 양을 설정해 주세요. 너무 많은 경우 껍질이 씨앗 위를 덮어서 먹을 수 없게 됩니다. 또한 먹이를 쪼고 있어도 먹지 않는 경우도 있습니다. 잘 먹고 있는지, 아닌지를 판단하기 위해서는 대변의 수를 조사해 보세요. 하루에 30개 전후의 대변을 확인할 수 있다면 문제없습니다.

발아 시험 방법 바닥이 얕은 트레이에 거즈를 깔고 가볍게 물에 적신 뒤 씨앗을 뿌려 해가 좋은 곳에 둡니다. 1~2주에 80% 이상이 발아하는 것을 확인해 주세요.

잉꼬의 기본적인 사육환경 스트레스가 적고 안심할 수 있는 주거 환경을 확보하고, 케이지 안은 항상 청결하게 유지해 주세요.

　개, 고양이, 페럿 등 외부의 적이 되는 동물과 동거는 피해 주세요. 동거하는 경우에는 같은 방에 두지 않을 것, 시선을 맞추게 하는 것도 피해 주세요.

① **케이지 넓이** 최소 50×50×50cm 정도의 넓이가 필요합니다.
② **홰** 잉꼬의 발 사이즈에 적합하고 미끄러지지 않는 것을 고릅니다. 확실히 고정시켜 주세요. 불안정하면 안정을 취할 수 없습니다.
③ **물통** 잉꼬가 편하게 목욕할 수 있는 넓이와 깊이인 것이 좋습니다. 뒤집어지지 않는 것으로 골라 주세요.
④ **식기** 확실히 고정되어 불안정감이 없는 것이 좋습니다.
⑤ **온도** 일반적으로는 20~35도, 이상적으로는 29±2도입니다. 컨디션이 좋지 않을 때는 이상 온도로 유지해 주세요. 2시간 이상 이상적인 온도로 따뜻하게 해주어도 깃털이 부풀어 있는 경우에는 확실하게 컨디션이 불량한 것입니다. 신속히 진료를 받아 주세요.
⑥ **습도** 40~60%를 유지해 주세요. 70% 이상, 35% 이하가 되지 않

도록 주의가 필요합니다.
⑦ **자유 운동** 하루에 한 번은 자유롭게 날게 해 주세요. 주인이 가만히 지켜볼 수 있는 시간대에 한정하여 시킵니다. 또한 위험물이 없는 방이어야 하는 것도 필요조건입니다.

먹이로 건강이나 수명에 차이가 생기나요?

사람이나 개, 고양이와 마찬가지로 잉꼬도 식생활과 건강, 수명은 밀접한 관계가 있습니다. 적절한 식사를 주지 않으면 비만이 되거나 비타민이나 미네랄의 과부족에 의한 질병에 걸릴 가능성이 있습니다. 최근에는 잉꼬에게 필요한 영양을 전부 밸런스 좋게 배합한 펠렛을 비교적 쉽게 구입할 수 있게 되었습니다. 그런 펠렛을 시도해 봐도 좋겠지요.

질병·부상에 대해서

눈 주위가 빨갛게 됐는데요. 병에 걸린 걸까요?

눈을 게슴츠레하게 뜨거나 눈물이 나와 있진 않은가요? 눈을 어딘가에 부딪치진 않았나요? 눈 주위가 빨갛게 되는 원인으로 피부염 외에 외상에 의한 타박상이나 결막염 등의 눈 질환, 그리고 부비강염 등의 코 질환 등을 고려할 수 있습니다. 그대로 두면 악화될 가능성이 있기 때문에 수의사에게 상담을 받아 보세요.

죽순처럼 털이 나와서 맨살이 보입니다. 왜 그런 것인가요?

죽순처럼 난 털은 필모(筆毛)라고 하며 새롭게 자라나는 깃털입니다. 성조에게는 주기적으로 새로운 깃털이 나는, 환모라는 현상이 연 2회 정도 일어나며 단기간에 대량으로 빠지는 경우나 장기적으로 지속되는 경우도 있습니다. 이런 때는 질병에 걸리기 쉽기 때문에 영양을 잘 섭취하도록 해줘야 합니다. 또한 스트레스나 질병에 의해서도 털이 빠지는 경우가 있으므로 좀처럼 깃털이 자라나지 않을 때는 수의사에게 상담을 받아 주세요.

배설물이 수분만 있을 때가 있습니다. 어딘가 아픈 걸까요?

포유류와 달리 새는 엉덩이의 구멍에서 대변과 소변이 동시에 나옵니다. 소변에는 요산이라는 수분뇨가 있어서 보통 대변에 요산이 붙어서 주위에 소량의 수분뇨가 보이는 것입니다. 수분뇨의 양이 많아지거나 대변을 동반하지 않고 수분뇨만 배설한다면 질병이 숨어 있을 가능성이 있습니다. 신장병이나 당뇨병, 호르몬 밸런스의 붕괴 같은 대사성 질환을 앓고 있으면 음수량이 많아집니다. 그 결과 소변량도 많아집니다. 수컷에게는 발정기에 수분뇨가 생리적으로 많아지는 경우도 있습니다. 소변 검사와 대변 검사는 새의 몸에 부담을 주지 않고 실시할 수 있으므로 걱정이 되는 경우에는 한 번 검사를 받아보는 것을 추천합니다. 배설에 문제가 없어도 건강검진의 일환으로서 정기적인 검사를 해 두면 더욱 좋겠지요. 검사를 위해서는 액체 상태로 가져갈 필요가 있습니다. 자택에서 채취하는 것이 어렵다면 외출 전에 케이지 바닥에 랩을 깔아 두는 등의 방법으로 채취해서 진료를 받으면 좋습니다.

위쪽 부리가 변색되었습니다. 이유가 무엇인가요?

위쪽 부리의 변색은 정상적인 경우와 질병과 관계가 있는 경우가 있습니다. 새의 종류에 따라 다르지만 '윗부리' 자체의 색 변화, 특히 '납막(cere; 부리 위, 코 부분)'의 색 변화는 성장에 따르는 생리적인 변화, 정상적인 성호르몬 분비의 시작에 동반하는 변화, 그리고 노화에 동반하는 호르몬 분비가 이상을 일으킨 결과, 혹은 혈액이나 순환의 변화를 표현하는 경우가 있습니다. 부리가 너무 길거나 선이 나있다거나, 부리에 내출혈 등이 보이는 등의 경우에는 수의사에게 상담을 받아 주세요. 기생충병이나 간질환 혹은 갑상선 등의 내분비 질환, 대사장애, 영양장애 등도 의심됩니다. 사육환경과 식사가 영향을 주고 있는 경우도 많으므로 새장을 그대로 지참하거나 사진을 찍어가도 좋습니다. 그리고 평소의 식사를 조금 들고 가거나 하는 등의 방법을 사용한다면 더욱 정확한 진단에 이를 수 있을 것입니다.

식사에 대해서

추울 때 방한을 하는 방법이 있나요?
채소나 과일의 잔류 농약이 걱정입니다. 건강에 영향이 있을까요?

조류는 농약이나 살충제, 제초제 등의 환경 독성에 민감한 생물입니다. 채소나 과일을 잘 씻어서 물기를 턴 뒤에 주도록 하세요. 유기농 재배로 키운 것을 줘도 좋습니다.

새에게 주는 먹이는 무엇이 좋은가요?

기본식인 씨드믹스만으로는 건강 유지, 양호한 깃털 만들기, 비만 방지에 효과가 있는 비타민을 충분히 섭취할 수 없습니다. 채소나 과일 같은 신선한 먹이를 주는 것도 필요합니다. 채소나 과일은 새가 쪼며 노는 데도 적절한 소재여서 계절 채소와 과일을 매일 주는 것은 아주 좋습니다. 단, 새에게 주어선 안 되는 채소와 과일도 있으므로 주의가 필요합니다. 줘도 되는 것은 소송채, 청경채 등의 녹황색 채소 등이 있습니다. 주면 안 되는 것은 유채과의 채소(양배추, 브로콜리 등), 생감자, 노란강낭콩, 자몽, 장군풀(식용 대황), 자두, 레몬, 아보카도, 양파, 파 종류, 초콜릿, 정크 푸드 등입니다. 중요한 포인트는 냉장고에서 막 꺼내어 차가운 것은 바로 주지 말고 실온에 두었다가 잘 씻어서 물기를 빼고, 필요하다면 껍질을 벗겨 줍니다. 상처 입은 부분은 버립시다. 곰팡이가 나왔다면 전부 버립니다. 곰팡이는 눈에 안 보여도 속까지 침투해 있습니다.

마시는 물에서 주의해야 할 점이 있나요?

사랑앵무는 매일 신선한 물이 필요합니다. 수돗물(너무 차갑지 않은 것)로도 목마름을 해소할 수 있지만 새 전용이 마시는 물도 팔고 있습니다. 수돗물에는 염소가 함유되어 있어서 다음, 다뇨가 있는 경우에는 염소를 과도하게 섭취하게 되기 때문에 주의가 필요합니다. 정수기로 여과된 물이나 끓여서 식힌 물, 혹은 미네랄 워터는 부패하기 쉽기 때문에 하루에 여러 번 물을 교환해 줄 필요가 있습니다. 질병의 치료로서 마시는 물에 약을 섞는 경우에는 미네랄 워터의 성분에 의해 효능이 떨어지는 경우도 있으므로 주의해야 합니다. 자동 급수 보틀을 사용하지 않는 경우에는 물통 속에 변이나 먹이의 껍질이 들어가서 오염되기 때문에 변이 잘 들어가지 않는 형태의 물통을 이용하거나 하루에 여러 번 물을 교환해 주도록 해야 합니다.

간식은 어떤 것을 주는 게 좋나요?

　조이삭은 중요한 부식 중 하나입니다. 영양가 높은 자연식이므로 번식 중인 한 쌍, 병아리, 허약한 새, 병에 걸린 새에게도 매우 좋은 먹이가 됩니다. 단, 너무 많이 주면 다른 것을 먹지 않게 되어 식사 내용이 치우치게 됩니다. 씨앗을 하트 모양, 링 모양, 스틱 타입으로 굳힌 새 용 간식도 시판되고 있습니다. 이 씨앗 간식은 씨앗을 설탕이나 꿀로 굳혀서 만든 것이므로 여분의 칼로리를 많이 포함하고 있습니다. 보통 씨드믹스, 채소, 과일을 주고 있어도 부족해지기 쉬운 것이 비타민과 요오드, 아미노산입니다. 그래서 새 용 멀티 비타민제를 보조제로 식사에 더해 주는 것도 유익합니다. 그 외에 간식으로 주면 좋은 것은 해바라기 씨, 삼 씨, 귤, 사과, 바나나, 말린 과일 등이 있습니다. 주식과 똑같은 양을 주면 영양 밸런스가 붕괴됩니다. 간식양은 잘 파악해 두어야 합니다. 특히 과일이나 말린 과일 등은 당분을 많이 함유하고 있어서 과도하게 주지 않도록 주의해야 합니다.

그 밖에

잉꼬가 죽었습니다. 어떻게 하면 좋을까요?

만약 자택에 정원 등 묻을 수 있는 공간이 있다면 그곳에 매장하는 것이 좋습니다. 혹은 살고 있는 지방자치단체나 반려동물 장례회사, 반려동물 납골당 등에서 상담을 받아 보세요.

TURTLE
거북이

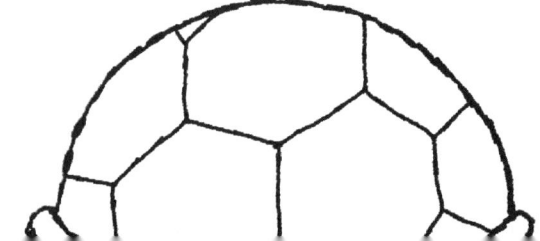

사육법에 대해서

거북이를 키울 때 준비해 둬야 할 것이 있나요?

거북이를 키울 때 일단 필요한 것은 수조입니다. 이것만 준비 된다면 사육의 시작을 위한 한 걸음을 내딛는 것입니다.

아래에 필요한 것을 적어 두겠습니다.

- **여과장치** 물을 순환시켜서 청정하게 유지하기 위한 장치입니다. 수생 및 반수생인 거북이를 사육하는 경우에 필요합니다. 먹고 남은 먹이, 변 등을 제거하여 물을 깨끗하게 해줍니다.
- **히터** 수조 안을 따뜻하게 해주는 기구입니다. 물속에 설치하는 타입, 육상에 설치하는 타입, 위에서 비추는 스포트라이트 타입 등이 있습니다.
- **자동온도조절기** 히터를 제어하고 수조 내의 온도를 자동으로 적절한 온도로 유지하기 위해 필요합니다.
- **형광등** 수조 안에 자외선을 공급하는 기구입니다. 태양광의 역할을 맡고 있어서 실내 사육에서는 필수적인 요소입니다.
- **타이머** 히터·형광등의 사용 시간을 자동으로 조절할 수 있어서 편리합니다.
- **거북이 섬** 반수생 거북이가 몸을 쉴 수 있도록 육지를 대신합니다.

돌·도자기·블록·유목·시판 중인 거북이 육지 등이 있습니다.
• **거북이** 먹이 거북이의 종류, 발육 단계에 맞춘 것을 줍니다.

이 밖에도 영양제, 수질 안정제 등이 있습니다.

＊ 앞에서 설명했듯이 거북이의 생활 형태에 적합한 것을 골라서 준비해 주세요.

연못거북과 남생이를 함께 키울 수 있나요?

기본적으로는 추천하지 않습니다.

일본의 하천, 호수와 늪에 국산 거북이가 감소하며, 연못거북의 확실한 증식이 보이고 있습니다. 즉 연못거북의 생활 능력의 높이가 국산 거북이의 생활 능력을 웃돈다는 것을 나타냅니다.

단, 사육할 때는 자연계와 달리 식사의 양적 문제가 없으므로 성향이 맞는다면 불가능하진 않다고 생각합니다.

같은 종류의 거북이는 함께 키울 수 있나요?

기본적으로는 동거가 가능하지만 성향이 맞지 않는 경우에는 불가능합니다. 여러 마리를 동거시키는 것은 추천하지 않습니다. 건강관리 면에서도 단독 사육과 달리 어느 거북이가 어느 정도 먹고 어느 정도 배설하는지를 확인하기 어렵기 때문입니다. 식욕과 배설물의 상태 확인은 건강 체크에 있어서 가장 중요한 항목입니다.

거북이 사육법에 대해서

또한 성장했을 때의 사이즈를 고려해 주세요. 예상했던 것과 다를 수 있습니다. 일단 사육하기 시작하면 평생 사육할 의무가 발생합니다. 잘 생각해서 결정해 주세요.

이런 것들이 해결된다면 문제없습니다.

악어거북을 키울 수 있나요?

담수 거북이로는 세계에서 가장 큽니다.

보통 등딱지 길이는 75~90cm까지 크며, 체중은 90kg에 육박합니다. 게다가 그 2배에 달하는 개체도 있다고 합니다.

그러므로 일반 가정에서 사육하는 것은 적합하지 않습니다. 만약 키우는 경우에는 평생 사육할 의무가 발생합니다. 잘 고려해 보세요.

등딱지에 혈관이나 신경이 있나요?

등딱지에도 혈관과 신경이 지나갑니다.

거북이의 등딱지는 외골격으로 개나 고양이의 척추, 갈비뼈 및 흉골에 해당합니다. 외골격인 등딱지를 정상 상태로 유지하기 위해서는 혈관, 신경의 존재는 필수 불가결합니다.

단, 등딱지의 가장 바깥쪽 층의 성장과 함께 벗겨지는 부분에는 혈관과 신경이 없습니다.

거북이가 암컷인지 수컷인지는 무엇을 보고 판단하나요?

　보통 거북이의 성별을 식별하는 데에 신뢰할 수 있는 방법은 꼬리의 길이와 두툼함 및 총배설강의 위치로 판단합니다.
　수컷의 꼬리는 암컷의 꼬리보다 길고 뿌리 부분이 두툼합니다. 또한 총배설강의 위치가 수컷이 암컷보다 후방에 있습니다.

기본적인 사육 방법은?

　거북이는 수서 거북이(남생이 등), 수서 경향이 강한 거북이(중국자라 등), 육지를 필요로 하지 않는 거북이(돼지코거북 등), 육서 거북이(호스필드 육지거북) 등 다양한 종류가 있습니다. 제각각 사육 방법이 전혀 다릅니다. 구입할 때는 펫샵에서 상담을 받아보고 사육 전에는 각 종류의 전문 서적을 확인한 뒤 사육을 생각해 주세요. 또한 사육 후에는 빨리 가장 가까운 동물병원에서 상담을 받아 주세요.

집을 2~3일 비우게 됐습니다. 거북이를 어떻게 하면 좋을까요?

　2~3일 정도 집을 비우는 경우, 사육 설비가 충분하다면 특별히 어디에 맡기지 않아도 문제없다고 생각합니다. 집을 비우는 첫날에 평소처럼 먹이를 주고 그 뒤에는 잘 부패하지 않는 먹이를 소량 놔둡니다.

　충분한 설비란, 적외선등·자외선등·여과 장치 및 이런 것 들을 컨트롤하는 타이머·자동온도조절기 등을 말합니다. 이것에 의해 생활환경이 보호된다면 건강한 개체일 때 큰 문제가 발생하는 일은 일단 없습니다. 더운 계절에는 방의 적절한 온도 설정도 필요합니다. 충분한 설비가 설치되지 않은 경우, 건강이 좋지 않은 개체, 허약한 개체는 담당 동물병원에 맡기는 것을 추천합니다.

냄새거북은 악취를 내뿜나요?

　냄새거북은 자신을 보호하기 위해 사지의 뿌리 부분 등에서 독특한 악취를 동반한 분비물이 나온다고 합니다.
　사육 하에서 차분히 대하는 경우는 그 정도까지 신경 쓰이는 일은 없습니다.

연못거북의 앞발 발톱이 길어졌습니다. 잘라주는 편이 좋은가요?

　연못거북(붉은귀거북)의 수컷은 앞발 발톱이 암컷과 달리 길게 자랍니다.
　얼굴을 상처내거나 생활에 지장을 초래하는 경우에는 혈관에 주의하여 잘라 주세요.

거북이가 물에 들어가지 않는데요. 어떻게 하면 좋을까요?

　거북이의 생활 형태에 따라서 물에 들어가는 생활을 필요로 하지 않는 경우도 많습니다.
　여기에서는 반수생 거북이에 한정하여 설명하겠습니다.
　물에 들어가지 않는 이유로는 호흡기계 질환을 앓고 있을 경우, 사육수의 상태가 생육에 적합하지 않은 상태가 된 경우 등을 고려할 수 있습니다. 물을 교환해도 들어가지 않는다면 호흡기계 질환에 이환되어 있다고 생각할 수 있습니다. 혹시 개구호흡, 콧물 등의 증상이 보이지 않나요? 그런 경우에는 빨리 진료를 받아 보세요.

미아가 되면 어떻게 찾아야 할까요?

실내라면 가구 밑이나 좁은 틈 등에 있는 경우가 많습니다. 실외라면 정원수 부근이나 습도가 어느 정도 있는 곳에 숨어 있는 경우가 많습니다. 포기하지 말고 그 주변을 중점적으로 찾아보세요.

연못거북은 동면을 하나요?

거북이는 변온동물입니다. 외부 기온에 따라 체온이 변화합니다. 연못거북(붉은귀거북)도 예외는 아닙니다. 15도 아래로 내려가면 극단적으로 생활 능력이 저하합니다. 5도보다 저하되면 동면 상태가 됩니다.

건강관리에 대해서

연못거북, 남생이 새끼의 일광욕에서 주의해야 할 점은?

둘 다 반수생 거북이로, 물 주변을 좋아하며 서식하는 거북이입니다.

일광욕을 해서 등딱지·피부의 청결을 유지하고 미생물·기생충·이끼 등의 해로부터 보호합니다.

거북이가 일광욕을 하려면 기어 올라가기 쉽고 전신이 공기에 닿을 수 있는 구조인 것으로, 말리기 쉽고 안정감이 있는 육지를 준비해 주세요.

재질은 돌·도자기·블록·유목·시판 중인 거북이 육지 등이 적합합니다.

장수할 수 있는 요령이 있나요?

각각의 종류에 맞는 적절한 식사와 사육환경을 유지하는 것입니다. 그러므로 각각의 종류에 따라 적절한 식사, 사육환경이 달라집니다. 또한 평소와 다르다는 느낌이 들면 신속히 진료를 받아야 합니다.

- **적절한 식사**
- **육식 또는 곤충식인 거북이의 경우** 생선·벌레 등을 주는 경우에는 통째로 한 마리를 주도록 합니다. 그렇게 하면 영양 밸런스를 유지할 수 있습니다. 또한 생선도 곤충도, 여러 종류를 줄 수 있다면 보다 좋은 식사가 됩니다.
- **초식성인 거북이의 경우** 되도록 많은 종류의 채소(잎채소류·뿌리채소류·과채류 등), 과일을 급여하세요. 채소의 경우는 녹황색 채소를 주로 주면 비타민 A 부족을 방지할 수 있습니다. 입이 짧거나 허약한 거북이는 믹서로 분쇄하여 급여합니다. 또한 채소를 데워 주는 것도 시도해 보세요. 먹이는 장시간 방치하면 부채하기 쉬우므로 먹고 남은 것에는 충분히 주의해서 적당히 치워주세요.
- **적절한 사육환경** 거북이의 종류에 따라 전혀 달라집니다. 사육하는 거북이의 원래 서식지 기후에 가까운 상태를 만들어 주도록 노력해 주세요. 그러기 위해서는 적어도 적외등, 자외선등 자동 온도 조절기가 필요합니다. 이런 것을 잘 이용하여 서식지와 최대한 가까운 환경을 만들어 주세요. 또한 수생·반수생 거북이는 물을 청결하게 유지하기 위한 여과 장치와, 수온을 적절히 유지하기 위한 히터가 필요합니다.

질병·부상에 대해서

거북이가 뭔가를 토해내려는 몸짓을 하는데요. 왜 그런 걸까요?

호흡기계 질환일 경우와 소화기계 질환일 경우를 고려할 수 있습니다.
그리고 중증인 상태라고 생각되므로 신속히 진료를 받아 보세요.

콧물을 흘립니다. 어떻게 대처해야 하나요?

감염성 호흡기 질환, 만성적 비타민 A 결핍증, 혹은 부적절한 사육환경 등의 단독 질환이나 이런 것들이 복합된 질환을 고려할 수 있습니다. 신속히 진료를 받아 주세요. 이 질환의 치료에는 아래의 조치가 필요합니다.

- **감염성 호흡기 질환** 적절한 항생제, 소화제 투여.
- **만성적 비타민 A 결핍증** 비타민 A 투여 혹은 녹황색 채소 급여.
- **부적절한 사육환경** 그 거북이에 가장 적절한 온도의 설정 및 청결한 환경 제공.

거북이의 피부가 벗겨져 있는데요. 무엇이 원인인가요?

투명한 막 형태인 경우라면 생리적인 탈피라고 생각할 수 있습니다. 피부병인 경우는 벗겨진 피부가 끈적거리는 상태가 됩니다.

피부의 이상은 비타민 부족 외에 일광욕 부족이나 비위생 등 생활환경에 문제가 있는 것이며, 면역력이 저하된 경우에 발생하기 쉽습니다.

등딱지에 여드름 같은 것이 나 있습니다. 방치해 두어도 괜찮은가요?

원인으로는 세균감염에 의한 농양 또는 종양을 고려할 수 있습니다. 생활환경이 불결한 경우에 발생하기 쉬우므로 청결히 유지해 주고 진료를 받아 주세요. 대부분은 항생제와 소염제 투여로 증상이 경감 혹은 소실됩니다. 하지만 배농이나 절제처치가 필요한 경우도 있습니다.

기울어져서 수영을 합니다. 어딘가 안 좋은 걸까요?

평소에 지속해서 기울어진 채로 수영하는 일은 없습니다. 체내에서 몸의 밸런스가 유지되지 못하는, 비정상적인 치우침이 발생했다고 생각할 수 있습니다. 원인으로는 호흡기계 질환으로 폐렴을 일으켜 폐의 경화에 의해 부력이 줄어 정상적인 수영이 불가능한 상태일 수 있습니다. 또는 잘못 먹은 이물의 무게로 밸런스를 잡을 수 없게 된 경우도 고려할 수 있습니다. 경우에 따라 기울인 자세를 취한다면 보통 문제가 되지 않습니다.

뒷다리가 경련을 일으킬 때가 있습니다. 어떻게 하면 좋은가요?

경련의 원인은 외부로부터의 손상으로 인한 척수신경장애, 혹은 칼슘 부족으로 인한 신경장애 등을 고려할 수 있습니다.

진료를 받아 볼 것을 추천합니다.

거북이의 등딱지가 깨졌습니다. 어떻게 대처하면 좋을까요?

낙하사고나 교통사고 등이 원인이라고 생각할 수 있습니다. 등딱지를 복원하고, 감염 예방을 위한 항생제, 소염제의 투여도 더불어 필요합니다.

또한 내장의 손상 평가도 필요하므로 진료가 필요합니다.

거북이의 눈이 탁합니다. 어떻게 하면 좋은가요?

원인으로는 비타민 A 결핍증, 하더샘염을 포함한 눈에 대한 감염증 등을 고려할 수 있습니다. 신속한 진료가 필요합니다.

비타민 A 공급 및 적절한 항생제, 소염제 투여가 필요합니다. 또한 청결한 생활과 개개의 거북이에게 적합한 환경을 만들어 주는 것도 필수적입니다.

HAMSTER
햄스터

햄스터를 키우기 위해 준비해 둘 것은 무엇인가요?

필요한 것을 적어 두겠습니다.

케이지(매쉬망 형태인 것은 높이 30cm 이하), 식기, 음수기, 쳇바퀴, 화장실용 용기, 화장실용 모래, 식사(펠렛·목초 등), 에어컨.

에어컨은 더위와 추위에 민감한 햄스터의 온도 관리를 하는 데 가장 적합합니다.

같은 케이지에서 키워도 되나요?

드워프 햄스터속인 정가리언 햄스터라면 가능합니다. 그 외의 햄스터는 싸움이 심해서 집단 사육은 추천하지 않습니다. 드워프 햄스터에게도 성향이라는 게 있으므로 잘 관찰해야 합니다.

같은 케이지에 몇 마리까지 키울 수 있나요?

케이지의 넓이, 각각의 성향에 따라 달라집니다. 성향이 잘 맞고 정가리안 등의 드워프(소형) 햄스터에 한정한다면 8 × 8cm 정도 넓이와 15cm 이상의 높이에 한 마리로 계산한다면 특별히 문제없다고 생각합니다.

시리아 햄스터(골든 햄스터)의 경우는 기본적으로 여러 마리를 키울 수 없습니다.

기본적인 사육 방법은?

일반적으로 사육되는 햄스터로는 시리아 햄스터(골든 햄스터)와 정가리안 햄스터가 잘 알려져 있습니다. 이 이외로 로보로브스키 햄스터 등이 알려져 있지만 앞의 두 종류가 일반적입니다. 이 햄스터들은 다른 종류로, 다양한 차이점이 있지만 공통되는 기본적인 사육법에 대해 설명하겠습니다. 일단 케이지와 먹이와 물, 전용 화장실, 모래 샤워장, 쳇바퀴, 이너하우스 등을 준비합니다. 종류에 맞는 크기인 것이 있으므로 샵에서 상담을 받아 보세요. 먹이는 햄스터 전용 건사료 외에 신선한 채소와 과일, 곡물류 등을 줍니다. 물은 별로 많이 먹진 않지만 매일 교환해 주고, 화장실의 청소는 매일 빼놓지 말고 합시다. 낮 동안은 자고 있는 경우가 많고 저녁부터 밤에 활동합니다. 햄스터는 주의 깊고 신중하게 접하면 잘 따르기 때문에 채소나 과일 등을 손으로 주며 커뮤니케이션을 하면 좋겠지요. 잘 사육하면 2~3년은 건강히 사는 귀여운 생물입니다.

손으로 준 먹이를 버리는데요. 이유가 무엇인가요?

당신의 햄스터는 건강, 식욕, 대변과 소변의 상태, 양, 횟수에 이상이 없나요? 심하게 야위어 있거나 비정상적으로 살이 쪄 있지는 않나요?

아니라면 당신이 준 먹이를 반사적으로 받아 들였지만 배가 고프지 않았거나, 마음에 들지 않는 먹이였다는 등의 이유를 고려할 수 있습니다. 또한 협낭에 이미 먹이를 가득 물고 있을지도 모릅니다.

건강하다면 문제없지만 직접 봐도 잘 모르겠고, 걱정이 된다면 한번 병원에서 건강진단을 받아 보세요.

만지려고 하면 '찍찍' 하며 우는데요. 이유가 무엇인가요?

'찍찍'하고 울 때는 햄스터가 무서워하거나 불쾌한 기분이기 때문입니다. 아마 자신을 만지는 것을 싫어하고 있는 것이겠지요. 그런 때에 만지려고 하면 물릴지도 모릅니다. 무리하게 만지지 맙시다. 햄스터 집 청소로 꼭 만질 필요가 있을 때는 컵이나 상자를 사용해서 햄스터를 그 안에 피난시키고 상자와 함께 옮기면 좋겠지요.

산책이 필요한가요?

햄스터는 매일 운동을 합니다. 특히 사육 1년 이내인 젊은 햄스터는 아주 활발하게 움직입니다. 그러나 실외에서 산책은 기본적으로 필요 없으며 목줄이나 리드를 채우고 산책하는 것은 햄스터에게 괴로운 일입니다. 커뮤니케이션의 하나로, 케이지에서 꺼내서 실내를 산책시키거나 놀아주는 것은 좋습니다. 하지만 좁은 곳을 좋아해서 잠시 한눈판 사이에 탈주하거나 부상을 당할 위험성이 있습니다. 케이지에서 꺼냈을 때는 제대로 지켜봐 주세요. 기생충 등의 감염증의 위험성이 있으므로 실외에서 흙 위를 산책시키는 것은 추천하지 않습니다. 또한 햄스터는 야행성이므로 사람이 보통 자고 있는 시간에도 운동하는 동물입니다. 케이지 안에 쳇바퀴를 설치해 주면 충분한 운동을 할 수 있어서 좋습니다. 단, 쳇바퀴와 케이지와의 간격이 좁아서 부상을 당하는 경우도 있으므로 체격에 맞는 크기로 설치해야 합니다.

햄스터는 모래 샤워를 하나요?

야생 햄스터는 모래에 등을 비벼 몸의 더러움을 제거합니다. 털 손질에도 필요합니다. 반려동물인 햄스터에게도 모래사장을 만들어 주면 모래 샤워를 즐깁니다. 작은 새의 먹이통처럼 몸 보다 큰 사이즈의 용기에 모래를 넣어 주세요.

밤늦게까지 불을 켜고 있습니다. 햄스터에게 영향이 없을까요?

햄스터는 밝은 시간대라도 어느 정도 활동을 하지만 기본적으로 야행성 동물이기 때문에 본래의 생활 리듬은 되도록 존중해 줄 필요가 있습니다. 하루 종일 밝은 상태가 지속되면 햄스터 체내의 리듬이 붕괴되어 병에 걸리기 쉬워질 우려가 있습니다. 낮 동안은 최대한 조용한 곳에서 자게하고 밤이 되면 방의 불을 끄거나 케이지에 담요를 덮어 어둡게 만들어 주세요.

햄스터와의 외출, 이동 방법은?

동물병원에 갈 때 등의 단시간 외출이라면 마트 등에서 소동물용 작은 케이지를 구입할 수 있습니다. 나무토막이나 화장지를 밑에 깔아 주세요. 물병도 장착할 수 있는 것이 있으며 먹이가 들어갈 수 있는 것도 있으나, 이동 중에 물이 샐 수 있기 때문에 단 1~2시간 외출이라면 물이 없어도 괜찮습니다. 장시간이 되면 나중에 물을 주는 것을 잊어버리지 않도록 주의하세요. 이동 중에 차 안이 생각보다 더울 수도 있으니 온도에 주의해 주세요. 차 안이라면 여름만이 아니라 봄이나 가을처럼 날씨가 좋은 날에도 열사병에 걸릴 수 있습니다.

집과 집을 이동한다면 평소에 있던 케이지 째로 운반해도 괜찮습니다.

햄스터를 밖에서 놀게 하려고 데리고 가는 것은 기본적으로 추천하지 않습니다. 밖에서 방치했을 경우 미아가 되거나 개나 고양이에게 습격당하거나 사람이 밟거나 하면 사망 사고와 이어집니다.

햄스터만 두고 집을 비워도 괜찮은가요?

온도, 습도의 변화에 주의를 기울이고 물과 먹이도 부족함 없이 해 둔다면 2~3일 정도는 괜찮다고 생각합니다. 여름이나 겨울인 경우는 에어컨 등으로 온도 관리를 하는 것이 좋습니다. 그러나 집을 비웠을 때 사고 등이 일어날 가능성이 있으므로 가능하면 집을 비울 동안 아는 사람에게 맡기거나 돌봐 주러 올 사람을 구하면 안심할 수 있습니다.

냄새가 지독한데요. 어떻게 하면 좋을까요?

냄새는 근원이 어디인지를 알아봅시다. 사육 케이스인가요? 햄스터인가요? 사육 케이스라면 청소에 소홀했을 가능성은 없나요? 햄스터라도 지저분한 생활은 하고 싶지 않을 것입니다. 사육환경을 청결히 유지하는 것은 가장 중요합니다. 화장실 청소는 매일 실시합시다. 소변으로 더러워진 나무토막도 교환합시다. 이너하우스는 정기적으로 대청소를 합시다. 만약 햄스터에게 냄새가 난다면 병에 걸렸을 가능성도 있습니다. 특히 피부 질환이나 부스럼 같은 건 없는지, 설사를 하고 있진 않은지 등을 확인해 보세요.

갑자기 깨뭅니다. 어떻게 하면 좋을까요?

계기가 뭔지에 따라 다르지만, 어떤 이유로 손에 공포감을 가졌기 때문이라고 생각할 수 있습니다.

일단 손을 몸 위로 내미는 것이 아니라 아래에서 건져 올리듯이 내밀어 다정하게 대해 주세요. 되도록 공포감을 없애도록 노력해야 합니다.

탈주했습니다. 돌아올까요?

원래 귀소본능이 강한 동물이므로 식사를 준비하여 언제나 돌아올 수 있도록 준비해 주세요. 가능성이 없는 것은 아닙니다.

찾아본다면 낮에는 방구석의 어둡고 작은 틈을 중점적으로, 밤에는 배회할 가능성이 있기 때문에 방의 넓은 곳을 중점적으로 확인해 보세요. 찾을 수 있을지도 모릅니다.

이후의 과제로 케이지의 출입구를 잠그는 것을 엄중히 해 주세요.

햄스터를 길들이려면 어떻게 해야 하나요?

작은 동물의 입장에서 보면 늑대나 여우는 잡아먹힐지도 모르는 두려운 존재입니다. 사람도 마찬가지로 매우 큰, 수백 배나 큰 동물이라서 깜짝 놀라게 하는 존재입니다. 작은 동물인 햄스터가 사람에게 익숙해지는 것은 매일 제대로 먹을 것을 주고, 방 청소를 해 주고, 예뻐해 준다고 이해하기 때문입니다. 이것은 모든 동물에게 해당하는 것이겠지요. 햄스터는 그렇게 시력이 좋은 동물은 아니기 때문에 갑자기 손으로 잡지 말고 다정하게 말을 걸어 자신의 존재를 알게 하고, 먹을 것의 냄새를 맡게 하고, 가만히 손으로 먹이를 줘 보세요. 손으로 먹이를 줄 수 있게 된다면 살살 몸을 만져 보세요. 몸을 만질 수 있다면 양손을 사용해 들어 올려 보세요. 조급해 하지 말고 며칠 정도의 시간을 들여 서서히 친숙해져 가는 게 중요합니다. 또한 어렸을 때부터 키우면 동물은 잘 따른다는 것도 기억해 둡시다.

손 위에 올리지 못합니다. 어떻게 하면 올릴 수 있나요?

손 위가 즐거운 장소라고 햄스터가 이해하도록 할 방법을 궁리를 해 보는 것이 좋겠지요. 예를 들어 맛있는 과일이나 작은 치즈, 비스킷 등을 손으로 주고 서서히 길들입니다. 익숙해졌다면 손바닥 위에 두고 그곳까지 먹으러 오도록 하는 것입니다. 하지만 올라왔다고 해서 무리하게 잡아서는 안 됩니다. 안심하고 손 위에 올라오게 된다면 조금씩 머리나 등을 다정하게 쓰다듬어 줍시다. 일단 햄스터를 안심시켜 줄 것, 그리고 손에 올리는 것이 기분 좋은 것이라고 이해 할 수 있도록 노력합시다. 중요한 것은 햄스터를 놀라게 하지 않는 것입니다. 자연계에서는 적이 위에서 덮쳐오기 때문에 머리 위에서 잡으면 경계하기 때문에 좋지 않습니다. 다정하게 양손으로 들어 올립니다. 절대로 무리하게 잡지 마세요. 햄스터 중에서는 어떻게 해도 손 위에 올라가지 않는 햄스터도 있기 때문에 무리는 하지 않도록 합니다.

용변을 정해진 화장실에서 하지 않습니다. 어떻게 하면 좋을까요?

햄스터는 깨끗한 것을 좋아하는 동물로 대부분의 경우 정해진 곳에서 배설을 합니다.

케이지 구석에서 배설하는 경향이 있습니다. 구석에 화장실을 배치하고 다른 곳에서 배설한 분뇨를 조금 넣어 둡니다. 이렇게 하면 대부분은 해결됩니다.

깨끗한 것을 좋아하는 동물이므로 케이지의 청소도 열심히 해 주세요. 그것 또한 올바른 배뇨에 도움이 됩니다.

쳇바퀴를 바로 갉아먹어 버립니다. 고칠 방법이 있나요?

원래 딱딱한 것을 무는 것은 햄스터의 습성입니다. 씨앗의 껍질을 갉아서 섭식하고, 먹이가 적은 계절에는 나무껍질이나 풀을 갉아서 식사로 이용합니다.

    고치는 것은 꽤 어렵습니다. 만약 갉는 곳이 일정하다면 그 장소에 겨자나 와사비 엑기스를 발라 두면 효과가 있는 경우도 있습니다. 한 번 시도해 보세요.

목욕을 시켜도 되나요?

    햄스터를 목욕 시켜선 안 됩니다.
    야생 햄스터는 건조지대에서 서식하며 물에 들어가는 습성이 없습니다. 몸 손질은 스스로 그루밍을 하는 것으로 충분합니다. 피모는 물에 젖으면 잘 마르지 않고 체온을 뺏어 컨디션이 무너지며 죽음에 이르기도 합니다.
    털이 부분적으로 더러워져서 신경이 쓰이는 경우는 따뜻한 거즈로 국소를 불리고, 마른 거즈로 닦아내어 빨리 건조시켜 주세요.
    청결한 환경에서 사육하면 냄새는 경감됩니다. 그래도 악취가 난다면 질병일 가능성이 있으므로 잘 관찰합시다.

케이지를 갉아댑니다. 그대로 둬도 괜찮을까요?

    앞니가 상처 입고, 부정교합이 될 우려가 있습니다. 한 번 케이지를 갉는 습성이 생기면 교정하는 것은 어렵습니다. 갉지 못하도록 리폼

하거나 수조형의 케이지로 변경해 주세요.

또한 갉는 계기로 스트레스를 고려할 수 있습니다. 케이지의 넓이나 구조, 케이지 주위의 환경도 고려합시다.

발톱을 깎아 주는 것이 좋은가요?

야생 햄스터는 과도하게 발톱이 길지 않습니다. 하지만 사육환경 속의 좁고 평탄한 한정된 케이지 속에서 굴을 파는 일이 없어서 운동 부족이 되기도 쉽고 발톱도 적당히 마모되지 않아 너무 길어지는 경우가 있습니다.

물체에 걸려 부상의 원인이 되거나 그루밍할 때 눈을 상처 입히거나 행동에 지장을 초래할 정도로 길어진 경우는 잘라 줄 필요가 있습니다.

자를 때는 움직임이 빠르고, 발가락이 가늘고 작기 때문에 하나씩 신중히 주의를 기울여 혈관보다 앞을 잘라 주세요.

건강관리에 대해서

햄스터에게 일광욕이 필요한가요?

햄스터는 완전한 야행성 동물입니다. 낮 동안은 땅 속의 굴에서 가만히 수면을 취하고 밤이 되면 활발히 활동합니다.
그러므로 일광욕은 불필요합니다.

사람용 모기 퇴치 매트를 사용하고 있습니다. 문제없을까요?

모기 퇴치 매트의 주요 성분은 피레스로이드라고 불리는, 벌레의 신경에 작용하는 화학물질입니다. 이것은 포유류에 대해서 안정성이 높은 것이 확인 되었으므로 햄스터가 있는 방에서 사용해도 특별히 문제없습니다. 안전을 위해서 햄스터 케이지에 너무 가까운 위치에서의 사용은 피해주세요.

너무 살이 쪘는지 확인할 방법이 있나요?

몇 가지 알기 쉬운 확인 방법이 있습니다. 아래에 적어 두겠습니다.

①앞발의 맨 밑 피부의 늘어짐.
②흉복부의 배 쪽 탈모, 찰과상.
③위에서 보면 공 모양으로 보인다.
④등을 만져도 등뼈를 확인할 수 없는 경우.
⑤각각의 종류의 평균 체중을 크게 넘은 경우.

살찐 햄스터를 다이어트 시킬 방법이 있나요?

일단 먹이의 내용을 바꾸는 것입니다. 살찐 상태를 고려하면서 고영양가에 고칼로리 먹이(펠렛 · 씨앗 · 뿌리채소류 · 과일 · 과실채소 등)를 줄여 주세요. 대신 부피가 크고 섬유질이 많은 저칼로리 먹이(볏과 목초, 잎채소 등)를 줍니다.

쳇바퀴를 설치하지 않은 경우에는 설치하고, 케이지를 넓은 것으로 바꾸는 것도 효과적입니다.

장수할 수 있는 요령이 있나요?

적절한 식사와 사육환경을 유지하는 것이 요령입니다. 또 평소와 다르다고 느끼면 신속히 진료를 받는 것입니다.

- **햄스터의 기본적인 식사** 본래 식성은 초식에 가까운 잡식성입니다.
①목초 및 잎채소가 50% 이상.
②햄스터용 펠렛 · 씨앗 · 뿌리채소류 · 과실채소류 · 과일 등이 약 40%.

＊주의!　햄스터용 펠렛만으로도 문제는 없습니다.
　　　　　해바라기씨는 고칼로리이므로 하루에 2~3개까지 주세요.
③동물성 식품(곤충·계란노른자·치즈·생선가루 등)이 약 5%.
④물은 항상 마실 수 있도록 설치해 주세요. 물통은 보틀 타입이나 햄스터가 안에 들어가지 않는 타입의 그릇을 사용해 주세요.

- **사육환경** 야생 햄스터의 서식 장소는 북반구의 시원하고 건조한 지역에 집중되어 있습니다. 그러므로 고온 다습을 싫어합니다. 야행성으로 낮 동안은 땅 속의 굴에서 잠을 자며, 야간에 활발히 활동합니다. 자연에 가깝고 안전하며 쾌적한 생활이 가능하도록 연구가 필요합니다.

①**케이지** 금속성 매쉬 케이지는 높이가 30cm를 넘지 않거나 오르기 어려운 구조(세로 망)인 것.

②**바닥** 목재 발판을 깔고 그 위에 목초를 덮습니다. 화장실을 설치하면 대부분 잘 이용합니다.

③**서식** 굴 대용으로 도자기·유리·나무 혹은 종이를 재료로 한(예; 두루마리 휴지의 심) 통 모양의 것을 넣어 두면 안심합니다.

④**쳇바퀴** 운동 부족 해소를 위해 필요합니다. 하지만 발 골절의 원인이 되기도 합니다. 햄스터의 체격에 맞는 크기로 발이 빠지지 않는 것을 골라 주세요.

⑤**온도·습도** 온도는 10~25도(이상적으로 20~24도)로 일교차가 5도 이내. 습도는 60% 이하(이상적으로는 45~55%)가 좋은 환경입니다. 에어컨을 이용하면 비교적 쉽게 맞출 수 있습니다. 5도 이하가 되면 동면상태가 되어 죽을 위험이 있습니다.

질병·부상에 대해서

응어리가 생겼습니다. 어떻게 대처해야 하나요?

응어리라고 생각되는 것에도 여러 가지가 있습니다. 특별히 치료가 필요 없는 것부터 여드름처럼 세균 등이 들어가서 염증을 일으킨 경우나 종양이 생긴 경우까지 다양합니다. 햄스터는 비교적 종양이 잘 생기는 동물이라서 걱정스러운 경우에는 수의사에게 진료를 받아 보세요. 드물게 정상적인 고환이나 취선, 음식물이 가득 찬 협낭을 응어리라고 착각하여 내원하는 경우도 있습니다.

식욕이 없는 것 같아요. 어떻게 하면 좋을까요?

바로 할 수 있는 것은 방의 온도가 적절한지 확인하고 조절하는 것입니다. 18~26도가 적절한 온도라고 합니다. 적절한 온도에서도 식욕이 개선되지 않는다면 수의사에게 상담을 받아 보는 것을 추천합니다. 설사를 하고 있다면 소화기 질환이 있을 가능성이 높으므로 변도 지참하여 진료 받으러 가세요. 그 밖에도 이가 길어서 먹기 힘들어졌거나 어딘가가 아픈 곳이 원인이 되었을 가능성이 있습니다. 무엇을 어느 정도로 먹는지, 아파하는 곳은 없는지, 식욕이 없는 것 외에 이상한 점은 없는지 등을 잘 관찰하고 진료할 때 수의사에게 상담해 주세요.

펠렛을 먹지 않습니다. 병에 걸린 걸까요?

질병일 경우도 있지만 달리 더 선호하는 사료(예; 씨앗·뿌리채소류·과실채소류 등)가 있다면 펠렛을 먹지 않는 것은 드문 일이 아닙니다.

그렇지 않다면 질병일 가능성이 높습니다. 신속히 진료를 받아 보길 추천합니다.

물을 마시지 않습니다. 어떻게 하면 좋을까요?

햄스터는 종류에 따라 다르지만 원래 불가리아, 루마니아에서 이란, 아프가니스탄 같은 물이 적거나 사막 지역인 곳에서 서식하는 동물입니다. 그렇기 때문에 아주 소량의 수분으로도 몸이 버틸 수 있는 것입니다. 그러므로 여러분이 사육하는 햄스터도 건조에 강하고, 먹이에 충분히 수분량이 포함된 경우에는 음수 보틀이나 그릇 등으로 직접 물을 마실 필요가 없습니다. 그리고 식사에 채소나 과일 등이 있다면 그곳에서 충분한 수분을 공급받을 수 있으므로 물을 마시지 않아도 괜찮습니다. 그러나 전혀 수분이 필요 없는 것은 아닙니다. 만약 건식 사료만을 먹는데도 물을 마시지 않으면 안 됩니다. 음수 보틀의 위치는 햄스터가 마시기 쉬운 위치에 있나요? 보틀의 마시는 입구에서 물이 잘 나오나요? 마시고 싶어도 마실 수 없게 되어 있진 않은지 확인해 보세요. 채소나 과일을 주면 필요한 수분을 잘 섭취한다고 생각합시다.

배가 부풀어 보입니다. 변비인 걸까요?

최근의 식욕, 배변, 운동 상황은 어떻습니까? 먹이는 먹지만 변이 나오지 않는 경우나 딱딱한 변이 소량밖에 나오지 않는 경우는 변비일 가능성이 있습니다. 다른 원인으로는 임신이나 복수가 찬 경우, 배 안에 종양 등이 있는 경우에도 배가 부풉니다. 어떤 원인으로 복통 등이 있어서 배변을 할 수 없어 변비인 상태일 가능성도 있습니다. 동물병원에서 진료 받을 때는 주고 있는 먹이나 변을 지참하여 보여 주는 편이 수의사가 보다 정확히 진단을 내릴 수 있습니다. 걱정이라면 진료를 받는 편이 좋습니다.

대변이 이어져서 나오는 이유는 무엇인가요?

햄스터는 매우 깔끔한 것을 좋아해서 전신의 털을 핥아 그루밍하는 생물입니다. 그루밍을 할 때에 자신의 털을 적지 않게 삼킵니다. 그 털이 변에 섞여 변이 이어지는 원인이 됩니다. 이것은 정상적인 것이므로 크게 걱정할 필요 없습니다. 그러나 때때로 둥지 재료로 솜이나 실을 사용한다면 그것을 삼켜서 장폐색 등의 질병의 원인이 되기 때문에 주의해야 합니다. 걱정스러울 때는 수의사에게 진료를 받아 볼 것을 추천합니다.

소변을 본 흔적이 없는데, 왜 그런 건가요?

햄스터는 화장실 이외에도 자신의 침상이나 쳇바퀴 안 등에서도 소변을 볼 가능성이 있습니다. 그런 국소에도 전혀 없다고 한다면 소변이 나오지 않을 가능성이 있습니다. 소변이 나오지 않는 가능성으로 신장질환이나 요결석에 의한 요도 폐색 등을 고려할 수 있습니다. 완전히 소변이 안 나오는 상태가 약 1일 이상 지속된다면 생명이 걸린 매우 위험한 상태입니다. 소변이 나오지 않는 경우에는 신속히 수의사에게 진료를 받으세요.

부분적으로 탈모가 되었습니다. 어떻게 대처해야 하나요?

탈모의 원인에는 기생충, 세균, 곰팡이, 영양부족, 스트레스 등 다양한 가능성을 고려할 수 있습니다. 금속 망이나 쳇바퀴 등에 쓸려서 탈모가 되는 경우도 있습니다. 일단 탈모의 원인을 알아낼 필요가 있습니다. 수의사에게 상담을 받아 보길 추천합니다. 가려움이 있는지 잘 관찰하여 진료 받을 때 수의사에게 전해주면 참고가 될 것입니다. 필요에 따라 피부 검사 등도 실시할 수 있습니다.

물을 자주 마셔서 소변 횟수가 늘었습니다. 병에 걸린 건 아닐까요?

다음, 다뇨는 신장이나 생식기의 질병, 호르몬 이상 등이 원인이 되는 경우가 있습니다. 단, 반드시 질병이 원인이라고는 할 수 없으므로 하루의 음수량과 소변량을 확인하여 수의사에게 상담을 받아 볼 것을 추천합니다. 내원할 때는 가능하다면 소변을 지참해 주세요.

먹이는 해바라기씨만으로 괜찮은가요?

해바라기씨는 지방분이 높고 햄스터에게 있어서 밸런스를 갖춘 먹이는 아닙니다. 해바라기씨만 주면 햄스터는 비만이 되어 본래의 수명을 다하지 못하게 됩니다. 품질이 높은 햄스터용 펠렛을 선택할 수 있다면, 펠렛과 신선한 물만으로도 이상적인 영양 상태를 갖출 수 있습니다. 해바라기씨는 커뮤니케이션을 취하기 위해 소량을 손으로 건네어 주거나 소모성 질병에 걸렸을 때 고영양 식사로 주는 등으로 제한합니다.

먹여도 되는 식물이 있나요?

먹여도 되는 식물로는 양배추나 당근, 민들레나 클로버 등이 알려져 있습니다. 관엽식물의 대부분은 먹이면 안 되는 것으로 인식해야만 합니다. 유명한 것으로서 붓순나무(유독성분 아니사틴), 아이비, 행운목, 스킨답서스, 고무나무, 소철 등 대표적인 관엽식물이라고 해도 좋은 것입니다.

햄스터가 죽었을 때 집 정원에 묻어도 되나요?

만약 자신이 소유한 정원이라면 묻어도 좋습니다. 하지만 다른 장소에 멋대로 묻는 것은 금지되어 있습니다. 사는 곳의 행정기관 등에 문의를 해 보세요. 또한 가까운 반려동물 장례회사와 반려동물 납골당에 상담받아 보는 것도 하나의 방법이라고 생각합니다.

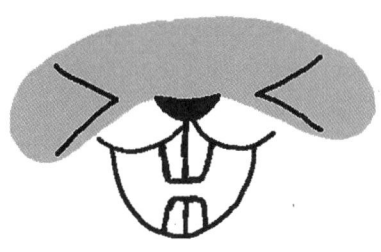

FERRET
페럿

기본적인 사육 방법은?

적절한 식사와 사육환경을 유지하는 것입니다.

적절한 식사 페럿의 식성은 육식에 가까운 잡식성입니다. 동물성 단백질과 동물성 지방을 많이 포함하고, 탄수화물과 섬유질이 적은 식사가 적합 합니다.

- **페럿용 고형사료(펠렛)** 연령에 맞는 것.
- **소량의 육류(어육 이외)** 펠렛에 대해 5% 이하의 양
- **청결한 물** 보틀 타입 물통으로 주세요.
- **적절한 사육환경** 실외 사육은 부적절합니다. 실내의 케이지에서 사육하며 주인의 지켜볼 수 있을 때 케이지에서 꺼내 놀아주는 형태가 페럿을 사고로부터 보호할 수 있습니다.
- **케이지** 금속 소재인 것(페럿용 · 대형 새용 · 토끼용)
- **침상** 수건, 셔츠, 직물 소재의 모자, 시판 중인 해먹 등.
- **식기** 엎어지지 않는 것.
- **온도** 일반적으로는 5~25도(이상적으로는 15~25도).
- **습도** 70% 이하(이상적으로는 40~65%)
- **목욕** 보통 필요하지 않습니다. 목욕시킬 경우에는 1개월에 1회

이내라면 페럿용 샴푸 또는 개, 고양이용 샴푸로 씻겨도 문제없습니다.

예방할 수 있는 감염증(예방이 필수적인 감염증)
- **개 디스템퍼** 정기적인 백신 접종이 필요합니다.
- **개 심장사상충증** 모기가 발생하는 계절에 1개월에 한 번씩 투약하여 예방할 수 있습니다.
- **사람 인플루엔자** 주인을 매개로하여 옮깁니다. 주인이 예방접종을 받았으면 대부분 예방할 수 있습니다.

예방접종은 하는 편이 좋은가요?

개 디스템퍼의 예방접종은 반드시 받아 주세요. 특별한 효과적인 치료법이 없는, 치사율이 매우 높은 질환입니다.

사람의 인플루엔자에도 걸립니다. 페럿을 사육하는 경우에는 주인(접촉하는 사람)이 반드시 예방접종을 해야 합니다.

취선 제거 수술을 하는 편이 좋은가요?

보통 판매되고 있는 페럿은 취선 제거 수술이 이미 이루어져 있습니다.

어떤 이유로 수술을 하지 않은 페럿을 입수한 경우에는 수술을 받는 것을 추천합니다. 그 이유는 취선 안의 취액이 비산하면 참을 수 없는 맹렬한 악취를 발산하기 때문입니다.

냄새가 나는 데요. 취선이 막혀 있는 것일까요?

페럿의 대부분은 구입 시에 이미 취선 제거 수술, 중성화 수술을 받은 상태입니다. 만약 받지 않았다면 이런 수술을 실시해서 냄새를 줄일 수 있습니다. 또한 사육환경의 개선(성실히 청소를 실시한다), 또는 목욕을 실시해도 냄새를 경험할 수 있습니다.

번식에 대해서

중성화 수술이 필요한 가요?

수술을 하지 않아야 건강한 페럿으로 키울 수 있다는 말을 하곤 하지만, 중성화 수술을 하지 않는 수컷 페럿은 발정기에 체취가 강해집니다. 그리고 마킹 행동을 하는 경우가 많고, 동시에 공격성이 높아집니다. 발정할 때의 상태를 보고 검토해 보면 좋을 것입니다.

건강관리에 대해서

건강관리를 하는 방법은?

적절한 환경 만들기가 건강관리를 위해서는 필수 불가결한 것입니다.

- **케이지** 매쉬 케이지가 이상적입니다. 수조 케이지에서는 환기가 불충분합니다. 넓이는 55 × 45 × 15cm 이상인 것이 필요합니다. 망 사이가 넓으면 탈주하기 때문에 페럿 전용케이지는 망 사이가 꽤 좁게 되어있습니다. 성장한 동물은 5cm 이하가 기준입니다.
- **침구** 해먹이나 수건 등을 넣어 두면 그 안에 들어가 몸을 쉴 수 있습니다. 전용 침구도 시판되고 있습니다.
- **먹이통** 끼우는 방식이나 벽에 거는 방식이 청결히 유지할 수 있습니다. 도자기, 유리, 금속 소재인 무거운 것(페럿이 엎지 못하는 것)이라면 바닥에 두는 것도 특별히 문제없습니다.
- **물통** 급수 보틀을 사용해 주세요. 항상 수분을 섭취할 수 있는 상태가 필요합니다.
- **온도·습도** 몸 표면의 발한기능이 미발달했으므로 33도 이상이 되면 견디지 못하게 됩니다. 에어컨 설비가 필요합니다. 이상 온도는 15~25도이며, 이상습도는 45~55%입니다.

- **화장실** 빈번히 배설을 합니다. 출입하기 쉽도록 전면부가 낮고 측면, 후면이 높은 것을 추천합니다. 시판하는 전용화장실을 사용하면 좋겠지요.
- **청소** 케이지, 화장실, 먹이통, 물통 등 되도록 세세하게 체크하여 항상 청결히 유지해 주세요.
- **식사** 단백질과 지방의 요구량이 매우 높은 것이 특징입니다. 구체적으로는 단백질 30% 이상, 지방이 18~30% 포함된 것이 필요합니다. 페럿 전용 사료를 주는 것이 좋습니다. 개용, 고양이용 사료로는 부족합니다. 전용 사료 중에서도 건사료가 치석이 적게 생겨서 제일 추천하는 식사입니다.

치석이 생긴 것 같습니다. 없앨 필요가 있나요?

페럿은 치석이 생기기 쉬운 동물입니다. 특히 부드러운 먹이를 많이 먹은 개체에게 보입니다. 치석이 생기면 입 냄새가 나거나 치주염이 생기므로 치석이 많은 경우는 제거하는 편이 좋습니다. 집에서 스케일러를 이용하여 치석을 제거할 수 있지만 잇몸에 상처를 내거나 이가 부러질 위험이 있으므로 동물병원에서 제거하는 것이 안전합니다.

더워서 축 쳐져 있는데요. 무슨 좋은 방법이 없을까요?

　에어컨을 사용하여 15~25도로 사육 장소를 관리해 주세요. 그것이 가장 좋은 방법입니다.
　선풍기 단독으로는 뜨거운 공기를 섞기만 할 뿐입니다.
　현재 일본에서 여름철 실내 온도를 적절하게 유지하는 데는 에어컨은 빼놓을 수 없는 것입니다. 에어컨에 선풍기를 조합하면 더욱 좋은 상태가 됩니다.

사람용 모기 퇴치 매트를 사용하고 있습니다. 문제없나요?

　사용법을 따르면 문제없습니다.
　밀폐된 방, 작은 방에서 부적합한 대용양의 사용은 문제가 될 수 있습니다. 심장사상충증을 염려하는 것이라면 내복약의 적절한 사용으로 확실히 방지할 수 있습니다.

장수할 수 있는 요령이 있나요?

　페럿의 수명은 일반적으로 7~8년이라고 합니다. 페럿은 육식동물이라서 양질의 단백질원이 필요합니다. 페럿 전용 양질의 고단백질 식품을 이용하도록 합시다. 항상 신선한 물을 주고, 화장실을 매일 교환할 때는 소변이나 대변의 상태에도 신경 쓰며, 침상을 청결히 하고, 귀나 몸의 더러움에도 주의하며 청결에 힘씁시다. 중년에서 노령이 되면 몇 가지 병에 걸리기 쉬운데, 림프종, 부신질환, 인슐린종이 대표적인 것입니다. 이런 병을 무언가를 이용해 완전히 막을 수 있는 방법은 발견되지 않았습니다. 그러므로 질병이나 부상을 잊지 않도록 하는 것과 질병에 걸려도 잘 간호해 주는 것이 장수할 수 있는 요령일지도 모릅니다. 페럿은 개의 디스템퍼나 심장사상충에 감염되는 동물이므로 예기치 않은 죽음을 막기 위해서도 질병은 예방과 조기 발견이 중요합니다. 이런 것을 확실히 실시하기 위해서도 정기적으로 동물병원에서 수의사에게 상담을 받고, 건강진단 등을 이용하는 것도 하나의 방법입니다.

질병·부상에 대해서

위액이나 담즙 같은 것을 토해냅니다. 또 토하고 싶어 해도 토하지 못하고 식욕도 없습니다. 어떻게 대처하면 좋을까요?

이물을 섭취한 것에 의한 소화관폐색이나 췌장질환 등의 경우를 고려할 수 있습니다. 외과치료가 필요한 경우도 많으므로 신속히 동물병원에서 상담을 받아 주세요.

이물을 삼켰을 때의 대처법은?

이물을 삼켰을 때는 신속히 동물병원에서 진찰을 받아 주세요. 진찰을 받을 때 먹은 것의 조각이나 먹은 것과 같은 것이 있다면 함께 가져가세요. 페럿의 이물 섭취는 대부분이 외과수술로 적출을 하게 됩니다. 평상시에 페럿 주위에 있는 물건에 주의를 기울여 주세요.

설사나 구토를 할 때, 담배를 먹었을 때 어떻게 하면 좋은가요?

1살 미만인 페럿은 특히 여러 가지 물건을 갉는 버릇이 있습니다. 그럴 때 잘못해서 삼키는 경우가 있습니다. 이물 섭취의 가능성이 높은 경우에는 엑스레이 검사, 초음파 검사, 바륨 조영 검사 등을 실시하여 이물을 확인할 필요가 있습니다. 또한 담배 등의 중독물질을 섭취한 경우에는 삼킨 직후라면 구토처치를 실시하기도 합니다. 이물 섭취는 생명과 관계된 것이기 때문에 이물 등의 섭취가 의심되는 경우에는 가능한 한 빨리 진찰을 받으세요.

배뇨를 곤란해 하며 혈뇨가 나옵니다. 어떻게 처치하면 좋을까요?

배뇨가 곤란하고 혈뇨가 나오는 경우, 대부분은 방광염 혹은 결석이 원인입니다. 소변이 전혀 나오지 않는 경우에는 생명의 위험성이 있으므로 신속히 병원에 가 주세요. 방광염이라면 항생제에 의한 치료가 필요하며 결석이 원인인 경우에는 수술이 필요할 수도 있습니다. 동물병원에서 소변검사, 화상검사 등을 받는 것을 추천합니다.

육구가 부었습니다. 어떻게 하면 좋을까요?

육구에 이물이 박혔거나 외상이 있어서 부은 경우에는 이물을 제거하고 세정합니다. 그리고 감염 등이 의심되는 경우에는 항생제 투여가 필요합니다. 또한 페럿에게는 육구가 딱딱해져서 발톱 모양으로 변형하는 경우가 있습니다. 가짜발톱은 사육 케이지의 딱딱한 바닥재 등에 쓸려서 생길 가능성이 있습니다. 그런 경우에는 바닥재를 부드러운 것으로 변경하고 해먹 등을 사용하는 등의 사육환경 개선을 해야 합니다. 그 밖에도 사망률이 높은 개 디스템퍼 바이러스 감염증도 육구가 딱딱해지는 증상이 나타나기 때문에 육구 이외에도 피부염이나 호흡기 증상, 신경증상 등이 보인다면 신속히 수의사에게 상담을 받아 주세요.

이갈이를 하게 되었습니다. 질병 때문인가요?

페럿의 이갈이의 대부분은 어떤 질환이 관여하고 있을 가능성이 큽니다. 특히 내장계 질환에서 오는 통증 등으로 이갈이를 하는 경우가 많습니다. 동물병원에서 진찰을 받고, 질환을 앓고 있진 않은지 검사를 받아보세요.

대변이 잘 안 나오는데요. 어떻게 하면 좋은가요?

변비나 소화관 종양일 가능성이 있습니다. 또한 주변의 종양 증대에 의해 소화관이 압박될 가능성도 있습니다. 동물병원에서 엑스레이 검사와 초음파 검사 등의 화상 검사를 받아 보세요.

대변의 모양이 평소와 다릅니다. 이유가 무엇인가요?

식사의 변경, 컨디션 등에 의해 대변의 모양, 색조가 변화하기도 합니다. 자잘한 변, 검은색 변, 설사 등이 계속되는 경우에는 이물 섭취, 종양, 장염 등의 가능성이 있습니다. 동물병원에서 검사를 받아 보세요.

암컷 페럿을 키우는데요. 털이 빠지고 국부가 부어있습니다. 어떻게 된 것인가요?

이런 증상은 중성화 수술을 하지 않은 페럿의 발정기로 보입니다. 그러나 현재 일반 가정에서 키우는 페럿은 대부분이 생후 6주 이내에 중성화 수술을 했기 때문에 보통 발정은 일어나지 않습니다. 그래서 이런 증상이 보이는 경우에는 중성화 수술을 할 때 난소가 완전히 떼어지지 않았을 가능성이나 부신질환(부신피질기능항진증)에 의해 과도하게 성 호르몬이 분비되어 일어나는 경우를 고려할 수 있습니다. 치료에는 수술이 필요할 수 있습니다.

암컷의 음부가 부어있습니다. 대처방법이 있나요?

페럿의 음부가 부은 원인으로는 발정 및 부신질환을 들 수 있습니다. 중성화 수술을 받은 개체라면 부신질환일 가능성이 높습니다. 음부의 부기 이외에 체간의 탈모, 피부의 비박화, 체중감소, 피모불량, 다음, 다뇨 등의 증상이 보인다면 더욱 가능성이 높아집니다. 동물병원에서 부신 초음파 검사를 받아 보기를 추천합니다.

항문이 부어 있습니다. 이유가 무엇인가요?

부적절한 취선 제거 수술, 외상 등에 의해 항문 주위의 감염증, 혹은 설사나 변비 등에 의해 항문 주위가 빨갛게 부은 경우가 있습니다. 감염증의 경우에는 항생제에 의한 치료가 필요합니다. 설사나 변비의 경우에는 대변 검사나 먹이의 변경 등이 필요합니다. 또한 설사나 변비에 의해 배설 시에 힘을 줘서 직장이 반전되어 항문에서 나오는 경우가 있습니다. 이런 경우에는 직장탈이기 때문에 방치하면 직장이 괴사해 버립니다. 신속히 동물병원에서 진찰을 받으세요.

눈에 생기가 없습니다. 사람용 안약으로 나을 수 있나요?

눈 속이 하얗고 생기가 없는 경우에는 백내장을 고려할 수 있습니다. 백내장은 유전적인 소인에 의해 젊었을 때 발생하는 것과 노령성 변화로 인해 생기는 것이 있습니다. 페럿은 원래 시력이 약해서 백내장 증상은 거의 보이지 않습니다. 그 외에 눈의 외상, 감염 등도 눈이 생기가 없어 보일 수 있습니다. 동물병원에서 진찰을 받고 원인에 맞춘 치료를 실시해 주세요. 사람용 안약을 사용하는 것은 위험합니다.

이가 부러졌습니다. 어떻게 하면 좋을까요?

페럿은 호기심이 왕성해서 단단한 것을 갉아 이가 부러질 수 있습니다. 이 내부에 있는 치수가 누출되면 치수염에 걸릴 수 있습니다. 치수염이 악화되면 근첨농양 등을 유발하고 얼굴이 붓거나 얼굴 피부에서 배농이 나타납니다. 이가 부러진 경우에는 발치가 필요한 케이스도 있으므로 동물병원에서 진찰을 받아 주세요.

잇몸에서 피가 납니다. 대처 방법이 있나요?

작은 외상이라면 자연히 출혈이 멈추기도 합니다. 그러나 페럿에게는 치구, 치석이 이에 부착하여 잇몸염이나 치주질환이 나타나는 경우가 많고 잇몸에서 피가 나기 쉽습니다. 이런 경우에는 치구, 치석 제거나 발치 등의 적절한 치료가 필요합니다.

피부에 탄력이 없어진 것처럼 느껴집니다. 대처 방법은 무엇인가요?

연령이나 사육 상황에 따라 피부의 상태가 악화되기도 합니다. 그래서 사육환경(습도나 온도)이나 영양 상태 등에 충분치 않은지 한 번 확인해 보세요. 또한 페럿의 피부에 이상을 보이는 질병으로 부신질환 등이 흔히 나타납니다. 부신질환은 꼬리에서 등에 걸쳐 좌우대칭성 탈모나 가려움, 암컷에게는 음부의 종창 등이 보입니다. 이런 증상이 나타나는 경우에는 동물병원에서 진찰을 받아 보세요.

빠진 털이 있습니다. 어떻게 해야 할까요?

페럿은 계절성 털갈이(환모)를 합니다. 특히 봄철과 가을철에 환모기가 찾아옵니다. 가정에서 사육하는 경우에는 특정 계절에 상관없이 일어나기도 합니다. 환모기에는 꼬리 뿌리 부분만 탈모가 보입니다. 계절성 탈모라면 보통 무처치로 2~3개월 정도에 발모합니다. 또한 꼬리 뿌리 부분만이 아닌 등 부분으로 넓어지는 좌우 대칭성의 탈모가 보이는 경우에는 부신질환이 의심됩니다. 그 외에 페럿에게 탈모를 일으키는 원인으로는 세균이나 진균 등의 감염증이나 피지선염, 종양성 병변 등의 질병이 있습니다. 이런 것들에 대해서는 적절한 치료가 필요합니다.

꼬리의 끝 털이 빠져서 그 부위가 딱딱하고 광택이 납니다. 서서히 커지는데요. 병에 걸린 건가요?

척색종이라는 종양일 가능성이 높다고 생각합니다. 페럿에게 가끔 보이는 종양입니다. 꼬리 끝 부분에 발생하는 경우가 많으며, 이런 경우 절제하여 치료할 수 있습니다. 종기가 커지면 바닥에 쓸려서 궤양이 되거나 자궤하는 경우도 있으므로 외과적인 절제가 바람직합니다.

피부에 발진이나 부스럼이 생겼습니다. 사람이 바르는 약을 발라도 되나요?

원인을 모르기 때문에 안이한 투약은 금물입니다. 페럿에게는 부신 질환이나 종양 등에 동반하는 피부 이상이 흔히 나타납니다. 보통은 이런 질병에 바르는 약이 효과를 보이지 않습니다. 그 외에도 세균이나 진균, 기생충 등의 감염증 등에도 나타나지만 적절한 약제를 사용하지 않으면 효과가 없습니다. 일단은 병원에서 피부 검사를 실시할 것을 추천합니다.

귀에 진드기가 붙어 있습니다. 어떻게 제거해야 하나요?

페럿에게는 개나 고양이와 마찬가지로 귀 옴벌레가 기생합니다. 치료는 귀지가 많이 있는 경우에는 면봉 등으로 제거하고 구충제약을 투여합니다. 구충약은 2~3주마다 피하 주사나 귀도 내(귀 속)에 국소 투여합니다. 투약은 귀 진드기의 충체와 충난이 보이지 않게 될 때까지 실시합니다. 신속히 치료를 하면 위중한 문제는 되지 않습니다. 하지만 악화되면 중이염이나 내이염을 일으키고 신경 증상이 나타나기도 하기 때문에 주의가 필요합니다. 또한 귀 진드기는 다른 페럿이나 개, 고양이에게도 전염되기 때문에 귀 진드기의 치료 중인 페럿은 함께 사는 다른 동물과는 격리해야 합니다.

벼룩이 붙어 있습니다. 제거 방법을 알려 주세요. 또 이 벼룩은 사람에게 해를 끼치나요?

페럿에게는 일반적으로 개나 고양이, 사람의 벼룩이 기생합니다. 그래서 벼룩의 기생은 페럿에게서 사람, 또는 사람에게서 페럿에게 감염될 수 있습니다. 벼룩이 사람에게 기생하면 피부 가려움 등이 나타납니다. 페럿의 벼룩 제거에는 개나 고양이와 마찬가지로 외용 구충약을 사용합니다. 그러나 이것들은 페럿에 대해서 효능서적외 사용이 되므로 수의사와 상담을 한 후에 사용해 주세요.

재채기, 콧물, 코막힘이 있습니다. 어떻게 대처해야 하나요?

　페럿이 재채기나 콧물, 코막힘 등의 호흡기 증상을 보인다면 인플루엔자 바이러스나 개 디스템퍼 바이러스의 감염에 주의할 필요가 있습니다. 페럿은 사람의 인플루엔자에 감염됩니다. 그래서 페럿에게서 페럿, 사람에게서 페럿, 페럿에게서 사람으로 감염이 일어나며 재택 치료 중에는 가정 내 감염에 주의해야 합니다. 페럿은 사람만큼 위장한 증상이 나타나진 않아서 치료는 항생제 투여나 항히스타민제, 수액이나 식사요법 등의 대증요법을 중심으로 실시합니다. 개 디스템퍼 바이러스의 감염에는 호흡기 증상 외에 입술이과 턱 밑의 발진이나 피부염, 사경(머리기울임), 안진 같은 신경 증상 등이 나타나기도 합니다. 페럿이 개 디스템퍼 바이러스에 감염된 경우의 효과적인 치료법은 없고, 사망률은 거의 100%에 달합니다. 그래서 개 디스템퍼 바이러스 감염을 예방하기 위해 정기적인 예방 접종이 매우 중요합니다.

청각장애가 있는 것 같습니다. 어떻게 대처하면 좋을까요?

　페럿은 유전적으로 청각장애가 일어날 가능성이 있습니다. 현재 시점에서 효과 있는 치료법은 없습니다. 그러나 청각장애가 식사나 운동, 배설 등에 지장을 초래하는 경우가 없기 때문에 일상생활에서 문제가 되는 경우는 별로 없습니다. 하지만 소리를 듣기 힘들어서 갑자기 뒤에서 다가가거나 하면 그 존재를 알지 못하고 당황할 가능성이 있습니다. 그러므로 뒤에서 접근해서 갑자기 만지는 등의 행위는 삼가는 편이 좋습니다.

걷는 게 어딘가 좀 어색한 것 같아요. 어딘가 안 좋은 걸까요?

갑자기 걷는 게 이상해진 경우에는 골절이나 탈구 등의 가능성이 있습니다. 케이지의 틈이나 문에 끼거나 물건에 깔린 경우에 골절이나 탈구할 염려가 있습니다. 진단에는 촉진이나 엑스레이 촬영을 실시하고 뼈와 관절의 평가를 합니다. 치료에는 마취를 하는 처치가 필요합니다.

생후 2년째 정도부터 식욕이 급격히 없어지고, 설사를 하며 야위어 갑니다. 어떻게 대처하면 좋을까요?

설사는 다양한 질병으로 인해 일어날 가능성이 있습니다. 젊은 페럿에게 설사를 유발하는 질병은 소화관 내 이물이나 위장염 등을 들 수 있습니다.

페럿은 주위에 있는 다양한 것에 흥미를 가지고, 특히 고무 제품이나 스펀지 제품을 갉는 것을 좋아합니다. 젊은 페럿에게는 고무 제품의 오식이 가장 흔히 나타납니다. 이물이 장관에 쌓여 폐색된 경우 구토나 식욕부진, 쇠약 등을 볼 수 있습니다. 증상에 따라서는 긴급히 외과 수술에 의한 이물 적출이 필요할 수 있습니다.

위장염은 연령에 관계없이 나타나며 다양한 타입의 장염이 있습니다. 위장염의 원인은 식사성, 세균성, 바이러스성, 면역매개성, 유전성 등이 있으며 치료는 원인에 따라 다르고 항생제 투여나 수액, 식사관리 등을 실시합니다.

OTHERS
기타

임대주택에 살고 있는데요.
동물을 키울 경우 집주인이나 부동산의 허가가 필요한가요?

임대주택도 반려동물을 키울 수 있는 물건이 늘어나고 있습니다. 그러나 반려동물이 가능한 물건이라도 집주인, 부동산에 신청이 필요합니다. 또한 사육 가능한 반려동물의 종류, 크기 등이 규정되는 경우도 있습니다. 또는 건강진단서 제출을 요구하는 경우도 있습니다. 무단으로 사육하면 배상 청구를 당할 수 있으므로 반드시 집 주인이나 부동산에 물어보세요.

트리머가 되고 싶습니다. 어떻게 하면 좋을까요?

전문학교에서 동물을 키우는 방법이나 영양학, 미용이론과 트리밍의 실기를 공부하여 트리머가 되는 것이 일반적인 방법입니다. 트리머는 국가자격은 아니라서 다양한 단체가 트리머의 인정을 실시하고 있습니다. 그 외에는 통신교육으로 트리머 자격을 획득하는 방법도 있습니다.

수의사가 되려면 어떤 공부를 해야 하나요?

대학교에서 수의사를 양성하는 학부, 학과가 있습니다. 일단 그 중 어디엔가 입학할 필요가 있습니다. 그 후 해부학, 생리학, 공중위생

학, 내과학 등 많은 분야를 6년간 공부합니다. 그 뒤에 국가시험에 합격하면 수의사가 됩니다.

동물 유골을 집에 둘 수 없나요?

반려동물이 죽은 뒤 유골을 집에 두는 사람, 납골하는 사람 등 다양합니다. 계속 납골하지 않으면 안 된다, 집에 유골을 두면 안 된다고 하는 것은 없으므로 주인이 원하는 납골 방법이 제일이라고 생각합니다.

반려동물이 죽으면 너무 슬퍼서 두 번 다시 키우고 싶지 않다는 사람이 있습니다. 다시 한 번 키우고 싶도록, 긍정적으로 될 수 있는 말이 있을까요?

반려동물을 잃은 슬픔 이상으로 반려동물과 보낸 즐거운 시간을 떠올리는 것이 좋다고 생각합니다. 어려운 일이지만요. 말보다도 시간이 슬픔을 치유해줄 수도 있습니다. 또 새로운 만남이 있을 수도 있습니다. 그렇게 조금씩 마음의 변화가 나타날 것이라고 생각합니다.

반려동물이 죽었습니다. 너무 슬퍼서 견딜 수 없어요. 다시 일어날 수 있는 방법이 있을까요?

우리들은 반려동물을 가족의 일원으로서 맞이했을 때 언젠가 최후를 맞이할 것이라고 마음의 준비를 할 필요도 있습니다. 그렇게는 말해도 반려동물의 죽음은 받아들이기 힘든 것이어서 몸 상태가 망가지는 사람도 적지 않습니다. 이 상태를 펫로스 증후군이라고도 합니다. 부디 반려동물의 죽음을 부정하지 말고 반려동물을 예뻐했던 가족이나 친구와 함께 짧더라도 반려동물이 우리들에게 준 멋진 나날을 이야기 나누며, 감사하고 반려동물의 죽음을 편안히 받아들여 주세요. 언젠가 슬픔은 누그러지고 또 새로운 반려동물과 살고 싶다고 생각하게 될 날이 올 것입니다.

반려동물과 함께 묻힐 수 있나요?

반려동물과 사람이 함께 묻히기 위해서는 그 무덤을 관리하는 절이나 지자체 등의 허가가 필요합니다. 어려운 경우도 있습니다. 그러나 최근에는 반려동물과 함께 묻히기를 희망하는 사람이 많아져서, 그것에 대응하는 경우도 늘고 있다고 합니다.

피난소에 왜 반려동물을 데려갈 수 없는 건가요?

반려동물과 사람이 함께 묻히기 위해서는 그 무덤을 관리하는 절이나 지자체 등의 허가가 필요합니다. 어려운 경우도 있습니다. 그러나 최근에는 반려동물과 함께 묻히기를 희망하는 사람이 많아져서, 그것에 대응하는 경우도 늘고 있다고 합니다.

사람과 반려동물의 공통되는 질병이 있나요?

　사람과 반려동물 양쪽에 감염되는 질병을 인수공통감염증이라고 하며, 많이 존재합니다. 일본에서 발생하진 않았지만 광견병은 특히 유명합니다. 동물에게는 증상이 나오지 않고 사람에게 증상이 나타나는 병도 있습니다. 인수공통감염증을 예방하기 위해서는 동물을 청결히 사육하고 동물과 접촉한 뒤에는 바로 손을 씻으며 먹을 것을 입으로 주거나 사람의 젓가락이나 식기로 주지 말고, 같은 이불에서 자지 않는 등의 점에 주의를 기울일 필요가 있습니다.

　바이러스가 원인인 인수공통감염증에는 광견병, 일본뇌염 등이 있습니다.

　세균이 원인인 인수공통감염증에는 묘조병, 살모넬라증, 렙토스피라증, 브루셀라병, 결핵 등이 있습니다.

　리케치아나 클라미디아가 원인인 인수공통감염증에는 앵무병, Q열 등이 있습니다.

　그 외에도 톡소플라스마증, 피부사상균증, 회충증, 에키노콕쿠스증, 개선(옴) 등이 있습니다.

반려동물 식품의 안정성에 대한 대처가 있나요?

일본에서는 2001년 6월 1일부터 '반려동물 안전법'이 시행되었고, 같은 해 12월부터 농림수산대신 및 환경대신이 정한 제조방법에 맞지 않는 반려동물 식품의 제조, 수입, 판매가 금지되었습니다. 이것에 의해 영양 면에서의 보증, 식품첨가물의 제한 등에 따른 안정성이 확보되었습니다. 반려동물 식품의 포장에는 명칭, 원재료 명, 유통기한, 제조업자 등의 명칭과 주소, 원산국명 등을 명기하도록 의무화 되었습니다. 만약 문제가 발생한 경우에는 농림수산대신 또는 환경대신은 제조업자 등에게 필요한 보고의 징수나 입회 검사를 실시할 수 있습니다.

수의사 선생님은 진찰에 오는 동물이나 주인에 대해서 기억하고 있나요?

실제로 진찰한다면 기억하고 있을 것이라고 생각하지만, 떠올릴 수 있을지는 사람마다 다르다고 생각합니다. 또한 환자의 진료 정보는 병원마다 어떤 방법으로 기록하여 보존을 하고 있습니다. 아무리 바쁜 동물병원이라도 적절히 관리된 진찰 정보를 바탕으로 수의사는 진찰을 하고 있다고 저는 믿습니다.

기타

집필자 일람

야마네 요시히사	(공재)동물임상의학연구소 이사장 · 도쿄농공대학 명예교수(수의학박사 · 의학박사)
아카키 데쓰야	아카키동물병원 원장
우노 유우히로	센트럴시티동물병원 원장(수의학박사)
오가사와라 준코	(공재)동물임상의학연구소(수의학석사)
가토 카오루	가토동물병원 원장(의학박사)
가토 요시오	펫병원가토 원장
쿠노 요시히로	쿠노펫클리닉 원장
쿠와하라 야스토	쿠와하라동물병원 원장(수의학박사)
코이데 카즈요시	소동물병원 · 이카사동물의료센터 원장
코이데 유키코	소동물병원 · 이카사동물의료센터 부원장
사사이 히로시	기타스마동물병원 원장(수의학박사)
사토 마사카츠	사토수의료의원 원장(수의학박사)
시모타 테츠야	산요동물의료센터 원장(수의학박사)
아키에 노부유키	시라나가동물병원 원장
타카시마 카즈아키	쿠라요시동물의료센터 원장 · (공재)동물임상의학연구소 소장 (수의학박사 · 의학박사)
타카시마 히사에	유우애니멀클리닉 원장
타케나카 마사히코	타케나카동물병원 원장
츠카네 에츠코	아스리동물병원 원장

테즈카 야스후미	타카시마히라테즈카동물병원 원장(수의학박사)
도이구치 오사무	구마모토동물병원 원장
하나조노 키와무	홋카이도대학대학원수의학연구과 부속동물병원 특임조교수(수의학박사)
히로세 타카오	가사이동물병원 원장
카츠다 케이이치	후지타동물병원 원장(수의학박사)
가츠하라 아키라	후지와라동물병원 원장
가츠하라 모토코	후지와라동물병원 부원장
마시타 타다코	마이즈루동물의료센터 원장(수의학박사)
마츠모토 히데키	마츠모토동물병원 원장(수의학박사)
미즈다니 유이치로	쿠라요시동물의료센터 · 야마네동물병원
모리 타카시	모리동물병원 원장
노나카 유이치	노나카동물병원 원장
야마가타 시즈오	야마가타동물병원 원장(수의학박사)
야마다 에이이치	야마다동물병원클리닉 원장(수의학박사)
야마네 카나코	요나고동물의료센터 (수의학박사)
야마네 타카시	요나고동물의료센터 원장 · (공재)동물임상의학연구소(수의학박사)
야마모토 케이시	썬 · 펫클리닉 원장
와타누키 카즈히코	두리틀동물병원 원장

Original Japanese title: Inu Neko Pet no Tame no Q&A
　　　　　　Inu, Neko kara Usagi, Hamster, Inko, Kame, Ferret made
Originally published in Japanese by PIE International in 2015

PIE International
2-32-4 Minami-Otsuka, Toshima-ku, Tokyo 170-0005 JAPAN

ⓒ 2015 ⓒ Animal Clinical Research Foundation / PIE International

All rights reserved. No part of this publication may be reproduced in any form or by any means, graphic, electronic or mechanical, including photocopying and recording by an information storage and retrieval system, without permission in writing from the publisher.

이 책은 저작권법에 의해 보호를 받는 저작물로서, 이 책의 무단 발췌, 전재 및 복제를 금하며, 어떠한 형태로의 저장과 전송도 할 수 없습니다. 만일 이를 위반 시에는 법에 의해 엄중한 처벌을 받게 됩니다.

반려동물 Q&A

지 은 이　야마네 요시히사 외
역　　자　이도규
펴 낸 이　이도규
펴 낸 곳　백마출판사
홈페이지　www.bmbook.co.kr
전　화　0505-277-0075
팩　스　0505-277-0076
등록일자　2004-1-12
등록번호　207-91-43627
발 행 일　2016년 9월 30일
ISBN 978-89-92849-33-3 13490
정가 35,000 원

※ 파본은 바꾸어 드립니다.